합격 사례 250선

이것이 금융자소서 이다 3.0

JOB 합격을 잡아라

이것이 금융자소서이다 3.0

2018. 8. 10. 초 판 1쇄 발행
2024. 4. 3. 개정 2판 1쇄 발행

저자와의 협의하에 검인생략

지은이 | 김정환
펴낸이 | 이종춘
펴낸곳 | BM ㈜도서출판 성안당
주소 | 04032 서울시 마포구 양화로 127 첨단빌딩 3층(출판기획 R&D 센터)
10881 경기도 파주시 문발로 112 파주 출판 문화도시(제작 및 물류)
전화 | 02) 3142-0036
031) 950-6300
팩스 | 031) 955-0510
등록 | 1973. 2. 1. 제406-2005-000046호
출판사 홈페이지 | www.cyber.co.kr
ISBN | 978-89-315-8625-1 (13320)
정가 | 27,000원

이 책을 만든 사람들
책임 | 최옥현
진행 | 김상민
본문 디자인 | 디엔터
표지 디자인 | 박원석
홍보 | 김계향, 유미나, 정단비, 김주승
국제부 | 이선민, 조혜란
마케팅 | 구본철, 차정욱, 오영일, 나진호, 강호묵
마케팅 지원 | 장상범
제작 | 김유석

■ 도서 A/S 안내

성안당에서 발행하는 모든 도서는 저자와 출판사, 그리고 독자가 함께 만들어 나갑니다.
좋은 책을 펴내기 위해 많은 노력을 기울이고 있습니다. 혹시라도 내용상의 오류나 오탈자 등이 발견되면 **"좋은 책은 나라의 보배"**로서 우리 모두가 함께 만들어 간다는 마음으로 연락주시기 바랍니다. 수정 보완하여 더 나은 책이 되도록 최선을 다하겠습니다.
성안당은 늘 독자 여러분들의 소중한 의견을 기다리고 있습니다. 좋은 의견을 보내주시는 분께는 성안당 쇼핑몰의 포인트(3,000포인트)를 적립해 드립니다.

잘못 만들어진 책이나 부록 등이 파손된 경우에는 교환해 드립니다.

금융기관 금융공기업 합격을 위한 자소서 WHAT & HOW

합격 사례 250선

이것이 금융자소서 이다 3.0

슈페리어뱅커스 김정환 지음

BM (주)도서출판 성안당

슈페리어뱅커스 자소서 첨삭과 함께한

금융기관 · 금융공기업 합격 후기

안녕하세요. 저는 선생님의 금융공기업 4주반, 논술총론 4주반, 논술각론 4주반, 산업은행 면접 1,2차 수업까지 모두 수강했습니다. 처음 선생님을 찾게 된 계기는 산업은행 서류전형에서 계속 탈락해 문을 두드리게 되었습니다. 이후 첨삭을 받아 서류 합격을 한 이후로는 선생님을 믿고 계속 수업을 들었습니다.

2023년 산업은행 합격 후기

선생님 안녕하세요. 이번 한국은행 C3지원자 000입니다. 자기소개서부터 1, 2차 면접까지 짧고도 긴 시간 선생님과 함께하여 잘 극복할 수 있었습니다. 정말 자기소개부터 모든 전형 함께하였던 것이 큰 도움이 되어 저도 다른 분들께 작은 도움이 되고자 후기 남겨드립니다. 우선 자기소개서의 나만의 스토리를 만들어 큰 틀을 잡을 수 있게 코치해주셨던 부분이 가장 컸던 것 같습니다. 내 얘기를 쓰다 보면 간혹 이게 무슨 내용인지 남들에 보기에 어떻게 읽히는지 모르는 경우가 많은데, 선생님께서 객관적으로 잘 봐주시며 자기소개서의 흐름과 작은 어투 하나까지도 코치해주셨던 것이 제가 기존에 써왔던 관념을 깰 수 있었던 중요한 부분인 것 같습니다. 제 이야기를 많이 쓰고 내 경험을 잘 녹여야 더 좋은 양질의 자소서가 나올 수 있다는 생각도 하였습니다.

2023년 한국은행 합격 후기

안녕하세요. 올해 한국증권금융에 합격한 XXX입니다. 저는 작년 자기소개서 첨삭을 시작으로 슈페리어뱅커스를 알게 되었고, 선생님의 첨삭 뒤 급격하게 서류 합격률이 오르는 경험을 할 수 있었습니다. 받아보신 분은 알겠지만, 알맹이는 놓아두고 글 맵시만 다듬어주는 방식이 아닌, 근본적으로 어떻게 창의적으로 접근해야 하는지 그 방식을 알려주셔서, 저만의 창의적이고 '읽는 재미가 있는' 자기소개서를 만드는 데 큰 도움을 받았습니다. 실제로 스터디를 할 때도 매번 스터디원들에게 자기소개서 관련해 칭찬을 듣기도 했습니다.

2022년 한국증권금융 합격 후기

안녕하세요 대구은행 2022년 하반기 6급 신입행원 공채에 최종 합격한 000입니다. 저의 간략한 수강후기를 남기고자 이 글을 쓰게 되었습니다. 처음에 자기소개서를 작성할 때는 선생님의 첨삭을 받지는 않았지만 블로그 글을 참고하면서 자소서를 작성하였습니다. 과도한 충성심, 그리고 모범적이어야 한다는 생각에 매몰되지 말라는 블로그 글의 내용들이 자소서를 처음 작성해보기 시작하는 저에게 올바른 방향성을 제시해주었다고 생각합니다. 그 뒤로 자기소개서 및 필기시험을 통과하였으나 면접에 대한 경험이 전무하였기에, 다시 선생님의 블로그를 떠올리게 되었고 면접수업도 진행한다고 하여 수업을 신청하게 되었습니다.

2022년 대구은행 합격 후기

총 세 번의 자소서 첨삭을 해주셨습니다. 첫 번째 자소서 첨삭 덕분에, 몇몇 항목에 대해 다시 구조 및 콘텐츠를 구상하여 더 나은 품질의 자소서를 만들 수 있었습니다. 그 다음 2차, 3차 첨삭 과정을 통해, 논리적인 문제, 더 나은 단어 선정 등을 할 수 있었습니다.

2021년 금융보안원 합격 후기

금감원은 자소서에서 일정 요건만 충족하면 지원자 모두에게 필기시험 응시의 기회를 줍니다. 하지만, 자기소개서는 중요합니다. 1차, 최종면접 모두에서 질문과 응답의 기초가 되기 때문입니다. 선생님의 자소서 피드백은, ① 합격 자소서 예시 제공으로 전반적인 자소서 감 향상, ② 어색한 부분에 대한 피드백으로 자소서의 가독성 및 퀄리티 제고, ③ 자소서 전반의 논리 강화로 이루어져 있습니다. 그 방향을 따라가다 보면, 같은 경험인데도, 따분하고 지루한 경험 기술에서 읽을 만한 경험으로 바뀌어져 있습니다. 저의 경우, 자소서를 구성하는 콘텐츠를 크게 바꾸지 않았음에도 불구하고, 이번에는 훨씬 더 나은 자소서를 완성할 수 있었습니다. 또한, 위의 피드백들이 면접을 염두에 준 피드백이기에, 추후 면접을 준비할 때도 자소서에 기반한 논리적인 답변 구성에 도움이 되었습니다. 물론, 선생님의 피드백이 상당히 강하고 날카롭게 들어오십니다. 저도 그것에 약간 삐진 적이 있는데, 지금 생각해보면 다 약이 된 것 같습니다. 최종 합격까지 달려가기 위해서는 작은 칭찬보다는 약점을 메울 쓴 소리가 더 필요합니다.

2021년 금융감독원 합격 후기

안녕하세요. 선생님. 어느덧 2022년이 왔네요. 선생님 덕분에 올해는 직장인으로서의 새해를 보낼 수 있게 되었습니다. 감사하다는 말씀 먼저 드리며, 신나게 놀고, 뒤늦게 사전연수 강의를 듣느라 합격수기가 늦었습니다. 선생님 덕분에 2021년 하반기 공채에서 산업은행과 SGI서울보증에 최종 합격할 수 있었습니다. 최종 입사는 아시다시피 말씀 드렸던 기업으로 입사하게 됐습니다. 취업 준비를 하면서 사실 혼자 서류를 쓰던, 면접 준비를 하던 잘하는 성격은 아니라 믿을 만한 분에게 도움을 얻었으면 좋겠다고 생각했습니다. 그래서 선생님에게 여러 기업들의 자소서 첨삭을 부탁 드렸고, 80% 이상 합격할 수 있었습니다.

2021년 산업은행/SGI서울보증 합격 후기

자기소개서를 작성하려고 하니 너무 막막하여 슈페리어뱅커스의 문을 두드리게 되었습니다. 선생님의 자기소개서 첨삭과정을 신청하였고, 총 3회에 걸쳐 저의 자기소개서에 대한 피드백을 주십니다. 선생님께 보내드렸던 초안을 최근 다시 읽어보았는데, 지금 생각해도 면접관 입장에서 당연히 떨어트릴 수밖에 없는 자기소개서라고 생각이 들었습니다. 선생님께서는 우수한 자기소개서와 함께 다양한 정보를 제공해주셔서, 그 정보들을 참고하여 이전보다 나은 자기소개서를 작성할 수 있습니다.

2021년 산업은행 합격 후기

개인적으로 취업준비생이라면 자기소개서 첨삭은 필수로 받아야 한다고 말씀 드리고 싶습니다. 실제로 취업 준비 기간 여러 스터디를 통해 많은 사람들의 자기소개서를 읽어보면서, 선생님께서 항상 말씀하시던, '뻔한 자소서, 깊은 고칠이 없는 자소서'를 쓰는 사람들이 정말 많다는 것을 느꼈기 때문입니다. 저는 선생님께 자기소개서 첨삭을 받은 후로는 단 한 번도 서류 탈락을 경험해 본 적이 없습니다. 저 또한, 첨삭 전 처음 인턴 자기소개서를 썼을 때는 읽지 않아도 뒤 내용이 예상되는, 한두 줄 읽다가 더 이상 읽기 귀찮아지는 자기소개서를 썼었습니다. 하지만 선생님의 날카로운 피드백을 통해 어떻게 작성하면 눈에 띄는 매력적인 자기소개서가 되는지를 깨닫게 되었고, 올바른 방향성을 잡을 수 있었습니다. 이러한 방향성을 토대로, 선생님께서는 진정으로 나를 표현하는 내용을 자기소개서에 담아낼 수 있도록 값진 피드백을 통해 끊임없이 가르쳐주셨습니다. 이러한 과정들이 결과적으로는 공채 일정이 시작되었을 때, 서류는 절대 떨어질 리 없다는 자신감을 심어줬던 것 같습니다.

2021년 기업은행 합격 후기

자기소개서를 작성하는 방법부터 금공 실무 내용, 전반적인 면접 준비 방향성까지 해당 수업은 금융공기업 대비에 최적화된 강의라고 생각합니다. 즉, 서류 – 필기 - 1차면접 - 2차면접 과정으로 이루어지는 금공 프로세스 전반을 간접 경험해보고 미리 준비할 수 있었습니다. 특히 선생님께서 강조하셨던 '000'이 자기소개서를 작성할 때부터 실제 면접과정까지 큰 도움이 되었습니다.

2020년 캠코 합격 후기

자기소개서서류 합격률이 낮다고 생각이 되어서, 알아보다가 금융공기업반을 듣게 되었습니다. 보통 논술반에다 추가로 이 수업을 들으시던데, 저는 논술반을 듣지 못한 것은 좀 아쉽습니다. 하지만 금융공기업반 자체도 충분히 만족스러웠습니다. 자기소개서 작성 노하우를 하나하나 배울 수 있었고, 이를 기반으로 자기소개서를 작성하니, 그 다음부터는 서류에서는 잘 안 떨어진 것 같습니다. 올해 특히나 코로나로 서류합격도 어려웠는데, 시작이 좋았다고 생각합니다. 자기소개서 수업 이후에는 무역금융이나 PF금융 등에 대해 설명을 들었는데, 이 또한 어디서 들을 수 없었던 실무적인 내용이라, 결론적으로 무보 입사에 큰 도움이 되었던 것 같습니다. 면접수업에서도 본격적인 시즌에 앞서 PT면접의 노하우나, 경험정리법 등 면접에서 유의해야 할 사항에 대해 들었던 것이 도움이 되었습니다. 수업 이후, 자기소개서를 작성할 때, 미리미리 작성하지 못해서 첨삭을 받을 여유가 없었습니다. 그 결과 서류에서 낙방할 때가 많았고, 결국 무보만 첨삭을 받았고, 신의 한 수였다고 생각합니다. 운이 좋게도 필기에서 합격을 해서 면접기회를 얻게 되었는데, 제 생각에는 자기소개서 점수도 영향을 끼쳤다고 생각합니다. 필기 커트라인에서 여러 사람이 몰려 있었을 것이라고 생각하기 때문입니다. 첨삭 당시에는 선생님께 많이 혼나면서, 부끄럽기도 하고 죄송하기도 했지만, 첨삭을 통해 굉장히 구체적이고, 남들과는 다른 자기소개서를 작성할 수 있었습니다. 그 때문에 면접 준비도 잘 되었다고 생각합니다. 자기소개서를 바탕으로 1차면접, 2차면접에서도 질문이 나오기 때문에, 전략적으로 잘 쓰는 것이 중요하다고 생각합니다. 또한 한 번 첨삭을 받고 나니, 다른 기업의 자기소개서도 거의 비슷한 형식으로 쓸 수 있어서 좋았습니다.

2020년 무역보험공사 합격 후기

문장의 흐름과 소재 정하는 것이 어려웠는데 선생님이 짚어주셔서 글이 탄탄해질 수 있었습니다.

2019년 신한은행 합격 후기

첨삭본 받아보니 제가 깊게 고민을 안 하고 썼다는 생각이 많이 들었습니다. 다시 읽어보니 선생님께서 지적해 주신 것처럼 묻는 내용에 기계적으로 대답만 하는 느낌이었습니다. 첨부해 주신 사례와 0000 아이디어가 도움이 많이 되었습니다.

2019년 국민은행 합격 후기

정말 제일 가고 싶은 기업이라, 현직자도 만날 기회만 있으면 발품 팔아서 만나보고, 있는 설명회라는 설명회는 다 찾아가 보고, 관련 스펙 쌓고, 홈페이지, 기사 등등 꽤 오랫동안 열정을 가지고 찾아봤다고 생각하는데, 제가 수출입은행에 대해 가지고 있는 열정, 애정, 노력이 글에 잘 담아내지 못하는 것 같아 항상 제 능력이 너무 아쉽습니다.

제가 워낙 글을 못 쓰는 편이라, 글쓰기에 자신감이 많이 없습니다. 추천 글을 읽고 큰맘 먹고 첨삭을 신청했는데, 이번에 첨삭 받으면서 한결 글이 좋아진 것 같아 다행입니다. 저에게는 쓴소리 하나하나가 매우 큽니다!

2019년 수출입은행 합격 후기

지금 첫 원고와 지금의 원고를 읽었는데, 너무나 달라진 것을 볼 수 있었습니다. 다음번에도 꼭 선생님 자문을 구할 수 있다면, 구하겠습니다.

2018년 예탁결제원 합격 후기

첫 첨삭을 받고 제 자소서가 얼마나 전형적인 이야기들을 담고 있었는지 알게 되었습니다. 필요한 지적 정말 감사합니다.

2018년 수출입은행 합격 후기

보내주신 좋은 자료를 많이 참고하였습니다. 확실히 제 글과는 많은 차이가 있음을 느꼈습니다. 많은 활동을 했지만, 소재를 스토리화 하는 게 제게는 너무 어려웠던 것 같습니다.

2018년 대구은행 합격 후기

시간적 제한으로 인해 다른 분들의 자소서를 많이 참고하기보다 남겨주신 코멘트를 중심으로 제 경험과 기존의 생각들을 진솔하고 치열하게 생각한 뒤 제 철학을 녹여내는 방식으로 전반적으로 수정하였습니다. 감사합니다.

2018년 한국은행 합격 후기

자소서 갈피를 잡지 못하고 작성하였는데, 선생님 말씀 하나하나가 너무 많은 도움이 되었습니다. 감사합니다.

2018년 예금보험공사 합격 후기

마지막까지 꼼꼼하게 글 작성 도와주셔서 정말 감사드립니다.

한 문장을 쓰더라도 시간을 들여서, 묻는 핵심에 대해 정확히 대답할 것을 명심하게 된 것이 큰 수확입니다. 덕분에 KOTRA 입사 지원도 잘 완료하였습니다. 최종적으로는 글에 힘이 생기고, 통찰력을 키워 코트라 시험에서도 경쟁력 갖는 것을 목표로 하고자 합니다.

2018년 KOTRA 합격 후기

첨삭과 별개로 선생님의 코멘트는 저 자신에 대해 다시 생각해 볼 수 있는 기회였습니다.

2018년 IBK기업은행 인턴 후기

방향 잡는 법을 스스로 이해하게끔 알려 주셔서 너무 좋았습니다. 많이 신경 써주시면서 다듬어주셔서 감사드립니다.

2018년 한국조세재정연구원 합격 후기

제시해주신 단어와 문장이 훨씬 눈에 잘 들어오고 좋은 것 같아요.

2018년 기업은행 합격 후기

제가 결코 생각하지 못했던 부분을 지도해주시니 수정하면서도 많은 것을 배울 수 있었습니다. 감사합니다.

2018년 산업은행 인턴 후기

문항 하나하나에 코멘트 달아주셔서 감사드립니다. 지금까지 받아본 첨삭 중 단연 최고의 첨삭이었다고 말씀드릴 수 있습니다. 그리고 선생님의 쓴소리, 달게 받겠습니다. 쓴소리를 듣는 것이 제가 가장 필요했던 것이기도 합니다. 짧은 시간이었지만 자소서에 대해 깊게 고찰하려 노력하였습니다. 선생님이 말씀하셨던 '드라마틱' 한 변화를 주고 싶어 생각하고 또 생각해 보았습니다.

2018년 농협은행 6급 합격 후기

안녕하세요. 지난 봄 자기소개서 수업을 수강한 인연을 시작으로, 두 번의 면접 개인 지도를 받은 000입니다. 선생님의 지도 덕분에 국민은행 최종 합격을 하고, 이렇게 후기도 남길 수 있게 되었습니나. 취업 준비를 하면서 어려웠던 부분은 '불안'과 '방향'의 문제였습니다. 그리고 선생님 지도를 통해 제가 얻은 가장 큰 도움은 '불안'을 덜고 '방향'을 찾은 것입니다. 자소서 초짜 중에 초짜였던 저는, 자기소개서 수업을 수강하며 자소서를 어떻게 써야 할지 감을 잡을 수 있었습니다. 저만의 방향을 갖고 작성한 자소서는, 첨삭을 통해 그 방향이 맞는 것인지 점검 받을 수 있었습니다. 총 3개 자소서 첨삭을 받으면서 가장 든든했던 때는 아이러니하게도 혼났던 첨삭입니다. 앞서 2개 자소서에서 칭찬을 받아 '이 정도면 됐겠지'란 생각으로 작성했던 세 번째 자소서. 그리고 저는

'아주 실망스럽다'는 피드백을 받았습니다. 정신이 번쩍 들었고, 수업 내용을 떠올리며 처음부터 다시 작성했습니다. 다시 쓴 자소서는 이전보다 좋아졌다는 피드백을 받았고, 선생님은 어지간하면 합격할 것이라고 총평을 주셨습니다. 그리고 결국 서류 전형에 합격했습니다. '선생님이 해주시는 칭찬은 진짜다.'라는 믿음이 생긴 후 불안을 덜 수 있었습니다. '빈말 하지 않으시는 선생님의 인정을 받을 만큼 준비하자'라고 생각했고, 면접도 선생님을 믿고 따라갔습니다.

2018년 국민은행 합격 후기

저의 최초 자기소개서와 선생님께 도움을 받은 마지막 자기소개서를 비교해보니, 최초 자기소개서가 매우 부끄러울 정도로 퀄리티가 많이 향상되었습니다. 선생님께서는 내공이 많으신 만큼 좋은 방향으로 자기소개서 또한 지도해주셨습니다.

2017년 금융감독원 합격 후기

선생님의 좋은 수업과 양질의 자료들 덕분에 좋은 결과 있었고 결국 최종합격까지 할 수 있었습니다.

2017년 기업은행 합격 후기

은행 및 사기업 자소서 작성 전반에 있어 큰 가이드라인을 제시해주었습니다. 특히 일목요연하게 자소서를 작성하는 팁은 아주 큰 도움이 되었다고 생각합니다. 본격적인 지원 시즌이 되어 자소서를 작성하기 전에 기존에 이력서나 자기소개서를 많이 작성해보시지 않으셨거나 어떻게 풀어나가야 할지 막막한 분들에게 추천합니다.

2017년 산업은행 합격 후기

선생님의 지도과정을 통해 얻을 수 있던 능력은 소위 "고민하기", 혹은 "생각하기"였습니다. 특히, "나"에 대한 고민, 그리고 "산업은행"에 대한 고민을 얼마만큼 깊게 해보았는지에 따라 서류와 인성면접의 완성도에 차이가 나게 되는 것 같았습니다.

2017년 산업은행 합격 후기

제가 생각하는 슈페리어뱅커스 자소서 컨설팅의 가장 큰 장점은, 올바른 방향으로 생각을 많이 하도록 유도해 준다는 것 입니다. 전형 중에서 가장 뚫기 힘들다는 서류전형을 통과한 것은 선생님께서 자기 자신의 이야기를 진정성 있게 하도록, 자신에 대한 '끊임없는 고찰'을 이끌어 주셨기 때문입니다.

2016년 국민은행 합격 후기

나만의 이야기가 담기도록 하라는 것, 그리고 '정성'을 다해야 한다는 것이 참 어렵게 와닿았습니다. 뻔한 이야기를 쓰지 않으려고 노력했고, 최선을 다해 수정하니 선생님께서 "유리 천장을 깬 자소서를 받았다"라고 답해주셔서 자신감이 붙었습니다.

2016년 농협은행 합격 후기

1주일간 공들여 썼음에도 불구하고 저는 선생님으로부터 전체적으로 다시 써야한다는 충격적인 피드백을 받았습니다. 가장 큰 문제점은 자소서의 시선이 나를 향하지 않아 개성이 없었으며, 지나치게 평면적인 이야기로 전혀 기억에 남지 않는다는 것이었습니다. 선생님의 피드백을 통해 자소서를 아예 새로 작성하였고, 그 결과로 서류에 합격할 수 있었습니다.

2016년 산업은행 합격 후기

선생님의 자기소개서 수업을 통해서 금융권 취업이라는 관문을 추진력 있게 열어갈 수 있었습니다. 자기소개서 수업은 취업의 첫 길잡이가 되었고, 타 지원자에 비하면 임팩트 없을 수도 있는 저만의 에피소드를 특별한 스토리로 만들어 갈 수 있었고, 원하는 기업에서의 서류 통과가 원활히 돼서 부담이 줄었습니다.

2016년 신협중앙회 합격 후기

수많은 수험생들을 첨삭하셨던 경험을 바탕으로 면접관들이 좋아할만한, 그리고 인사팀에서 관심을 가질만한 자기소개서를 만들 수 있었습니다.

2016년 금융연수원 합격 후기

다수의 합격 자소서와 거시적인 조언을 토대로 올바른 틀을 잡을 수 있었습니다.

2015년 산업은행 합격 후기

자소서는 쓰면 쓸수록 실력이 는다지만 막연하게 쓴다고 느는 것은 아니라는 생각을 선생님을 만나면서 하게 되었습니다. 제가 하고 싶은 얘기보다는 면접관이 저에 대해 알고 싶어 하는 내용을 쓸 줄 알아야 한다는 선생님의 말씀이 기억에 남습니다.

2015년 우리은행 합격 후기

제가 그동안 간과했던 부분에 대해서 제 자신이 부끄러워질 정도였습니다. 자소서를 현직자들이 검토하는 입장에서 바라보는 시각으로 다시 생각해볼 수 있었던 좋은 시간이었던 것 같습니다.

2014년 제주은행 합격 후기

경쟁력 있는 자소서를 위해 미리미리 자소서를 작성해보고 또 채용트렌드에 맞게 인문학에 대해 대비하라고 하셨는데 실제 이번 하반기에 제일 먼저 채용공고가 뜬 KB국민은행에서는 인문학에 관한 자소서 항목이 추가되었고 미리 준비한 입장으로서는 그런 어려운 항목이 나온 게 오히려 더 좋았습니다. 저도 주변에 선배들과 인터넷에서 막연한 자소서에 대한 조언들을 보았지만 김정환 선생님께서는 구체적이고도 현실적인 답변으로 자신만의 경쟁력 있는 자소서를 만들어 주신 것 같습니다.

2014년 기업은행 합격 후기

머리말

햇수로 11년째 수천 건의 "금융기관, 공기업" 자기소개서를 검토해 보았다. 11년간 지원자들의 자기소개서들을 보다 보니 몇 가지 의문이 생겼고, 더 나아가 이제는 본질적인 문제의식을 가지게 되었다.

첫째, 소재적으로 "자기"소개서가 아니고 해당 "기업"소개서가 대부분이다.

자기소개서 문항 다수를 관통하고 있는 스토리 라인이 기업의 스토리로만 점철되고 있었다. 도무지 지원자가 어떤 사람인지 알기가 어려웠고, 오히려 해당 "기업"의 소개서로 "IR자료에 수록될 만한 글"이었다. 많은 학생들의 자기소개서가 해당 기업의 홈페이지에서 "비전이나 이념, 인재상"을 가져오고, 해석하고, 이입하기에 바쁜 글들이다.

둘째, 내용적으로 모범적이고 전형적인 자기소개서들이 대부분이다.

너무나 착하고, 전인적全人的인 이야기로 가득하다. 뻔하고 지루하며 예상 가능한 글들이다. 이런 자기소개서를 읽다 보면, 자기소개서의 교과서를 보는듯한 착각에 빠지곤 한다. 오죽하면 단점을 묻는 항목임에도 자세히 보면 잘 짜인 공식 같이 장점으로 채워져 있다. 진정성이 느껴지지 않는 글들이다.

셋째, 구성적으로 천편일률적이다.

좋은 관념소통력, 책임감, 열정, 도전정신 등으로 시작한 후, 좋은 관념에 적합한 좋은 경험들을 대입代入시키고, 적당히 양념을 쳐서 본인을 미화시킨다. 그리고 마지막에는 항상 그러했듯 이러한 좋은 관념을 지속적으로 가지고 발전시키는 사원이 되겠다는 식의 '묻지도 않은' 포부로 끝난다.

넷째, 관념적으로 좋은 행위行爲 위주로만 구성되어 있다.

선한 행위가 대부분이고, 본인의 소신이나 신념, 철학이 안 보인다. 고민이 없는 자기소개서이다. 감동의 문구를 인용하거나, 고찰했던 이론들을 접목해보거나, 공부했던 학문들에 대한 목적의식을 피력해 보이는 통찰력이 없다.

다섯째, 시간적으로 정성이 보이지 않는다.

한 번 완성한 경험이나 내용을 다른 기업의 자기소개서에도 갖다 붙이기 바빠 보인다. 시간이 없고, 효율적이라는 이유로 행하는 행위가 오히려 자기소개서 속에서 내재되어야 할 정성을 앗아간다.

물론, 다음과 같은 지원자들의 항변도 많이 들었다.

첫째, 기업분석은 중요하다. 물론 이 부분은 필자도 완벽히 동감하는 바이다.

기업분석은 심도 깊게 할수록 좋다. 하지만, 기업분석을 한 내용을 피력해야 하는 자기소개서 항목들도 있고, 필요 없는 항목들도 있다. 이를 구분지어서 구성할 수 있는 지혜가 필요하다. 또한, 더욱 중요한 것은 업무에 대한 분석이다. 원하는 업무에 대한 정확한 이해와 이에 대한 어필이 더 자기소개서를 빛나게 한다.

둘째, 금융기관이나 공기업은 보수적인 조직이기 때문에 모범적으로 쓸 수밖에 없다고 한다.

나쁜 경험들이나 약점들은 감추어야 한다고 한다. 그러다 보니 구성도 천편일률적으로 될 수밖에 없다고 한다. 하지만 이에 대해서는 필자가 동의하지 못한다.

물론 금융기관이나 공기업은 상당히 보수적이다. 하지만, 12년 외환은행 생활을 통해서 얻은 바는, 금융인이나 공기업 직원들에게 모범적인 것은 “기본적인” 소양이라는 점이다. 너무나 당연한 기본적인 소양들로 승부를 보려고 하면, “기본밖에” 못하는 자기소개서가 된다. 기본을 뛰어넘고, 더 나아가서 참신하고, 역발상을 해내는 순발력으로 승부를 보아야 할 것이다. 특히 금융인의 경우 다수의 고객을 상대해야 하는 서비스업이다. 모범적이고 착하기만 해서는 고객응대의 질質이 떨어질 수밖에 없다. 또한 다양한 상황들을 직면해야 하는 업業의 특성상 발상의 전환은 필수이다.

신입직원은 '완벽히 준비된' 사람이 아닌, '지금은 부족하지만 발전가능성이 높은' 사람을 선호한다는 점을 잊지 말아야 한다. 본인의 장점만 어필하는 것은 한계가 있다. 부족한 점에서 출발해서 성장과 발전이 있는 글이 더 인상적이다. 스스로의 단점이나 부끄러운 과거도 과감히 밝힐 수 있어야 한다. 성장은 근원은 결핍에서 시작될 수밖에 없기 때문이다. 그런 이유로 진정성 있는 글은 사람의 마음을 움직이게 한다.

셋째, 고민이나 정성이 없을 수밖에 없음을 이야기한다.

특히, 특별한 경험들도 없고, 독서도 많이 하지 않아 쓸 내용이 없다는 변명들도 많이 한다. 이 부분에 대해서는 필자도 안타깝게 생각한다. 하지만 이러한 변명을 면면히 살펴보면, 소재가 없는 것이 아니라, 소재를 끄집어 낼 시간이 부족하고, 독서를 할 시간이 부족하다는 의미로 들린다. 본질적인 문제는 시간의 문제이다. 많은 학생들은 자기소개서 마감일 3~4일 전에서야 책상에 앉는다. 그리고 잠시 고민해 본 후, 소재가 없다고 한다. 잠시 고민해 본 후, 글이 안 써진다고 한다. 인생을 살면서 마주하게 될 모든 위험危險을 헷지Hedge하는 유일한 방법은 '미리 준비하는 것'이다. 변명을 늘어놓기에 앞서 미리 고민하고, 준비하라. 평범한 소재가 명문名文으로 바뀌게 되고, 행위 위주의 글들에 좋은 인용문과 통찰력이 행위들을 더욱 빛나게 해 줄 것이다.

11년간 공기업과 금융기관을 지원하는 많은 학생과 이러한 문제들에 대해 함께 고민도 하고 토론도 해보았다. 그리고 필자가 생각하고 궁리했던 여러 가지 자기소개서 작성 방법을 받아들여 글이 변하고, 문장력이 올라가고, 궁극적으로 합격하는 수많은 학생들을 볼 때마다, 필자의 의문점들에 대한 깊은 고민과 해결 로드맵들이 지원자들에게 긍정적인 결실을 맺게 할 때마다 뿌듯했다.

이제는 이러한 방법론을 더 많은 지원자가 볼 수 있게 이 책을 쓰게 되었다. 이 책이 자기소개서 작성에 많은 도움이 되기를 바란다.

<이것이 금융자소서이다>는

첫째, 기존에 널리 알려진 많은 자기소개서 지침서와는 반대의 이야기를 많이 한다.

하지만, 이는 평범함을 거부하고, 탁월함을 추구하기 위한 깊은 고민 끝에 나온 방향성임을 잊지 않기를 바란다. 복제가 판치는 인터넷 세상에서 복제가 아닌 창의적인 자기소개서의 완성에 도움이 될 것이라 확신한다.

둘째, 과거 11년간 금융기관이나 공기업에 최종 합격해서 먼저 입사한 선배들의 명문장을 사례로 최대한 많이 수록하려 했다.

중언부언식 작성법에 관한 장황한 설명만 많은 자기소개서 작성 가이드가 아닌, 합격 성공의 문장들을 보여주는 방식을 택하기로 했다. 7년간 슈페리어뱅커스가 배출한 1,036명의 최종 합격자 자기소개서 중 우수한 120명의 자기소개서 사례를 담았다. 사례들을 통해, 일취월장한 글을 생산해내기를 기대한다.

셋째, 대기업이나 여타 기업의 지원자에도 필독서로 권장하고 싶다.

금융권, 공기업 위주의 사례가 많지만, 원천적으로 어느 기업이든 자기소개서의 작성을 위해 필요한 내용과 기법이라 생각한다.

넷째, 두 가지의 물줄기로 나누었다.

합격 자기소개서 작성을 위한 <WHAT> 파트와 <HOW> 파트이다. 기본적으로 HOW보다는 WHAT이 중요하다고 말하고 싶다. 하지만 2가지 물줄기가 적절히 안배될 때, 거친 강물과 같은 글이 완성될 수 있을 것이다.

부디 이 책이 안전한 모항母港을 향해 거친 바다를 헤치고 나가는 여러분에게 첫 번째 등대가 되기를 바란다. 안전한 항구에 정박 후, 또 다른 새로운 바다를 향해 거침없이 나서는 여러분의 모습을 상상하며, 그리고 열렬히 응원하며 마무리 짓고자 한다.

2024년 3월 5일

저자 김정환

목·차

Part 01
WHAT "무엇을 작성할 것인가"

Chapter 01. 왜 자기소개서 작성이 힘들까? / 022
Chapter 02. WHAT? / 025
Chapter 03. 지원동기 / 044
Chapter 04. 입사 후 포부 / 071
Chapter 05. 덕후임을 알려라 / 087
Chapter 06. 행위보다는 행위의 근거가 된 소신과 철학이 중요하다 / 100
Chapter 07. 모으고 공부했던 데이터는 최대한 표현하라 / 113
Chapter 08. 깊게 고민한 내용으로 채워라 / 148
Chapter 09. 전공과 학문의 의의를 피력하라 / 162
Chapter 10. 어떤 소재이든 진정성이 중요하다 / 165
Chapter 11. 성장과정과 인생관 / 175
Chapter 12. 역량개발 노력 / 184

Part 02
HOW "어떻게 작성할 것인가"

Chapter 01. 글은 써 내려가는 것이 아니라 조립하는 것이다 / 202
Chapter 02. 자기소개서 질문부터 분석하라. 논술형 질문에는 미리 대비하라 / 210
Chapter 03. 소제목 작성법 / 222
Chapter 04. Concept를 활용하라 / 263
Chapter 05. 인문학을 활용하라 / 289
Chapter 06. 원칙, 이론, 학설, 명언을 인용하라 / 303
Chapter 07. 경험작성법 / 324
Chapter 08. 숫자와 영어, 그리고 여백도 활용하라 / 339
Chapter 09. 세밀하게 작성하라 / 351
Chapter 10. 단어를 선별하라(형상화, 차별화) / 361
Chapter 11. 두괄식으로 표현하라 / 370
Chapter 12. 간결체를 활용하라 / 375
Chapter 13. 명심해야 할 것들 / 378

PART 01

WHAT 무엇을 작성할 것인가

Chapter 01 왜 자기소개서 작성이 힘들까?

Chapter 02 WHAT?

Chapter 03 지원동기

Chapter 04 입사 후 포부

Chapter 05 덕후임을 알려라

Chapter 06 행위보다는 행위의 근거가 된 소신과 철학이 중요하다

Chapter 07 모으고 공부했던 데이터는 최대한 표현하라

Chapter 08 깊게 고민한 내용으로 채워라

Chapter 09 전공과 학문의 의의를 피력하라

Chapter 10 어떤 소재이든 진정성이 중요하다

Chapter 11 성장과정과 인생관

Chapter 12 역량개발 노력

Chapter 01

왜 자기소개서 작성이 힘들까?

자기소개서 작성은 어렵다. 특히, 금융기관과 공기업 자기소개서일수록 더욱 어려움을 호소하는 지원자들이 많다. 자기소개서 마감일은 다가오는 데, 채워나가자니 여간 부담스러운 일이 아니다. 소재도 안 떠오르고, 문장력도 변변치 않다. 관념적이고 모범적인 어휘들만 떠오른다.

많은 학생들이 자기소개서 기간만 되면 절망에 빠지곤 한다. 이에 필자는 '본질적으로' 왜 자기소개서 작성이 어려운가에 대해서부터 고민을 해 보았다. 그리고 이에 대한 해답은 경영학원론에서 찾았다. 경영자들의 의사결정 프로세스를 살펴보자.

경영자들은 중요한 의사결정을 할 때에 상기 프로세스대로 움직인다. 예를 들면, 은행장이 특정기업에 대한 여신지원 유무에 대한 의사결정을 할 때, 단순히 본인의 직관, 예지력, 예감 아니면 전날 꿈자리가 좋아서 여신지원 여부를 결정할리는 만무하다.

은행 영업점과 여신심사부에서 당해 기업 관련 재무데이터, 비재무데이터, 산업동향데이터, 정책규제데이터 등을 철저히 수집한 후, 이에 대한 데이터 분석을 시작한다. 우리가 흔히들 배우는 각종 재무비율과 비재무적 상황예를 들면 매출처의 다양성, 원재료 매입의 용이함, 재무적 융통성 등 등을 철저히 분석한다. 그리고 이러한 데이터들을 철저히 분석한 결과 '여신신청서'라는 것이 만들어지고 이 '여신신청서'가 담당부서 결재권자들의 단계별 결재를 득한 후, 은행 내 최고 심의기구로 회부된다. 그리고 마지막 단계로 은행의 은행장을 비롯한 임원진들의 심의를 통해 특정기업에 대한 여신 지원 가부可否가 결정되는 것이다.

대다수 경영자들은 분석된 데이터가 없는 상태에서 의사결정을 강요받는 것을 싫어한다. 그리고 이러한 상황에서는 경영자들 대부분 의사결정을 보류한다. 직감이라는 것은 그만큼 위험한 것이고, 분석된 데이터는 그만큼 유의미한 것이기 때문이다.

필자가 말하고자 하는 바는 이것이다. 자기소개서 작성 과정을 경영자들의 의사결정 프로세스에 대입을 시키면, 왜 자기소개서 작성이 어려운 것인지 금방 이해될 것이다.

즉, 다수의 지원자는 자기소개서 작성을 위한 데이터수집 작업과 수집된 데이터를 분석하는 선행 프로세스가 없는 상태에서, 곧바로 자기소개서 작성을 위한 의사결정을 강요 받기 때문에 자기소개서 작성 자체가 힘든 작업이 되는 것이다.

예를 들면 자기소개서 항목이 "가장 힘든 경험은 무엇이며, 이를 어떻게 극복했는지 기술하시오"라고 한다면 지원자들 입장에서는 힘든 경험이라는 데이터가 없으며, 더 나아가 가장 힘든 경험을 도출하기 위한 경험들에 대한 분석도 되어 있지 않다. 즉, 데이터가 아무것도 없는 상태에서 가장 힘든 경험을 찾아내고, 결정해서 작성해야 하는 것은 상당한 고역이 될 수 밖에 없는 것이다.

입사 후 포부도 마찬가지이다. 금융기관이나 공기업에서 어떤 전문가가 될지에 대한 의사결정도 안 된 상태에서, 업무에 대한 데이터는 고사하고 그 기업이 어떤 일을 하는지 조차 데이터 수집이 안 돼 있기 때문에 난감해질 수밖에 없는 것이다.

그런 이유로 지원자들이 자기소개서 작성이 힘든 본질적인 이유는 데이터의 부재라고 볼 수 있을 것이다. 따라서, 자기소개를 잘 작성할 수 있는 첫 번째 전제조건은 데이터의 수집에서부터 시작된다. 그리고 이러한 데이터의 수집은 미리미리 챙겨야 한다. 채용공고가 뜨고 시작하면 상당히 늦었다고 조언해 주고 싶다.

그래서 **Part 01 WHAT <무엇을 작성할 것인가>**에서는 데이터 수집 방법에 대한 이야기들이 주로 나올 것이다.

Chapter 02

WHAT?

무엇을 쓸 것인가? 큰 고민거리이다.

지원자들의 자기소개서를 보면, '무엇'은 크게 3가지로 분류된다.

- **직접적 체험** 행위
- **간접적 체험** 독서를 통한 신념이나 소신
- **이슈** 경제, 금융, 사회 학습을 통한 지식

문제는 자기소개서의 90% 이상이 직접적 체험, 즉 "행위" 위주의 이야기라는 사실이다. 간접적 체험, 이슈를 접목한 자기소개서는 상당히 드물다. 물론, 기업에서는 소위 <경험>을 많이 물어보기 때문에 자기소개서는 행위 위주가 될 수밖에 없다. 하지만 자기소개서의 내용이 직접적 행위로만 채워진다면 2가지의 문제점이 생길 수밖에 없다.

첫 번째 문제점은 많은 지원자들의 경험이 크게 다르지 않다는 점이다. 이른바, 소재의 유사성이다. 팀 프로젝트, 봉사활동, 어학연수, 서비스 아르바이트, 운동 등이 그것이다. 특별한 활동이 없다 보니 많은 지원자들의 자기소개서 소재는 제한적일 수밖에 없고, 따라서 동일한 소재들이 범람하고 있다.

두 번째는 앞서 언급한 소재의 유사성에 더해, 경험의 스토리 라인도 흡사하다는 것이다. 예를 들면 대부분의 스토리 라인은 아래의 축과 같이 움직인다.

좋은 관념을 정함	소통력, 책임감, 성실함, 도전정신, 열정 등
소제목	모범적인 소제목 X 소통력 있는 인재
내용 (스토리 라인)	소통력은 저의 장점입니다. → 소통이 되지 않았던 사건(상황)을 설명 → 본인의 소통력을 통해 사건(상황)을 해결함 → 금융기관에서도 소통력 있는 사원이 되겠음

위와 같은 흐름대로 구성된 자기소개서는 너무나도 많다. 천편일률적이라고 보일 정도로 이러한 흐름을 맹종한다. 자기소개서를 많이 읽어보는 필자로서는 경기가 날 정도로 지루한 구성이다.

여기서 그치지 않고, 다음 자기소개서 질문에서는 이제는 <소통력>에 이어 좋은 관념인 <성실함>이 등장한다. 그리고 똑같은 구조가 반복된다. 그 결과, 모든 학생들의 자기소개서는 공장에서 생산되는 자동차처럼 똑같은 글들이 될 수밖에 없다.

이를 극복하기 위한 두 가지의 해결책을 제시하고자 한다.

해결책 1 성장을 모티브로 구성하라

스토리 라인을 바꿔보자.

기업들은 신입사원을 뽑을 때, '준비된 인재'보다는 '지금은 부족하지만 발전 가능성이 높은 인재'를 선호한다. 준비된 인재는 경력직 직원을 채용할 때 선호된다. 신입사원은 아무리 준비가 많이 되었다 해도, 현직자의 관점에서는 병아리들이다. 이러한 병아리들이 전인적인 성품과 완전한 전문성을 준비했다고 현직자에게 강조하는 것은 어불성설이라고 생각하지 않은가?

그러므로 아직은 부족하지만 발전 가능성이 높다는 점을 어필하는 구성으로 스토리 라인을 바꿔보자. 그러면 기업이 신입사원에게 바라는 스토리 라인으로 변하게 됨은 물론, 진정성 있는 자기소개서라는 평가는 덤으로 얻게 된다.

좋은 관념을 정함	소통력, 책임감, 성실함, 도전정신, 열정 등
소제목	성장을 모티브로 하는 참신한 소제목 [Part 02 HOW] 소제목 기법 참조
내용 (스토리 라인)	어린 시절 제 문제점은 소통력이 없었다는 점임 → 이를 극복하기 위한 사례를 제시함 → 그 후, 소통의 인재로 발전, 변화됨 → 결핍이 성장의 동력이 됨을 깨달음

위와 같은 스토리 라인이 훨씬 신입사원의 인재상에 부합하며, 진솔한 자기소개서이지 않은가?

사례 1 2023 한국벤처투자 합격 - 2022 기술보증기금 자소서

☑ 본인이 설정한 삶의 원칙을 어겨야 했던 경험이 있다면,
1) 그 원칙이 무엇인지 설명하고, 원칙을 정한 이유에 대해 기술해주십시오.
2) 원칙에 어긋나는 상황에 직면하였을 때에 어떻게 행동했는지 구체적으로 기술해주십시오.

우물 안 개구리, Inside Out

1) "한 우물을 파라"는 철썩 같았던 저의 성공공식입니다.
한 우물만 파는 노력만이 확실한 성과로 이어질 것이라고 믿었고, 성과에 대한 주변의 인정이 저에게 중요했기 때문입니다. 학창시절부터 이 원칙에 따라 학업에만 몰두하였고, 대학생이 되어서도 깊이 있는 전공공부를 하겠다는 마음으로 학업에만 정진해왔습니다. 하지만 이는 실패 기피 성향을 갖게 했습니다. 자연스레 도전하지 않는 태도는 저의 성장을 가로막고 있었고, "진짜 문제는 실패가 아니라 처음부터 못할 거라 생각하고 도전하지 않는 것이다."라는 것을 깨달았습니다.

2) 인턴 경험은 우물 밖으로 나와서 마주한 첫 장벽이었습니다.
비록 새로운 도전을 하겠다는 강한 의지로 시작한 일은 아니었지만, 인턴의 역량은 신중한 태도보다는 당면한 문제를 빠른 시간 내에 해결하고, 어떤 업무에도 의연히 적응해나가는 태도가 필요했습니다. 인턴 업무의 특성상 '완성도' 보다는 '기한 내 달성 여부'가 중요했기 때문입니다.

이에 따라
첫째, '일단 부딪혀 본다'는 마음가짐으로 임했습니다.
처음에는 유선상으로 민원을 응대하던 중 제가 잘 모르는 사업 분야에 대해 문의가 오면 제대로 안내하지 못할 것이라는 두려움이 앞서 목소리가 떨렸습니다. 하지만 전화가 울릴 때마다 누구보다 먼저 수화기를 들어 응대하였고, 두려움을 극복한 결과 이후 유선상으로 자료회신을 독촉하고 사업 일정을 조율하는 업무에서도 능력을 발휘할 수 있었습니다.

둘째, 우물 밖으로 시야를 넓히기 위해 노력했습니다.

빠른 업무습득을 위해 제 사수뿐만 아니라 팀원분들과의 유대감을 쌓고, 적극적으로 필요한 조언을 구했습니다. 이를 통해 보도자료 작성시에 글의 구조와 형식을 맞추는 방법 등 실무적으로 필요한 부분과 예기치 못한 상황에서 유연한 대처를 하는 마인드셋을 배울 수 있었습니다.

본인의 가치관을 현재 생활에 어떻게 적용하고 있는지 구체적인 예를 들어 설명해 주십시오. 400 byte 이내

'결핍'을 '노력'으로 채우다

2년 전 현 직장에서 [금호타이어 중국지역 연결회계 시스템 프로젝트]를 했습니다. 입사 후 첫 프로젝트이고 연결회계의 개념을 잘 알지 못하여 걱정이 앞섰습니다. 하지만 매일 밤늦게까지 연결회계의 기본적인 이론과 구현해야 할 각 법인 간의 특성을 공부하였고, 프로젝트의 진행에 발맞추어 임무를 마무리할 수 있었습니다. 그 과정에서 두려움은 오히려 자신감과 저의 지식으로 변하였습니다.

인용형 소제목. 페르시아 속담에서 인용함

댄스 동아리, 프로젝트, 그리고 금융감독원 지원 사례까지 모두 부족함에서 성장함을 모티브로 작성
서울 중하위권 대학출신, IT 직렬 지원자

기타 자신만의 특별한 세계관이 있다면 기술하여 주십시오.
400 byte 이내

넘어졌더라도 무엇이든 줍고 일어나라

지난 2년간 금융감독원의 채용에서 탈락했습니다. 하지만 이는 성장의 과정이며, 페르시아 속담인 "넘어졌더라도 무엇이든 줍고 일어나라"라는 마음가짐을 갖게 해주었습니다.

2년 전의 필기전형 탈락, 1년 전의 최종면접에서의 탈락을 통해 '인내'와 '겸손'이라는 것을 배울 수 있었습니다. 금융감독원에 입사하게 된다면 겸손과 감사한 마음을 잃지 않는 일원으로 거듭나겠습니다.

사례 2 2014 예탁결제원 서류합격 - 신용보증기금 최종합격

성격의 장, 단점

하나의 목표, 일관된 도전

저의 장점은 도전정신입니다. 유년 시절 저는 높은 곳에 올라가면 식은 땀이 나고 초조해지는 고소공포증을 갖고 있었습니다. **저는 고소공포증 극복을 위해 병원을 찾기 보다는 스스로의 의지를 바탕으로 치료를 하겠다고 다짐했습니다. 고소공포증과 정면으로 마주하기 위해 고공낙하 훈련을 이수해야 하는 특전사에 지원하였습니다.** 특전사 기본교육에서 5주에 달하는 강하훈련을 이수하고 전역을 할 때까지 10번에 가까운 강하를 하면서 고소공포증을 극복할 수 있었습니다.

이러한 의지와 도전정신을 가지고 예탁결제원의 인턴으로서 겪을 수 있는 어려움을 극복해 나가겠습니다.

다만, 이러한 저의 장점이 때로는 지나치게 많은 분야에 동시에 도전하여 목적 달성에 대한 집중력을 저하시키기도 합니다. 자신의 능력을 고려하지 못한 상태에서의 무분별한 도전은 두 마리의 토끼를 모두 놓치는 결과를 낳을 수 있다고 생각합니다. 이에 저는 하나의 목표를 진행하고 있을 때에는 그 목표에만 집중할 수 있도록 세밀한 계획을 세우고 실천 여부를 체크하는 습관을 가지게 되었습니다.

• 고소공포증이라는 약점을 장점화 시켜나가는 스토리로 성장을 모티브로 작성함

성장과정

수재가 가져야 하는 책임감

[수재]라는 특이한 이름은 저에게 스트레스였습니다. 학기가 시작되면 선생님들은 저의 이름에 대해 기대감을 가지셨습니다. 하지만 성적이 나오면 저에게 실망을 하시기도 했습니다. 한번은 시험 성적이 나온 후 선생님께 "이름은 멀쩡한데…."라는 말을 듣기도 했습니다. **이름이 야속하기도 했지만 피하고 불평하기보다는 기대감에 부응하기 위해서 노력하는 것이 옳다고 생각했습니다. 스스로 많은 사람들 앞에서 당당해지고 자신감을 갖고 싶었습니다.** 그 후 학업에도 더욱 신경을 쓰고 체육행사와 장기자랑 같은 행사에도 참여하며 모든 분야에서 최선을 다하려고 노력하였습니다. 언젠가부터 저에게 이름은 '책임'이 되었습니다. 이제 "이름은 멀쩡한데"라는 말보다는 "역시 이름값 하네"라는 말을 더 자주 듣게 되었습니다. 책임감은 기대에 부응하기 위해 노력하는 것이라고 생각합니다. '수재'라는 책임감 속에서 스스로를 채찍질하였던 것처럼 예탁결제원의 일원이 된 후에도 금융윤리와 책임감을 바탕으로 성실하고 책임감 있는 인턴이 되겠습니다.

• 이름으로부터 비롯된 부족함을 극복해 나가는 스토리로 성장을 모티브로 작성함
서울 상위권 대학 출신, 경제 직렬 지원자

사례3 2015 한국국제협력단 최종합격

새로운 일에 도전한 경험에 대해 말씀해 주세요.

400자 이상 500자 이내

뒤늦은 깨달음 후에 얻은 경영학과 수석

특별히 공부에 목표도 없었고, 의욕도 없었기에 방황하던 모습이 저의 대학교 1학년 모습입니다. 그런 제 자신의 변화를 위해 선택한 호주에서의 어학연수는 공부에 대한 목표를 갖게 되는 계기가 되었습니다. 풍부한 천연자원이 그들의 부를 증가시키는 것이 아니라 금융을 활용한 부가가치 창출이 호주경제의 주요 성장 동력이라는 점을 깨달았기 때문입니다. '늦게 배운 도둑이 날 새는 줄 모른다'는 말처럼 자는 시간이 아까울 정도로 공부에 매진하였고, 1달 반 만에 맥쿼리대학교 재무전공에 합격하였습니다. 틈틈이 재충전을 위해 여행을 다니면서 자연을 느끼고, 자연 속에서 번지점프를 통해 고소공포증을 극복하는 경험도 하였습니다. **결국 진학은 못하였지만** 연수 후 복학한 첫 학기에 경영학과 수석이라는 놀라운 결과를 획득하면서 자신감이 더욱 생겼습니다. 능동적 변화에 비전을 얻게 되니 가속도가 붙게 되면서 제 자신의 변화에 만족과 감동을 느끼고 있습니다.

실패의 사례를 솔직히 언급

이 학생의 경우 공백기가 길었고, 나이도 많았지만, 오히려 진솔함을 강점으로 내세우며 최종합격함
서울 중하위권 대학 출신, 경제직렬 지원자

사례 4 2015 KEB하나은행 최종합격

귀하의 가치관 형성에 전환점이 된 인문/예술작품 도서, 영화, 미술, 음악 등은 무엇이었으며, 그 이유를 설명해 주십시오.

낭떠러지에서 초원을 바라보는 사자처럼, 나를 던지고 또 뛰어들다

백수의 왕 사자는 자신의 새끼를 낭떠러지에서 떨어뜨립니다. 자신이 지배하게 될 드넓은 초원을 바라보며 그 속에 뛰어드는 새끼사자의 마음은 두려움보다 설렘이었을 것입니다.

대학 초기 저는 잠시 목표를 잃고 방 안에서 갇혀 있었습니다. 먹이 냄새를 맡지 못하는 새끼사자처럼 정처 없이 표류하던 시절이었습니다. 남들과 똑같은 일상, 매일 반복되는 시간들이 속절없이 흘렀습니다.

하지만 "국가대표"라는 영화 속에서 열악한 환경 속에서도 포기하지 않고 노력하며 목표를 향해 달려가는 모습을 보고 저의 문제점을 발견하였습니다.

도전하지 않는 청춘, 그 원인은 바로 저 자신에게 있었습니다. 저는 이내 그 두려움을 설렘으로 바꾸리라 다짐하였습니다. 제가 가진 두려움을 설렘으로 바꾸기 위해 장교후보생을 지원하고자 생각하였습니다. 드넓은 초원으로 나아가기 위한 좋은 발판이 될 것이라 확신하였고 자신감과 패기를 넘치게 만들 수 있는 기회라고 생각하였습니다.

KEB 하나은행에 입사하여 업무를 하며 겪을 어떠한 어려움이나 고난이 있어도 절대 포기하지 않고 목표를 향해 나아가는 KEB 하나은행의 대표 신입사원이 되겠습니다.

- 인트로 효과가 돋보임. 인용법을 활용함

- 이 사례의 특징
  - 성장을 테마로 함
  - 적절한 인트로 효과로 흥미를 유발함
  - 은유와 비유법을 활용함

서울 중위권 대학 출신 지원자

사례 5 2014 신용보증기금 서류합격 - 국민연금공단 최종합격

성장과정 및 자기계발과정자격증 취득 등을 중심으로 본인을 상세히 소개하시오. 성격 장단점 포함

중석몰시(中石沒矢)의 힘, 경제 까막눈 눈뜨다

사자성어 소제목은 권하지 않음

어린 시절부터 아버지께서는 정신을 집중하여 전력을 다하면 어떤 일도 이룰 수 있다는 '중석몰시'의 힘을 강조하셨습니다. 이는 전공공부만 하면서 시사에 문외한이 된 제가 매일 아침 신문읽기에 도전했을 때도 큰 힘이 되어 주었습니다. 시사공부를 열심히 하겠다고 신문을 펼쳐 들었지만, "까만 것은 글자요, 하얀 것은 종이"라는 말처럼 어렵고 지루하기만 했습니다.

하지만 아버지가 강조하신 '중석몰시'를 떠올리며 포기하지 않고 온 정신을 집중하여 경제공부를 하기로 결심했습니다. 한국은행 경제교육, 금융감독원 FSS아카데미, 3년간의 시사경제 스터디를 통해서 친구들과 의견을 나누고, 모르는 것은 적극적으로 질문하고 보고서도 찾아 읽었습니다. 그래서 **지금은 우크라이나 위기를 지켜보면서, 세계 곡창지대 중 하나로서 곡물시장에 공급을 줄임으로써 우리 경제에 AS충격으로 작용할 것이라는 파급효과에 대해서도 생각해보는 사람**이 되었습니다.

발전의 결과를 구체적으로 표현. 성과는 계량적일수록 자기소개서에서의 효과가 극대화 됨

약점을 극복하기 위한 과정을 극적으로 표현하려 함
서울소재 상위권 대학, 경제 직렬 지원자

사례 6 2014 KB국민은행 최종합격

귀하의 삶에 가장 큰 영향을 주었던 사람과 그 이유를 기술하십시오. 300 byte 이내

단점을 장점으로 바꾼 다산 정약용 선생님

정약용 선생님의 위인전에 나오는 전남으로 귀양을 갔을 때의 내용입니다. 어린 소년이 자신은 둔하고, 앞뒤가 막혔으며, 분별력이 없다는 단점으로 공부를 하는데 부족하다 생각했습니다. 그러나 정약용 선생님은 소년에게 단점을 장점으로 만드는 가능성을 발견해줍니다. **다방면에 관심이 많던 성격을 단점이라 생각했지만, 대학에 오면서 다양한 경험을 할 수 있었고 평발을 극복하기 위해 마라톤을 연습하며 뛰어난 체력을 얻게 되었습니다. 이처럼 단점이라 생각되는 것을 장점으로 바꾸기 위한 생각을 할 수 있었습니다.**

- 단점을 장점으로 극복하려는 스토리 라인
지방소재 중위권 대학 지원자

사례 7 2015 주택금융공사 서류합격 - 무역보험공사 최종합격

기억에 남는 성취한 일을 이루기 위해 어떤 노력을 했는지 기술하십시오.

과거 플룻 열등생이었던 저는 '교향곡 연주' 특화 전략으로 수석 연주자로 거듭난 적이 있습니다.

상황 설명에서 경험 항목의 가독성이 결정됨. 상황 설명은 최대한 구체적으로 제시

대학교 1학년 3월, 오케스트라 홍보 부스에서 정기 연주회 영상을 보고 클래식 연주에 매료되었고, 어릴 적 잠시 배웠던 플룻을 다시 꺼내어 동아리에 가입했습니다. 하지만, 동아리의 주 행사인 '정기 연주회'의 단원이 되어 정회원으로 남기 위해선, 단 3명의 플룻 연주자를 선발하는 오디션을 통과해야만 했습니다. 당시 제 실력은 어릴 적 지도 선생님이 악기 교체를 권하실 정도로 오디션을 통과하기엔 역부족이었습니다. 하지만, 연주회에 서겠다는 목표를 이루고자 교향곡 연주에 필요한 능력을 분석하여 맞춤 연습을 하였고 이후 1st 플룻 연주자로 오디션에 합격하였습니다.

부족함을 솔직하게 표현함

'마디 세기' 능력이 중요하다 판단하여 가급적 실제 연주 음원에 따라 연습하였습니다. '새소리' 등 고음 연주 부분에서 날카로운 소리를 없애기 위해 복식호흡을 연습했고, 깔끔한 음 처리를 위해 '하루 줄넘기 100개'로 폐활량을 늘려 나중엔 12마디를 호흡 없이 불 수 있게 되었습니다.

성과는 최대한 계량적이고 구체적으로 표현함

목표를 향한 정확한 이정표는 불가능한 목표도 이루게 하는 힘이 있습니다. 이러한 깨달음을 바탕으로 HF의 도전이 '무모한 도전'이 아닌 '무한 도전'이 될 수 있도록, HF의 목표를 면밀히 분석하고 그 이정표를 제시하겠습니다.

서울소재 상위권 대학, 경제 직렬 지원자

해결책 2 인용하고 접목시켜라

'간접적 체험 독서를 통한 신념이나 소신'과 '이슈 경제, 금융, 사회 학습을 통한 지식'를 '직접적 체험 행위'에 접목시키며, 행위에 대한 근거가 되는 소신이나 신념의 출처를 밝히거나, 지식을 최대한 활용해서 인용해야 한다. 이른바, 자기소개서 작성을 위해서는 첫째, 독서를 많이 해야 한다. 둘째, 시사이슈 주제도 미리 숙지해야 한다.

사례 1 2016 우리은행 최종합격

아래 제시어를 자유롭게 활용하시어, 본인의 가치관과 삶의 경험을 담은 에세이를 작성하여 주세요. 제시어 : 도전, 성공, 실패, 지혜, 배려, 행복

행복은 추구의 대상이 아닌 발견의 대상

입대 이후 훈련소가 끝나고 자대에 배치 받았을 때, 아버지 공장에서 화재가 발생했다는 소식을 듣게 되었습니다. 충남 당진에서 빈손으로 상경하여 작지만 건실한 공장을 운영하시며 부족함 없이 키워주신 아버지의 힘든 목소리를 처음으로 듣게 되었습니다. 새로운 곳에서 적응해야 할 시기였지만 고생하고 있을 가족들 생각에 더욱 힘든 시간을 보냈습니다. **그러던 중 부대 도서관에 꽂혀있던 알랭 드 보통의 『불안』이라는 책을 읽게 되었고, "행복이란 추구의 대상이 아니라 발견의 대상이다"라는 말에 큰 감명을 받았습니다. 그 후, 새벽 공기의 상쾌함, 막사 앞의 벚꽃이 흩날리는 모습 등 주변의 '행복'을 발견하며 힘든 시간을 조금씩 이겨낼 수 있었습니다.** 전역 후에도 팀 프로젝트, 아르바이트 등 어떤 일이든 씩씩하게 임한 결과, 힘들 때 생각난다는 스마일 아이콘으로 떠올랐습니다.

- 인문학적 소양을 행위에 접목시켜 행위에 타당성을 부여함
- 행복에 대한 질문은 면접에서도 많이 다루어지는 주제이므로 행복에 대한 소신은 평소에 미리 준비해둘 것을 권함

지방소재 중위권 대학 지원자

사례 2 / 2017 하반기 IBK기업은행 최종합격

지금까지 본인이 한 일 중에서 가장 열정적이고 주도적으로 한 일은 무엇이며, 그 일을 통해 배우고 느낀 점을 중심으로 설명해 주십시오. 1,300 byte 이내

사회적 동조 이론(Normative Social Influence)

상황 설명이 구체적임

2012년 11월 허리케인 Sandy가 뉴욕 동부지역을 강타했습니다. 학교 밖을 나서니 주변 집들은 전기가 모두 끊겼고 지붕이 무너져있는 등 피해가 심각하다는 것을 보았습니다. 이에, 기숙사 친구들 23명과 지역사회를 돕기 위한 기금마련을 계획하였습니다.

단순한 모금에서만 그치지 않고 쿠폰북도 만들기로 했습니다. 학교 근처 상점들에 할인율을 받아와 쿠폰북을 제작하여, 학생들에게 저가에 판매하는 방식입니다. 하지만 기대와 달리 정작 대부분의 상점들은 동참하지 않았습니다. 실망감이 팽배했고 포기하자는 의견이 다수였지만, 저는 새로운 방법을 고민했습니다.

심리학 이론을 접목시켜 행위에 타당성을 부여함

'사회적 동조 이론'은 심리학 이론입니다. 사람들이 일정한 행동 패턴을 보일 때 개인은 그 행동에 호기심이 생기고, 또 그 행동을 모방하게 된다는 내용입니다. 이에 착안해, 학생들의 동조를 일으키는 방법으로 바자회를 제안했습니다. 학생들이 옷을 기부하면 바우처로 교환해주고, 바자회 당일 다른 옷과 교환할 수 있게 해주는 아이디어였습니다. 바자회 당일 날 특히 여학생들의 반응이 뜨거웠습니다. 그 결과 1,600달러가 모였고 남은 의류들도 함께 기부할 수 있는 一石二鳥의 효과를 얻었습니다.

처음 계획대로 일이 진행되지는 않았지만, 달성하겠다는 집념이 만든 성과였습니다. 포기하고자 하는 친구들의 마음을 되돌리면서 상대방에게 신뢰를 주는 방법을 배웠습니다. 친구들이 부정적인 감정에 사로잡혀있을 때, 구체적인 플랜을 제시함으로써 신뢰를 얻었고 다시 긍정적인 분위기를 만들 수 있었습니다.

또한 목표로 가는데도 다양한 길이 있음을 깨달은 경험이었습니다. 모두가 나와 같은 생각을 하지 않을 수 있다는 것을 인정해야 예기치 않은 상황이 닥쳤을 때 순발력 있는 대응을 할 수 있다는 것을 몸소 느꼈습니다.

• 단점을 장점으로 극복하려는 스토리 라인
해외대 지원자

사례 3 2018년 주택도시보증공사 최종합격

✓ 같은 팀의 후배가 당신의 업무를 보조하고 있습니다. 당신은 업무에 대해 확신하는 바가 있어 상급자에게 보고하려고 준비 중입니다. 평소에도 당신과 자주 의견이 부딪히던 후배가 당신이 제시한 방향성에 대해 강력하게 반대한다면 어떻게 대처할지를 자신의 경험과 결부하여 기술해 주십시오.

변증법, 새로운 방향성을 위한 너와 나의 connecting link

후배가 저를 인간적으로 혹은 감정적으로 싫어하지 않는다는 조건하에서, 설령 제가 준비한 방향성에 100% 확신하는 경우조차도, 저는 그 후배가 제시한 의견에 끝까지 경청할 것입니다.

2013년 3월부터 10개월간 교내 농구동아리 회장을 맡으면서, 후배들과 의견 대립을 심각하게 일으킨 적이 있었습니다. 사건은 농구시합에 신입생들을 참여시킬 것인지에 관한 문제로부터 발생했습니다. 저는 중요한 시합이어도, 신입생 전원이 시합에 참여하는 것에 100% 확신했습니다. 또한, 그것이 제가 설정한 동아리 운영 원칙에도 부합한다고 생각했습니다.

하지만 후배들의 생각은 저와는 100% 달랐습니다. 오히려 중요한 시합인 만큼 실력이 더 좋은 재학생만으로 선수를 구성할 것을, 저에게 강하게 요청했습니다. 이에 저는 제 평소 생각을 후배들 앞에서 소상히 말했습니다.

그리고 후배 8명이 제 결정에 반대하는 이유를 30분간 들어주었습니다. 결국, 저는 신입생 4명 중 실력이 출중한 1명만 시합에 출전시키는데 합의했습니다. 즉, 이것은 스스로 세운 원칙을 일부 포기한 것이었지만, 운동동아리의 특성상 후배들의 의견을 반영한 결정이었습니다.

헤겔의 변증법을 접목시킴으로 본인의 의견을 돋보이게 함
서울 소재 상위권 대학 인문계열 지원자

18C~19C 독일의 철학자 헤겔(G.W.F Hegel)의 변증법에 따르면, 팝송만 듣던 작곡가가 어떤 계기로 국악에 몰입할 경우, 새로운 형태의 장르가 생기는 것이 가능합니다. 제 의견이 후배들을 통해서 재조정된 것처럼, 업무에서도 마찬가지입니다. 즉, 제 눈에는 보이지 않았던 새로운 방향성이 감지될 것이고, 이는 후배와 저를 이어주는 '연결고리'가 될 것입니다.

사례 4 2018년 금융감독원 최종합격

조직(예 : 학교, 동아리, 가족 등)의 구성원으로서 갈등이 있었던 상황에서 이를 잘 대처해낸 사례를 기술하시오.

팃포탯 응용

'죄수의 딜레마'는 영화 뷰티플마인드로 잘 알려진 94년도 노벨 경제학상을 수상한 존 내쉬의 이론입니다. 협조에 대한 유인 부재가 협동이 아닌 독단적 행동으로 이어진다는 이 이론은 무임승차자 발생 이유를 설명합니다. 2014년 과학기술과 현대사회 과목 수강 도중 3학년생 한 명의 조별과제 참여율이 현격히 떨어졌습니다. 죄수의 딜레마에 가장 효과적인 전략이 참여유인 제공 및 불참에 대한 보복전략 실행이라는 팃포탯 전략인 점에 착안해, 이를 조별활동에 적용했습니다. 매주 가장 열심히 활동한 조원을 투표해 다음 조사에서 제외시키는 특권을 주었고, 활동보고서를 작성하여 교수님에게 매주 제출하였습니다. 팃포탯 전략을 현실에 맞게 적용한 결과 3학년생은 형사법의학과 관련된 자신의 역할을 성실히 수행하였습니다.

존 내쉬의 팃포탯 전략을 접목함으로 갈등 해결의 방법적 근거를 제시함
서울 소재 중상위권 대학 경제 직렬 지원자

사례 5 2020 금융결제원 자소서 - 2023 SGI서울보증 합격

자신의 가치관 또는 인생관에 영향을 미친 경험특정사건, 책 등을 소개하고, 이를 통해 배우거나 느낀 점을 구체적으로 기술하시오.

기회의 신

"기회의 신은 앞머리는 길고, 뒷머리는 짧다." 고 3 수험생활동안 동기부여를 해준 문구입니다.

대학 입학 후 전략경영론을 들으며 전략 경영에 대한 지식보다 더 중요한 인생 교훈을 얻을 수 있었습니다. 교수님은 "단순히 흘러가는 일상적인 시간인 크로노스도 중요하지만, 의식적이고 주관적인 카이로스에 더 집중하는 삶을 살아야 한다" 라고 말씀하셨습니다.

나이키 창업자 필나이트 자서전 '슈독(Shoe dog)' 읽으면서 회계사 출신이 나이키를 창업했다는 것을 알게 되었습니다. 회계사 전문직 자격증이 있으면 한단계 높은 기여를 할 수 있는 기회가 더 다양해지고 그 기회를 잡기 위한 준비 수단으로 시험에 도전하였습니다. 결과적으로 시험에 탈락했지만 개인적으로는 스스로에 대해 더 잘 알 수 있게 되었습니다. 대학생활까지 모두 제가 원하는 대로 이루어 왔기 때문에 실패에 대한 면역력이 낮았습니다. 시험 탈락을 통해 자생력과 실패를 받아들이는 법을 익힐 수 있었습니다. 이제는 실패와 도전을 두려워하지 않게 되었습니다.

사례 6 2023 신용보증기금 합격자

공동의 성과 창출을 위해 본인이 특별히 기여했던 경험과 성과 창출 과정에서 발생한 무임승차자 발생, 규칙 미준수, 결론 미합의 등 갈등 상황을 해결하기 위해 본인이 남다르게 기울였던 노력을 구체적으로 기술하여 주십시오.

2023 신용보증기금 합격자

경영석학이었던 피터 드러커는 자소서에 인용할 문장이 많은 편이다. 시간이 될 때 피터드러커의 책들을 읽을 것을 권한다.

질문이 없다면, 통찰도 없다

피터 드러커 著 [최고의 질문]의 핵심 문구입니다.

대학 3학년 2학기, 금융학회 선출직 회장이 되었을 때, 최고의 질문들을 통해 학회의 위기를 극복한 경험이 있습니다. 제가 회장직을 인계 받기 전, 구성원들의 소극적 참여(30명 중 15명 결석)로 학회의 전통 프로그램인 시사토론 및 골든벨 퀴즈를 열심히 준비하는 구성원들도 줄어들었고, 폐회 위기까지 몰렸습니다. 물론 구성원들에게 학회 준비에 적극 참여할 것을 지시하고, 결석자에게 페널티를 줄 수 있었지만, 오히려 결석이 탈퇴로 이어질 수도 있었습니다. 이에 저는 피터 드러커의 질문을 통해 구성원들을 설득하기로 마음먹었습니다.

첫째, 구성원들에게 왜 참여 동기가 떨어지는지 물었습니다.

둘째, 하지만 구성원들은 첫째 질문에도 답변에 적극적이지 않았습니다. 따라서 저는 구성원들의 편한 시간에 맞춰 1:1 커피타임을 가졌습니다. 1:1환경에서 구성원들은 좀 더 본인이 존중 받고 있다는 생각을 갖게 되었고, 보다 적극적으로 의견을 말하였습니다. 의견 종합 결과, 학회 프로그램의 질이 너무 떨어져, 시간 낭비라는 생각을 하고 있었습니다.

셋째, 스스로에게 질문하였습니다. 내가 학회를 위해 무엇을 해야 할 것인가? 저는 학회의 여러 졸업 선배들과 친분이 있었고, 선배님을 초청하여 금융업권 멘토링 신설을 통해 학회 프로그램의 만족도를 높일 수 있다고 생각하였습니다.

이 같은 질문을 통한 통찰로서 구성원들의 반발 없이 참여도를 높일 수 있었고, 학기 말 단과대학 내 활동 우수학회로 선정될 수 있었습니다.

사례 7 2022 한국증권금융 합격자서 - 2022 무역협회 자소서

본인이 중요하게 생각하는 가치는 무엇이며, 한국무역협회가 어떤 점에서 본인의 가치와 연관성이 있는지 구체적으로 기술해주십시오.

경험은 실수에 붙인 이름일 뿐이다

오스카 와일드의 말입니다. 이를 역(逆)으로 해석하면, 모든 실수는 성장의 밑거름인 '경험'이 라는 의미입니다.

교환학생 시절, 탑승구를 '30'이 아닌 '3'으로 보는 바람에, 비행기를 눈앞에서 놓친 적이 있습니다. 어이없는 실수로 50만 원을 날리니 눈물이 났습니다. 그런데, 그때 어머니가 해주신 말씀을 잊을 수 없습니다. "좋은 인생 경험했구나. 돈 주고도 못 산다." 이내 저는 자책을 멈추었고, 후일 더 큰 실수를 방지하기 위한 쓴 약이었다고 다독이며 힘을 낼 수 있었습니다. 이 경험은 실패와 도전에 대한 저의 태도를 바꾸었습니다. 실패는 미래를 위한 양분이므로, 실패가 두려워 도전하지 않는 우는 범하지 않게 되었습니다. '성공하면 좋고, 실패해도 더 좋고'라는 마인드로 과감히 도전하고, 실패로부터 얻는 교훈의 둑을 쌓아가고 있습니다.

무역협회는 '실패를 두려워하지 않고 도전하는 인재'를 추구합니다. 무역현장은 예상치 못한 변수와 불확실성으로 둘러싸인 격전지이기 때문입니다. 하지만, 그만큼 더 큰 기회와 가능성이 공존하는 곳이기에 무역협회와 함께 의미 있게 실패하고, 이를 발판 삼아 더 빛나게 성장하고자 합니다.

Chapter 03

지원동기

지원자가 항상 힘들어 하는 항목은 지원동기이다.

지원동기 작성이 힘든 이유는 의외로 간단하다. 본인의 솔직한 지원동기를 말하기가 어렵기 때문이다. 대부분 지원자의 지원동기는 솔직히 말한다면, 높은 급여와 복지, 안정성, 업무의 용이함, 워라벨Work & Life Balance, 누구에게나 떳떳해 보이는 회사 등일 것이다.

하지만, 이런 솔직한 지원동기는 웬만한 용기가 있지 않은 이상 쉽게 언급하지 못한다. 그러다 보니 대다수 지원자의 지원동기는 공식화되어 있다는 느낌이다. 다음과 같이 에둘러 그럴듯하게 작성한다.

기업에 대한 좋은 점 나열(주로 기업에 대한 찬양 일색)

그러한 기업의 비전과 가치가 평소 나의 소신과 일치한다.

그래서 기업에서 ○○○한 신입사원이 되겠다.

물론 위의 구성이 나쁘다는 것은 아니다. 하지만 문제는 이 방식이 너무나 많은 지원자가 접목시키는 방식이라는 것이다. 신선함이 떨어지고 진정성도 보이지 않는다. 언제까지 이런 구성의 지원동기를 작성할 것인가?

해결책 1 시점을 바꾸어 보라

회사를 향한 찬양적인 시각에서, 이제는 나에게 집중해 나를 기준으로 회사가 적합한 이유를 고민해 보고, 평소 내가 선호하는 기업의 조건부터 분류해 보라. 그리고 해당 기업을 그 조건에 대입시켜 보라.

회사를 지원하며 회사 위주의 시선이 아니라, 나 스스로부터 어떤 기업이 나에게 적합한지를 넘버링 해보며 적어나가 보자. 이러한 작업이 소위 말하는 글을 작성하기 전의 '목차작업'이 된다.

'목차작업'의 장점은

첫째, 병렬식 구성의 글로 인도함으로써 명쾌한 지원동기를 작성할 수 있게 된다.

둘째, 두세 가지 스토리가 나오게 되면 구성의 장점이 극대화된다. 즉, 세 가지 지원이유 중 두 가지는 비록 명분적이고 다소 뻔한 지원동기라 하더라도, **한 가지 정도는 솔직한 지원동기를 언급해도 어색해지지 않는다.**

셋째, 다양한 지원동기가 생산되므로, 좀 더 지원의 이유에 설득력이 더해진다.

아래의 프로세스로 고민해보자.

내가 선호하는 기업의 특징 분류
- 개인과 기업이 함께 성장하는 곳
- 업무에 집중 가능한 근무환경 조성(복지, 급여 등)
- 기왕이면 기업과 사회공동체가 함께 번영 가능한 곳
- 근무지의 위치 등

선호하는 기업의 특징을 지원하는 기업에 대입해보며 해당 기업의 그러한 면에 대해 찾아보자.

이를 바탕으로 2~4가지 지원동기를 완성해보자.

사례 1 2016 산업은행 최종합격

지원동기

지속적인 성장가능성

한 직장에 근무하며 끊임없이 성장할 수 있다는 것은 정말 멋진 일일 것입니다. 산업은행은 재능이 소모되기보다는 조직과 함께 제 자신도 발전할 수 있는 직장입니다. 특히 순환근무를 통해 적성 탐색의 기회가 주어지며, 원하는 분야의 전문가가 될 수 있도록 지속적인 인재교육을 제공한다는 점에서 산은만의 경쟁력을 느낄 수 있었습니다. '금융전문가 양성의 명문'으로서 자기개발을 멈추지 않는 산업은행의 매력에 저는 산업은행만을 목표로 취업을 준비해왔습니다.

한국경제에의 강한 책무성

자금의 융통을 뜻하는 금융은 시장의 원활한 작동과 지속적 경제성장을 도모케 하는 윤활유입니다. 그렇기에 금융기관의 역할은 자본주의 시대에 매우 중요할 것입니다. 특히 산업은행은 수출입은행, 예금보험공사 등 타 금융공기업과 달리 독점화된 업무영역이란 제한이 없습니다. 이러한 특징 때문에 산업은행은 "The First"로서 국내 최초 IP담보 대출시장 개척, 위안화 투자자 지위 확보 등 여러 분야의 선구자 역할을 담당해오고 있습니다. 또한 "The Only" 정책금융기관의 맏형으로서 시장 안정을 위한 risk taker역할을 수행하며, 국내 최고 구조조정 전문가로서 성공적인 한국 산업 재편을 위해 노력하고 있습니다. 이처럼 역동적인 금융환경과 한국의 산업구조 재편이란 시대적 요청하에 산업은행의 역할은 더욱 중요해지고 있으며, 시대적 과제를 수행할 일원이 될 수 있음에 입사를 희망하게 되었습니다.

존중이 존경을 낳는 곳

먼저 입사한 지인들은 산업은행의 장점을 "gentle한 조직분위기"라 공통적으로 말합니다. 회사 내 성희롱이나 인격모독 등 비신사적 업무환경이 한국 기업문화의 문제점으로 지적되는 상황에서 기존 행원들의 업무환경 만족도는 산업은행 입사를 강하게 희망토록 만들었습니다. 또한 가정의 날 운영이나 출산 및 육아휴직의 보장은 행원들의 일과 삶의 조화를 존중해주는 산업은행의 배려로 비췄습니다. 이처럼 조직구성원이 존중받는 업무환경이라면 높은 근로의욕 하에 조직과 구성원이 함께 성장할 수 있으리라 생각합니다.

- 본인의 입장에서 3가지 이유를 바탕으로 산업은행의 지원동기를 밝힘
- 특히, 3가지 지원동기 중, 첫 번째, 두 번째는 다소 명분적인 측면이 강하지만 세 번째 이유는 지원동기로써 금기어로 간주되는 가정의 날, 출산 및 육아휴직 등의 명분이 아닌 조건적인 지원동기가 삽입되어도 어색하지 않음. 구성의 장점을 통해 솔직한 지원동기로 진정성이 느껴질 수 있음

서울소재 상위권 대학, 경제직렬 지원자

사례 2 2017 금융연수원 서류합격 - 주택금융공사 최종합격

본인이 다닐 직장으로 한국금융연수원을 선택한 이유를 작성해주세요. 입사동기

3-Pillars

한국금융연수원을 선택한 3가지 이유가 있습니다.

첫째, 금융전문인력 양성에 기여한다는 '자부심'을 가지고 일할 수 있는 곳이기 때문입니다. 최근 한국 경제의 성장축이 제조업에서 서비스업으로 이동하면서, 금융업 역시 미래 성장동력의 핵심으로 주목받고 있습니다. 금융의 경쟁력은 '인적자본'에 달려있기에, 금융전문인력 양성이 무엇보다 중요하다고 생각합니다. 한국금융연수원의 일원으로서, 최상의 교육인프라 구축을 통해 금융인들의 업무역량 강화를 지원함으로써 한국 금융의 경쟁력을 높이는 데 일조한다는 자부심을 느끼고 싶습니다.

둘째, 새로운 금융환경에 필요한 교육프로그램을 꾸준히 개발하며 '성장'할 수 있는 곳이기 때문입니다. 4차 산업혁명, 핀테크, 글로벌 시장 진출 등 금융환경이 급속하게 변하면서, 교육 수요도 함께 다양해지고 있습니다. 이에 선제적으로 대응하여 교육 프로그램을 기획 및 운영하는 과정에서, 금융업 트렌드 변화를 지속적으로 탐구함으로써

- 소제목이 인상적임. 바젤 규정의 3가지 기둥을 인용해서 3-Pillars로 소제목을 작성함으로써 흥미를 유발함

금융시장에 대한 안목도 기를 수 있을 것이며 금융교육 선순환효과도 이룰 것이라 생각합니다.

셋째, 빽빽한 빌딩 숲이 아닌, 도심 속의 공원이라 불리는 한국금융연수원에서 근무할 수 있다는 점 또한 매력으로 다가왔기 때문입니다. 평소 삼청동을 즐겨 방문하는데, 연수원을 지날 때마다 안정적인 공간에서 '역동'적인 금융인 육성의 전도사를 꿈꾸었습니다.

이 사례 역시 사례 1처럼 세 번째 이유로 지리적, 환경적 이점을 언급함으로써 조건 위주의 지원동기를 삽입함
서울소재 중위권 대학, 경영 직렬 지원자

사례 3 2018 우리은행 최종합격

우리은행에 입행하고 싶은 이유와 입행을 위해 어떠한 노력을 해왔는지 서술해 주십시오.

이유

"우리은행", 이름과 CI가 가장 예뻤습니다. 2009년 5월 6일, 주택청약종합저축 첫 출시 날, 첫 통장을 만들어 지금까지 거래하는 예쁜 은행입니다.

그 후, 우리은행을 좀 더 알아갈수록 입행의 꿈은 더 커졌습니다.

1. 전통 은행

 전통의 은행이기 때문입니다. 민족자본으로 1899년 설립된 100년 전통의 역사적 은행입니다.

2. 혁신 은행

 최초의 수식어 때문입니다. 최초의 스마트 정기예금 출시, 안면인식기술, 빅데이터를 기업여신 리스크관리에 활용하는 등 최초의 은행입니다.

3. 윤리 은행

모뉴엘 사태에서 850억 원의 채권을 회수한 유일한 윤리적 은행입니다. 특히, 철저한 심사를 했던 심사부서의 노고를 알게 되었습니다.

노력

1. 지식 넓히기

교과목으로 회계를 통해 분개와 계산에 소질이 있는 것을 알았습니다. 더 나아가 방과 후 학습으로 금융업무에 필요한 전산회계 1급, 컴퓨터 활용능력 2급에 합격하였습니다.

2. 행원의 기본 서비스 정신

고등학교 2학년, 첫 식당 아르바이트를 해보며 고객에게 밝은 미소와 상냥한 응대 자세를 배웠습니다. 대기 손님을 위한 의자 위치를 제시해 봄으로써 고객의 불편을 알고 먼저 대처하는 자세도 길렀습니다.

• 입행 이유가 병렬식 구성으로 잘 정리되어 있음. 우리은행의 모뉴엘 사태 극복 사례를 언급한 것이 주목됨

사례 4 2022 산업은행 합격자 - 2022 산업은행 자소서

산업은행 지원동기와 입행 후 계획을 지원분야와 연결하여 자유롭게 서술하시오.

• 최근 읽은 지원동기 중 가장 마음에 드는 지원동기 중에 한 가지이다. 인용, 컨셉, 병렬식, 소신 등이 가장 잘 드러났다.
특히, 지원동기와 입행 후 계획 간의 인과관계와 스토리 라인이 훌륭하다.

Right thing

피터드러커는 "올바른 일(right thing)을 하는 것이, 일을 제대로 하는 것(things right)보다 중요하다"고 말했습니다. 최근 빅데이터, AI 등 산업패러다임의 변화, COVID-19로 인한 실물경기 침체 등은 한국의 성장 잠재력을 위협하고 있기에, 제가 생각하는 right thing은 스타트업의 스케일업을 통한 성장기업, 일명 유니콘 기업의 양성입니다.

그러나 벤처투자시장은 높은 리스크로 인하여 민간금융의 진입유인이 낮기에, 역으로 정책금융의 지원이 반드시 필요합니다. 그중 산업은행은 Mega-Venture 특별자금을 통한 대형 투, 융자 지원 등 벤처투자시장의 대표적 key player 역할을 맡고 있다고 생각합니다. 산업은행에서 스케일업 활성화라는 올바른 일을 제대로 수행해보고 싶습니다.

Things right

'스케일업 금융을 통한 유니콘 기업 확대' 목표를 달성하기 위한 저의 계획은 다음과 같습니다.

1. 기업평가모델 : 쿠팡, 배달의민족 등 최근 새롭게 등장하는 기업들의 경우 DCF, EBITDA 멀티플 등 전통적인 기업가치평가 방식을 적용하는 데 무리가 있습니다. EV/GMV 등 새로운 기업 가치평가 기법에 대해서도 전문성을 갖추겠습니다.
2. 식견넓히기 : 벤처캐피탈 관련 업계 동향에 민감하겠습니다. 벤처캐피탈 포럼 '벤처 스케일업 정책과 투자전략'에서 정명국 스케일업금융실장님께서 말씀하셨듯이, 산업은행 혼자서 많은 자금을 집행하는 것은 부담이 크기에 Mega 7-club 등 국내 대형 VC와의 협업은 필수적입니다. 포럼, 세미나 등 행사에 적극 참여하고 타 기업 담당자와의 교류를 위해서도 노력하겠습니다.
3. 디지털역량 : 신생기업의 경우 재무제표를 활용한 신용리스크 관리가 어려운 문제가 있습니다. decision tree, random forest 등의 머신러닝 방법론 학습을 통해 비외감기업의 부도예측률 향상에 기여하겠습니다.

사례 5 2022 한국증권금융 합격자 - 2022 산업은행 자소서

산업은행 지원동기와 입행 후 계획을 지원분야와 연결하여 자유롭게 **서술하시오**.

- 무(無), 온(溫), 행(行)을 병렬식으로 지원동기와 입행 후 계획으로 컨셉 설정까지 하였다.

무(無), 선도 없고 끝도 없다

산업은행은 국내 유일의, 업무영역이라는 제한이 없는 금융기관입니다. 따라서, 구조조정, PF, 녹색금융 등 다양한 부문에서 선도자의 역할을 해내고 있습니다. 또한, 순환 근무와 인재교육을 통해 적성에 맞는 분야를 찾아 전문성을 기르도록 지원하고 있습니다. 즉, 다양한 영역을 최고의 수준으로 경험하며, 무(無)한히 성장할 수 있는 기관이기에 매력을 느껴 지원했습니다.

온(溫), 모험의 길을 밝히다

칼릴 지브란은 “우리는 버는 것으로 삶을 살지만, 주는 것으로 삶을 형성한다”라고 했습니다. 저 또한 저만의 가치를 국민과 나누며 함께 성장하는 ‘상생의 삶’이 옳다고 믿습니다. 따라서 직업에서도 산업의 대외경쟁력을 강화해 국민 생활증진에 기여하는 금융전문가가 되고 싶습니다. 산업은행은 위기 때마다 기업의 든든한 벽이 되고, 혁신기업의 도전에 안전한 발판이 되며 국민을 지원하고 있습니다. 이에 산업은행과 함께 대한민국의 변화와 혁신의 모험을 따뜻하게 밝혀주고자 합니다.

행(行), PF를 찍다

저는 ‘PF 전문가’가 되어, 국내 산업의 글로벌화와 기업의 해외 진출을 도모하고 싶습니다.

1단계: 기본 설정 익히기

지점 근무를 통해 여신업무와 신용분석 업무 등을 다양하게 배우며, 기업금융업 전반의 기본기를 쌓겠습니다. 이를 통해 재무분석, 사업성 분석기술을 배양한 후, PF금융주선에 필요한 자금 조달 · 관리 능력을 습득하겠습니다.

2단계: 초점화

글로벌사업부문에서 PF 전문가를 위한 기반을 닦겠습니다. 외국어 역량으로 타겟 국가의 시장을 분석하고 사업 타당성을 검토해 최적의 진출전략을 수립하겠습니다. 또한, 국제금융역 등의 자격증을 공부하고, 러시아어에 더해 중국어, 베트남어도 마스터하며 필요한 역량을 하나씩 갖춰나가겠습니다.

3단계: 사진 찍기

경험과 노하우를 바탕으로, 아직 한국이 진출하지 못한 세계 각지에 '산업은행 해외 PF 데스크'를 설치하고, 국내기업의 해외 사업 참여를 주선해 국민 경제발전을 진흥하겠습니다.

2022 한국부동산원 합격 - 2019 주택금융공사 인턴자소서

변곡점과 발화점이라는 컨셉을 설정한 후 병렬식으로 지원동기를 기술하였다.

우리공사 지원 사유에 대해 기술해 주십시오. - 687/700자

인생의 변곡점

2년마다 다가왔던 9월은 우리 가족이 살던 집의 전세 재계약을 하는 달입니다. 해마다 주택가격이 상승해 가족들에게 있어서 보금자리를 마련한다는 것은 불가능하다고 생각했습니다. 재계약을 앞둔 2017년 9월, 혹여나 하는 마음에 어머니와 함께 주택담보대출 문의로

은행을 방문하였다가, HF의 '내 집 마련 디딤돌대출'이라는 상품에 대해 알게 되었습니다. 그 결과 이듬해 2월, 우리 가족이 그토록 원하던 집을 얻을 수 있게 해주었습니다.

이후 주거안정을 위해 디딤돌을 마련해준 HF에 깊은 관심을 가지기 시작했습니다. 우리가 얻었던 행복을 수많은 무주택 서민들에게도 느끼게 해주고 싶었고, 더 나아가 모든 국민이 주거안정을 이룰 수 있도록 디딤돌이 되고자 지원하였습니다.

새로운 발화점

HF는 서민들에게 住居라는 안정성을 마련해 주어 경제활동에 집중하게 함으로써 경제성장도 견인하는 막중한 책임감을 가진 곳입니다. 또 자산 시장의 변동성이 금융시장에 미치는 악영향을 제거함으로써 안정적인 금융 시스템을 영위하게 하는 기반을 마련하는 곳인 만큼 전문성이 필요한 곳입니다.

지속적인 자기계발을 통해 끊임없이 성장하며, 부동산 시장 안정이라는 과제도 수행할 일원이 될 수 있기를 희망합니다. 또 HF를 통해 서민주거안정의 든든한 이웃으로 거듭날 수 있는 출발선에 서기 위해 입사를 희망하게 되었습니다.

해결책 2 기업 데이터 발굴 방식을 차별화하라

지원동기를 작성하다보면, 결국 해당 기업에 대한 데이터를 바탕으로 글이 구성된다. 소위 말하는 기업의 가치관, 비전, 인재상 등의 데이터를 뒤적이며 지원동기를 쓰게 된다. 이러한 기업의 데이터를 **어떻게 구했느냐가 핵심이며,** 이에 따라 지원동기에서 열정의 퀄리티가 결정된다. 즉, **고생을 많이 해서 구한 기업에 대한 데이터일수록 지원동기에서 그 기업에 대한 열정을 간접적으로 표현하게 되는 것이다.**

기업에 대한 데이터를 구할 때 고생의 단계를 알아보자.

구분	단계	내용
고생을 많이 안 함 (추상적 이야기)	1단계	기업의 홈페이지에서 데이터를 수집한다. → 90% 이상의 지원자가 데이터를 수집하는 방식이다.
	2단계	기업의 기사를 검색해서 데이터를 수집한다.
	3단계	공기업의 경우, 해당 기업의 설립관련 법(法)에서 데이터를 수집한다. → 모든 공기업은 설립과 취지를 담은 법에 의해 설립된다. 예를 들면 산업은행은 산업은행법에 의해, 가스공사는 가스공사법에 의해 설립되었다.
↕	4단계	서점에서 책을 찾으며 데이터를 수집한다. → 해당 기업과 관련된 '현직자의 수기, 경영진 회고록, 기업 30년사 등' 다양한 책이 존재한다.
고생을 많이 함 (구체적 이야기)	5단계	본사를 직접 방문해서 데이터를 수집한다. → 본사 로비나 영업부 등에는 의외로 좋은 데이터가 많이 있다.
	6단계	현직자와 인터뷰를 진행해서 데이터를 수집한다.
	7단계	다양한 영업점이나 지사를 방문하거나 직접 현장근무를 통해 데이터를 수집한다.

1단계는 누구나 접근가능하고 작성 가능한 데이터 수집방법이며, 단계가 올라갈수록 나만의 차별화된 데이터가 된다. 또한 고생을 많이 해서 얻은 데이터일수록 지원동기가 구체적으로 변해 간다는 장점이 있다.

사례 1 2014 하반기 금융감독원 서류합격 - 아산병원 최종합격

지원동기 500 bytes

금융업은 무섭게 진화하고 있습니다. 시장이 고도화, 복잡화될수록 더불어 책임이 무거워진 것이 금융시장의 관리자, 금융감독원의 역할입니다. **금감원의 이야기 <변화로 통하다>를 통해, 금융감독원 역시 익숙함에서 벗어나 보다 좋은 규제기구가 되기 위해 노력하는 과정을 보았습니다.** 국민이 진심으로 신뢰하고 존경하는 기관이 되기 위하여, 우리 금융시장의 기형적인 파행을 잡아내고 금융의 기본역할을 잘 수행할 수 있도록 하는 금융감독원 업무의 방향성이 제가 이루고 싶은 직업관과 부합한다고 생각하여 지원하였습니다.

- 4단계의 방식으로 기업데이터를 수집

사례 2 2016 주택금융공사 서류합격 - 무역보험공사 최종합격

지원동기

HF의 닮은꼴이 되자.

직장과 직원은 '닮아야 한다'고 생각합니다. 직원 자신이 곧 회사라고 느껴야 주인의식에 기반한 공동성장이 가능하기 때문입니다. **최근 주택금융공사의 이야기 <혁신을 넘어 창조를 꿈꾸다>를 통해 세 가지 면에서 HF에 동질감을 느꼈습니다.**

- 4단계의 방식으로 기업데이터를 수집. 특히 책의 내용을 바탕으로 3가지 스토리를 통해 구체적으로 주택금융공사의 업무와 역할을 묘사함
서울소재 상위권 대학, 경제 직렬 지원자

첫째, '실물이 우선이다'

"거처는 기(氣)를 변화시킨다"라는 말처럼, '집'이라는 주거공간은 단순 '자산'의 의미를 넘어 개개인의 자아실현이 시작되는 곳입니다.

'서민 가계 안정'이란 설립 취지를 실현하기 위해 긴축 경영, 비용 절감 등의 희생을 감내한 HF의 행보에 '금융 이면의 실물을 중시하는' 공사의 가치관에 깊이 공감하였습니다.

둘째, '열정'

성장의 원동력은 '지치지 않는 열정'이라 생각합니다. '매칭 인사 시스템', '예산 성과급제' 등 고유 시스템을 바탕으로, 설립 10년 만에 최고의 주택금융전문기관으로 자리매김한 HF의 성장기를 보며, HF와 함께라면 힘든 업무에도 지치지 않는 열정을 가질 수 있을 것이라 생각했습니다.

셋째, '위기 극복'

HF는 초기 조직시스템 구축 과정에서의 불협화음, 2008 글로벌 금융위기 등의 어려움을 '파부침주'의 각오로 극복하며 강한 체력을 갖게 되었습니다. '세 차례의 장기 해외생활, 기숙 고등학교, 서울 자취 4년'의 다이내믹한 성장과정으로 형성된 저의 담대함과 적응력이 HF의 모습과 유사하다 생각했습니다.

책을 읽으며 마음이 통하는 친구를 만난 듯 설레었습니다. 입사 후에도 첫 만남의 간절함을 잃지 않고 더욱더 HF와 닮아가는 동반자로 성장하겠습니다.

사례 3 2015 산업은행 서류합격 - SGI 최종합격

지원동기

훌륭한 역사와 금융 역량을 가진 한국산업은행에서 타자공헌을 이루는 길

한국산업은행은 1954년 4월 1일에 한국전쟁으로 인해 침체된 경제를 부흥시키기 위해 장기산업금융을 전담하는 국책은행으로 설립되었습니다. 설립 당시의「한국산업은행법」에 명시된 설립목적 제1조는「국책에 순응하여 국민경제의 안정과 산업부흥의 발전을 촉진하기 위한 중요산업자금을 융자관리함」입니다. 이러한 목적에 따라 지난 60년 동안 국민경제의 발전이라는 시대적 사명에 부응하여 국가산업 및 성장동력산업에 대한 선도적인 금융지원을 수행하였습니다. 이후 외환위기, 글로벌 금융위기 등 두 차례의 경제 위기 국면에서 산업은행은 국가대표차주로서 외화유동성을 적기에 확보하고, 신용경색이 오자 적극적으로 자금을 지원하여 국내 경제의 안전판 역할을 맡아왔습니다. 그뿐만 아니라 기업금융 선도은행으로서 투자은행업무 확대와 금융기법 고도화를 통해 국내 금융산업의 발전을 이끌었습니다. 각각의 시대에 맞게 소명을 다하여 역동적으로 변신해 왔던 한국산업은행의 자랑스러운 역사와 다양한 IB역량, 고도화된 금융기법을 자랑하는 한국산업은행의 선진화된 업무에 매력을 느껴왔습니다.

• 3단계의 방식으로 기업데이터를 수집
서울소재 상위권 대학, 경영직렬 지원자

사례 4 2014 신한은행 서류합격 - SC은행 최종합격

지원동기 및 포부, 성장과정, 수학내용휴학기간 또는 졸업 후의 공백기 내용 포함, 본인의 가치관 및 인생관에 영향을 끼쳤던 경험, 단체 속의 일원으로 거둔 성과동아리, 공모전 등에 대하여 주제별로 구분하여 자유롭게 기술해 주세요. 7,500 bytes 이내

실제 신한은행 베트남 법인까지 방문. 7단계의 방식으로 데이터를 수집
서울소재 중위권 대학 지원자

'호치민의 중심에서 신한을 외치다.'

지난 4월, **베트남 호치민에 있는 신한베트남은행을 다녀왔습니다.** 신한은행의 행원이 되기 위해 조사를 하던 중, 신한은 이미 해외에 많은 법인과 지점들을 보유하고 있으며 그 중 베트남이 성공사례로 꼽히고 있음을 알게 되었습니다. 국내에서 구할 수 있는 자료들로는 부족함을 느꼈기에, 직접 현지로 향하였습니다. 호치민의 Tan Son Nhat 공항에 내리는 즉시 거대한 신한은행의 광고가 눈에 들어왔습니다. 광고를 배경으로 기념촬영을 하며 신한은행에 대한 자부심을 느꼈습니다. 그리고 신한베트남은행 본점이 있는 Empress Tower의 G층 비즈니스 센터를 방문하였습니다. 김우경 지점장님이 계신 이곳은 4명의 한국인 직원과 약 30명의 현지인 직원들이 있었습니다. 그 중 Ngyen Hong Diem Phuc 이라는 현지 직원과 오래도록 이야기를 나누었습니다. 그녀는 신한은행은 베트남에 진출한 많은 외국계 은행 중에서도 매우 높은 평가를 받고 있고, 직원들 또한 신한은행에 다니는 것에 자부심을 느끼며 만족하고 있다고 말하였습니다. 또한 20년 전부터 해외시장 개척을 시작한 '조기진출' 과 현지사람들의 마음을 잡을 수 있는 '현지화' 를 위한 노력이 지금의 신한베트남은행의 성공을 만들었다는 사실을 알 수가 있었습니다. 대부분의 국내은행들이 해외시장 개척의 필요성을 말하지만 쉽게 성공을 이루지 못하는 상황에서, 베트남 현지 55개 외국계 은행 중 이익 규모 2위를 차지한 신한은행의 모습은 저에게 커다란 감명을 주었습니다. 국내를 넘어 해외시장에서 활동하는 은행원을 꿈꿔온 저에게 신한은행은 가슴을 뛰게 하는 최고의 은행입니다. 저의 꿈과 열정을 신한은행에 바치겠습니다.

사례 5 2023 금융감독원 합격자 - 2023 금융감독원 자소서

✓ 금융감독원에 지원한 동기는 무엇입니까?

저울의 균형 = 윤택함

"금융이 무엇이라고 생각하세요?" 투자학회 첫 세미나에서 선배 학회장이 던진 질문이었습니다. 누구도 쉽게 대답하지 못했고, 세미나가 끝난 후 곰곰이 고민해보았습니다. **로버트 쉴러의 「새로운 금융시대」**에 따르면, 금융(finance)의 어원은 목표라는 뜻을 가진 라틴어 'finis'에서 유래했다고 합니다. 즉, 금융은 경제주체들이 목표를 달성함으로 삶을 윤택하게 만드는 가장 강력한 수단입니다.

• 책 단계에서 지원동기를 발굴함. 로버트 쉴러 교수의 동서적은 금융권 지원자라면 읽어봐야 할 필독서임.

금융시장이 고도화되고 IT기술이 발전함에 따라, 삶에 윤택함을 제공하는 금융은 오히려 사람들의 소중한 재산을 앗아가는 불행을 가져오기도 했습니다. 이러한 금융의 역기능을 사전적으로 감독하고 사후적으로 조치하여 금융의 본질을 지키는 금융감독원의 역할에 매료되어 지원하게 되었습니다. 3년간의 은행 실무 경험을 기반으로 금융산업의 혁신과 자율, 그리고 규제와 감독이라는 저울의 균형을 맞춰 나가겠습니다.

사례 6 2023 캠코 합격 - 2023 주택금융공사 자소서

✓ 우리 공사에 지원한 동기를 기술하고, 지원자의 직장 선택 기준 및 공사가 해당 기준에 어떻게 부합하는지에 대해 작성하여 주십시오.

나의 Happy Friendship: HF

가토 히사다케의 [헤겔사전]에서 Friendship이란 성격의 일치와 공통의 일을 같이 한다는 일치에 기초함을 의미합니다. 즉, 서로를 위하는 공동체 정신에 입각한 정서와 인정의 관계를 말합니다.

HF는 3가지 측면의 차별성에 매력을 느껴 지원합니다.

첫째, 삶의 보금자리와 관련된 주택 자금 관련 업무를 총체적으로 수행합니다. 보금자리론과 주택보증 및 유동화증권의 발행 업무를 통해 장기적으로 안정적인 주택금융을 공급하고 있습니다.

둘째, 총 3,200억원 규모의 MBS와 MBB를 사회적채권 형태로 발행하여 '사회적 채권 자금의 용도'라는 합리적 기준을 마련하여, 국내 ESG 채권시장 활성화를 선도하고 있습니다.

셋째, '주택금융포털 앱' 및 RPA 솔루션 기반의 자동화 플랫폼 고도화 추진을 통해, 디지털 트랜스포메이션을 활용한 자산관리 업무의 고도화를 주도하고 있습니다.

이처럼 공사만의 특화된 금융상품들에 매료되었고, 공사 사업의 발전에 기여하고자 지원을 결심했습니다.

제 직장선택의 최우선 기준은 '지속적으로 나를 성장시킬 수 있는가'입니다. 저를 성장시키기 위해서는, 제가 중요시하는 가치를 회사도 중요시 하는 것이 필요하다고 생각합니다. 제가 중요시하는 가치는 현실에 안주하지 않는 주도적인 혁신성입니다. 이제껏 봐온 HF는 항상 고객의 입장에서 상품의 혁신을 추구하였습니다. 그 예로 주택시장의 과열로 인한 무리한 주택 구매의 부작용 완화를 위해, 40년 초장기 정책 모기지 제도를 전격 도입하였습니다. 그 덕분에 보금자리론 상품은 94.4% 만족하는 것으로 조사 되었고, 22년 6월 17.59%로 가입률도 꾸준히 상승하고 있습니다.

이에 만족하지 않고, 도입 후 1년이 지난 현 시점에도 제도 개선을 위한 혁신을 끊이지 않고 있습니다.

공사의 지속적인 혁신 추진은 제가 바랬던 직장의 모습이었습니다. 공사의 구성원이 되어 저와 HF가 모두 Happy할 수 있는 Friendship을 만들어가고자 합니다.

사례 7 2017 하반기 KDB산업은행 최종합격

지원동기 자필로 작성, 1000자 이내

산업은행과 에너지

한국산업은행법 제18조 4호와 5호에는 각각 "에너지 및 자원의 개발", "기업, 산업의 해외 진출"이 명시되어 있으며 이는 산업은행이 국민경제의 건전한 발전에 이바지하기 위하여 자금을 공급하는 분야입니다. 에너지자원공학을 전공한 공학도로서 산업은행의 역할을 가장 먼저 파악할 수 있는 대목이었습니다. 에너지는 국가 경제와 산업의 가장 근본이 되는 공공재입니다. 산업은행은 지난 10년간 국내외 신재생에너지 발전사업에 중점적으로 금융지원을 수행해 왔습니다. 특히, 필연적으로 리스크가 클 수밖에 없는 해외 에너지 사업에 있어서, 진출 기업을 적극적으로 지원하는 모습을 보며 단기적인 수익성보다는 공공성을 우선시하는 금융기관으로서의 산업은행에 매료되었습니다.

- 3단계의 방식으로 데이터를 수집해서 지원동기로 활용함 서울소재 상위권 대학, 에너지분야 지원자

냉철한 분석가

신재생에너지 수업을 수강하며 여수시 신재생에너지 프로젝트를 진행한 적이 있습니다. 저는 다른 조원이 미처 생각하지 못한 소음, 미세먼지농도, 문화재 보호와 같은 구체적인 조건도 추가하여 분석하자고 제안하였습니다. 입지선정 결과와 경제성에 큰 차이를 만들 수 있다고 생각했기 때문입니다. 그 결과, 다른 조의 분석 결과와 차별화된 결론을 내릴 수 있었습니다.

이와 유사하게, PF 금융의 기술평가, 사업 타당성 평가는 냉철한 분석력과 세밀한 판단을 요구하는 업무라고 생각합니다. 단순히 한 가지 기술만의 효용성을 따지는 것이 아니라 기술의 제반 조건까지 평가해야 하며 사업 타당성 역시 경제성을 좌우하는 인자들을 면밀히 분석해야 하기 때문입니다.

최근 정부가 탈(脫)원전 정책을 공식적으로 명문화하고 신재생에너지 비중 확대방안을 발표하였습니다. 산업은행은 이러한 정책 기조에 맞추어 3억 달러의 그린본드를 발행하고 최근 수상태양광 발전사업에 대한 세미나를 개최하는 등 신재생에너지 개발과 지원에 적극적인 움직임을 보이고 있습니다. 자원공학적 지식과 연구 경험을 바탕으로 철저한 프로젝트 검토와 기술평가를 통해 에너지 및 자원 개발과 국내기업의 해외 진출을 돕겠습니다.

사례 8 2018년 주택도시보증공사 최종합격

우리 공사에 입사 지원한 동기 및 입사 후 성취하고자 하는 바를 본인의 장점과 결부시켜 작성해 주십시오.

HUG, 주거 소외계층의 희망도 保證하는 공기업

헌법의 기본권을 활용해 지원동기로 접목함

저는 'HUG人' 됨으로써, **헌법 제35조에서 정한 '모든 국민이 쾌적한 환경에서 살 권리'를 충족시켜주고 싶었습니다.** 2015년 3월부터 8개월간 SGI서울보증에서 근무하면서, '보증'이 경제활동에 기여하는 바를 배울 수 있었습니다. 하지만 저는 보증의 범위를 '주택도시' 분야로 한정해서, 특히나 아직도 존재하는 주거 소외계층에게 '쾌적한 환경'을 제공하고 싶었습니다. 이를 위해서 HUG에서 취급하는 '도시정비사업' 업무에 관심을 가지고 살핀바, 제가 목표한 바를 이루고자 HUG에 지원했습니다.

자강불식(自强不息)으로써, 주택도시금융의 Specialist를 꿈꾸다

저의 가장 큰 장점은, 제가 설정한 목표를 이루기 위해서 '스스로 힘쓰고 쉬지 않을 정도의 성실함'입니다. 저는 이러한 장점을 통해서, 개인적으로 TESAT 2급과 매경 TEST 최우수 등급을 취득했습니다. 그뿐만 아니라 조직 차원에서는 국민건강보험공단 징수 2팀에서 근무하면서, 5개월 동안 전자고지 신청률 68.53%를 달성했습니다. HUG에서도 저의 장점을 활용함으로써, 도시정비사업을 포함한 맡은 바 업무에서 성과를 달성하겠습니다.

사례 9 2021 캠코 자소서 - 2021 중소벤처기업진흥공단 합격자

캠코에 지원하게 된 동기와 캠코가 귀하를 채용해야 하는 이유 캠코의 인재상*, 본인의 장점, 경쟁력 등 포함**에 대해 기술해 주시기 바랍니다.**

* 캠코의 인재상 : 포용하고 존중하는 인재, 미래에 도전하는 인재, 전문성을 갖춘 인재

新 캠코 성공스토리

대학 2학년 때, **도서관에서 <캠코 성공스토리>를 읽게 되었습니다.** 매각회사의 발전을 고려한 M&A 진행, 구조조정 지원 등 특유의 업무에 흥미를 가지고 읽었던 기억이 납니다. 그러다 "사회적경제 이론과 실제"수업에서 캠코가 떠올랐습니다. 금융의 울타리에서 부실기업의 실질적 재기를 이끌고 국민을 보호하는 일원이 되고 싶은, 단순했던 흥미가 열정으로 바뀌는 순간이었습니다.

• 책 단계에서 지원동기 데이터를 발굴함

저는 첫째, 강한 의지력을 지녔습니다. 대학 3학년 때 늘 있었던 발표 수업에서 사람들의 시선에 침착함을 잃는 것이 고민이었습니다.

극복하겠다는 마음으로 발표 동아리에 들었고, 한 달에 3번씩 무대에 올라 경제 이슈를 발표했습니다. 6개월 간 피드백을 수용하고 연습한 끝에, 농담을 곁들일 정도로 발전할 수 있었습니다.

둘째, 전공지식 함양에 매진했습니다. 미시, 거시경제학에서 시작해 심층과정까지 경제학적 논리로 접근하는 방법을 학습했습니다. 또한, 실물경제 상황을 파악하기 위해 한국은행의 통화지표 해설 등 경제 자료를 틈틈이 공부했습니다. 더불어 전산회계 1급을 취득했고, 3월에 AFPK 모듈2 시험을 치른 뒤 결과를 기다리고 있습니다

사례 10 2018 한국은행 자소서 - 2018 SGI서울보증 최종합격

한국은행에 지원한 동기를 본인의 중장기 목표와 연계하여 기술하시오.

The Big short

금융전문가로서의 삶을 되돌아볼 기회를 준 영화입니다. 영화는 서브 **프라임 모기지사태가 발생한 원인을 은행, 신용평가사, 정부 모두의 도덕적 해이에서 찾고 있습니다. 영화를 통해 경제에 위기가 닥쳤을 때 이를 선제적으로 예방해줄 수 있는 기관의 부재에 대해서 절실하게 느끼게 되었고, 대한민국 경제의 안전판인 한국은행에 대한 열망이 커졌습니다.**

영화 Big short를 인용해서 지원동기에 접목함

*금융기관 지원자 추천 영화
- 인사이드 잡
- 마진콜
- 빅 쇼트

이전에 수행했던 감사업무는 기업의 경제활동을 전기와 당기에 기초하여 분석, 검토하여 경제 주체들의 자원 배분에 대한 의사결정을 도왔다면, 이제는 이를 더 확장하여 세계와 우리 경제를 연장선에서 거시경제를 분석하며 전문성을 공적으로 발휘하여 대한민국 금융시스템 안정을 위해 사명감을 가지고 저의 역량을 펼치고 싶습니다.

"곤경에 빠지는 것은 뭔가를 몰라서가 아니다, 뭔가를 확실히 안다는 착각 때문이다"

소설가 마크 트웨인의 말입니다. 자신의 생각을 끊임없이 의심하고 정량적인 숫자 이면의 진정한 시그널을 찾기 위해 노력을 경주하겠습니다.

• 마크 트웨인의 명언을 인용함으로 목표를 강조함

사례 11 2017 예탁결제원 서류합격 - 한국자산관리공사 최종합격

많은 기업 중 한국예탁결제원을 지원하게 된 계기 또는 입사 지원을 결심하게 된 동기경험가 있다면 구체적으로 기술해 주십시오.

신뢰할 수 있는 자본시장의 조건, 한국예탁결제원!

KBS 특별기획 [사회적 자본] 편에서는 사회적 자본이란 개인 간의 협력을 촉진함으로써, 사회의 생산성을 높여 주는 신뢰, 규범, 네트워크 등의 일체의 무형자산으로 정의하고 있습니다. 사회가 선진화되기 위해서는 인적, 물적 자본뿐 아니라 사회적 자본도 증가해야 합니다. 사회적 자본이 축적되면 구성원 간 신뢰 관계를 통해 사회가 안정되며, 공평하고 정당한 거래에 대한 믿음으로 사회적 거래비용이 감소하게 됩니다.

• 사회적 자본이라는 이론에 대한 고찰을 통해 지원동기의 인트로(Intro)로 활용
서울소재 상위권 대학 지원자

한국예탁결제원은 사회적 자본으로서 한국의 금융시장의 존립을 결정하는 중요한 역할을 수행하고 있습니다. 첫째, 자본시장 참가자들에게 긍정적인 외부성을 창출합니다. 특히 대내외적 불확실성에도 불구하고 KSD의 후선업무로 인해 금융시장의 불필요한 혼란을 예방할 수 있습니다. 둘째, 신뢰를 바탕으로 사회적 현안을 해결할 수 있습니다. 개인종합자산관리계좌(ISA)와 퇴직연금 플랫폼 구축으로

고령화 사회의 세대 간 소득격차를 해소하고, 증권형 크라우드펀딩의 지원업무를 통해 신생 회사의 원활한 자금조달과 청년 일자리를 창출해낼 수 있습니다.

한국예탁결제원에 대한 시대적 요구와 명확한 비전 및 역할이야말로 제가 입사를 결정하게 된 확실한 계기가 되었습니다. 금융시장의 신뢰수준을 높이고 이를 통해 창출되는 공유가치를 다양한 방법으로 사회에 기여한다면, 자본시장을 넘어 국민의 행복수준을 높일 수 있는 마중물 역할을 해낼 것이라고 믿습니다.

사례 12 2019 기업은행 최종합격

서울대 상위권 대학 인문계열 졸업

본인의 직업으로서 금융인, 그중에서 "IBK인"이 되고자 하는 이유를 기술하시오. 1000자

하인리히 법칙을 지원동기로 인용했고 도입부에 주의 환기를 하기에는 명언이나 원칙을 인용하는 것도 방법임

1 : 29 : 300의 법칙이라고도 불리는 하인리히의 법칙(Heinrich&s law)은 하나의 대형 사고가 발생하기 전에는 그와 관련된 29차례의 작은 사고와 300번의 징후들이 반드시 발생한다는 통계적 법칙입니다.

서브프라임 모기지사태가 발생하기 전에, 큰 위기를 암시하는 징후들이 속속들이 터져 나왔습니다. 그러나, 그 위기를 일선에서 감지했을 금융인들은 '나만 아니면 된다'는 안일함으로 침묵했습니다. 이후 일어난 대형 사고는 전 세계로 전이되어 수많은 가정을 파괴했습니다. 2008년에 저는 미성년자였기에, 위기를 실감하진 못했습니다. 그러나, 성인이 되어 사건의 전말을 알게 되었고, 이루 말할 수 없는 참담한 기분을 느꼈습니다. 이후 저는 높은 공익성을 지닌 국책은행의 행원이 되어, 적어도 제가 담당하는 고객만큼은 불완전판매 등으로 인해 피해를 보는 일이 없게 하겠다는 포부를 품게 되었습니다.

대기업이 대한민국의 지붕이라면, 중소기업은 기둥이라고 생각합니다. 중소기업은 존립 범위가 광범위하여 대기업의 사업영역을 대체하기도, 보완하기도 하기 때문입니다. 1998년 외환위기 당시에, 시중은행들은 중소기업 대상 대출을 축소하였으나 기업은행만은 대출 만기를 연장하며 기둥이 무너지는 것을 막았습니다. 2008년 이후 글로벌 금융위기의 여파로 은행권이 다시 한번 중소기업 대출을 축소하는 상황에서도 기업은행만은 중소기업 대출을 홀로 담당하며 한국 경제의 든든한 버팀목이 되어 주었습니다.

그리고 20여 년 후, 중소기업의 위기는 D의 공포와 함께 다시 찾아왔습니다. 2018년 상반기에 도산기업 수가 역대 최대치를 기록했습니다. 중소기업중앙회에 따르면 도산 신청 기업들의 절대다수는 경기에 민감한 중소기업이며, 재무적 원인은 과다한 차입으로 인한 경영능력 상실과 기업의 신용도 악화에 따른 신규자금차입 곤란입니다.

기업은행의 일원으로서, 앞으로 닥쳐올 위기에 중소기업이 적절한 부채비율을 유지하도록 도와 신용도 악화 방지 및 장기적인 재무건전성 개선에 힘쓰고 싶습니다.

사례 13 / 2019 신한은행 최종합격

지원한 분야에서 펼치고 싶은 꿈이 무엇인지, 그 꿈을 신한은행에서 이루고 싶은 이유는 무엇인지 구체적으로 기술해 주세요.

자세히, 그리고 오래

"자세히 보아야 예쁘다. 오래 보아야 사랑스럽다." 저는 중소기업 RM의 꿈을 꾸기 시작하며, **나태주 시인의 '풀꽃'이 계속해서 떠올랐습니다.** 대기업처럼 화려한 재무제표도, 양질의 담보도 없는 풀꽃 같은 소상공인과 지역 중소기업들은, 영업점과의 관계형 금융을 통해 성장해 나갑니다.

• 지원동기에 시를 인용함으로써 인문학 활용 효과를 극대화함

신한은행은 시중은행 중 관계형 금융 시행 1위의 실적으로, 해당 분야에서 리딩뱅크로의 입지를 다져 왔습니다. 이러한 신한은행에서 지역 고객의 일상을 함께 하는, 발로 뛰는 행원이 되겠다는 꿈을 이루고 싶습니다.

비즈니스를 처음 시작하시는 고객님의 설렘을 함께 느끼며, 성장 과정 전반에 걸친 맞춤형 컨설팅 서비스를 제공해 드리겠습니다. 또한, 첫 대출 이후에 고객의 사업장을 월 1회 이상 직접 방문해 경영상황을 제 눈으로 직접 확인하며 적절한 사후관리를 이어나가겠습니다. 일회성 관계에 그치지 않도록 하기 위해, 진정성을 가지고 지역 고객과의 장기적인 관계를 이어 나갈 것입니다. (498자)

사례 14 2019 한국은행 자소서 - 무역보험공사 최종합격

한국은행에 지원한 동기를 본인의 중장기 목표와 연계하여 기술하시오. 1000바이트/1000바이트

물가안정이라는 횃불

인트로 효과로써 조지 버나드 쇼의 말을 인용

소설가 조지 버나드 쇼는 인생이란 곧 꺼져버릴 촛불이 아닌 다음 세대의 넘겨줄 환한 횃불과 같아야 한다 말했습니다. 한국은행은 지난 68년간 물가와 금융의 안정이라는 횃불을 지켜왔습니다. 물가안정을 책임진다는 자부심과 경제학도로서의 자존심 모두 이어나갈 수 있는 한국은행은 언제나 제 마음속 1순위였습니다. 더불어 각종 직무연수 프로그램과 해외로의 견문을 넓힐 기회 등 국가 경제의 성장과 동시에 저의 성장 또한 추구할 수 있을 것으로 생각해 지원을 결심했습니다. 저는 학부에서 통계와 금융을, 대학원에서 경제를 전공하며 통화정책의 한 축을 담당하리라는 꿈을 키워왔습니다. 더 구체적으로는 모형개발, 분석을 통해 정책 결정에 도움이 되는 연구들을 수행

하는 것이 제 바람입니다. 그리고 이 과정들을 거쳐 종국에는 이 분야의 전문가로 성장하는 것이 중장기적 목표입니다. New-BOK DSGE, BOK DPM을 넘어 정책 결정에 공헌할 수 있는 저만의 모형을 만들어 보고 싶습니다.

사례 15 2022 한국증권금융 합격자 - 2022 수출입은행 자소서

(1) 수은에 지원한 이유와 (2) 당행이 왜 지원자를 채용해야 하는지를 중요 요점이나 단어를 나열하는 **방식으로 작성하시오**.

* 최근 수출입은행의 지원동기는 개조식으로 작성할 것을 요구하고 있다. 이런 경우 산술식이 아니라 기업에서 요구한 대로 개조식으로 작성하여야 한다.

* 지원동기

- (관심 분야) 해외자원개발을 통해 한국의 공급망 위기를 극복하고, EDCF 사업을 통해 양국 상호발전에 기여하고 싶음.

1. 한국과 경제구조가 다른 중앙아시아, 남미국가들과 에너지 · 광물 개발 협력을 확대하여, 원자재 공급망을 구축하고 연구 · 기술 발전 시너지를 창출하고 싶음.
2. 베트남 봉사를 통해 국제개발 협력의 중요성을 깨닫고, EDCF를 활용해 '금융으로 더 큰 미래를 약속'하는 유상원조 사업에 매력을 느낌.
   - (기관 역할) 수은은 해외자원개발 금융지원과 해외투자를 통해, 자원 안보를 강화함으로써 국가경제안정에 기여, 동시에 EDCF 사업을 통해 개발도상국의 경제성장을 지원하며 상생의 대외경제협력 도모
   - (향후 목표) 해외자원개발 협력국 다변화와 해외사업 개발을 통해 원자재 공급망 문제 해결, EDCF를 활용한 보건, 교통 등 해외 필수 인프라 건립을 통해 글로벌 경제 발전에 기여

* 채용 이유

- (외국어) 영국 및 러시아 교환학생, 해외 인턴, 전공수업 등으로 쌓은 영어, 러시아어, 중국어 실력으로, 외국 정부 · 기관과 협상하고 해외경제현안을 정확히 조사하는 역량을 갖춤.
- (금융) 한국경제신문 논술 대회에서 '미중 통화정책 차별화'를 주제로 최우수상을 받음. 수업을 통해 경제와 회계, 재무 지식을 갖췄고, 산업은행과 국민은행 인턴을 통해 금융시장과 리스크 관리 이해도를 높임.
- (해외시장분석능력) aT 인턴과 'ASIA 지역전문가 활동'을 통해, 협력국의 경제 정책과 시장 동향을 조사하는 능력을 배양, 이를 토대로 진출전략을 기획하고 사업 타당성을 분석하는 역량을 갖춤.

Chapter 04

입사 후 포부

'입사 후 포부'는 지원동기보다 더 작성하기 어려운 항목이지만, 상당히 중요한 항목이다. 입사 후 포부에는 평소 얼마만큼 많이 준비했는지와 전문가가 되기 위한 로드맵이 담겨져 있기 때문이다. 필자는 그 동안 수많은 자기소개서를 검토하면서 성의 없는 입사 후 포부를 너무나도 많이 보아왔다. 이는 성의의 문제가 아니라 시간의 문제로 보였다. 즉, 급하게 준비했음을 방증하는 것이 성의 없는 입사 후 포부로 드러나기 때문이다. 항상 기억하자. **모든 리스크를 회피하는 가장 좋은 방법은 미리 준비하는 것이다.**

입사 후 포부의 작성이 힘든 이유도 의외로 간단하다. 지원자의 최종 목표가 '입사'에 초점이 맞추어져 있기 때문이다. 그러다 보니, **입사 전까지의 계획과 준비는 열심히 하지만, 막상 입사 후의 계획에 대해서는 크게 고민해 보지 않는다.**

이제 생각을 바꾸어야 한다. **이제는 목표를 '입사'에 두지 않고, '업무'에 두어야 할 것이다. 어떤 업무에서 전문가가 되겠다는 꿈을 꾼 사람은 입사 후 포부의 작성이 좀 더 용이해진다.** 잘 쓰인 입사 후 포부의 공통점은 업무적으로 구체적인 꿈이 있다는 점이다.

입사 후 포부는 크게 정성적 포부와 정량적 포부로 구분할 수 있다.

첫째, 정성적 포부는 주로 단기적 포부이다. 그러다 보니 Generalist 적인 면이 돋보인다. 추상적이라는 단점이 있다.

둘째, 정량적 포부는 주로 장기적 포부이다. 그러다 보니 Specialist 적인 면이 돋보인다. 구체적이라는 장점이 있다.

핵심은 정성적 포부와 정량적 포부가 조화를 이루어야 한다는 점이다. 하지만 **정량적 포부의 비중이 훨씬 높게 작성해야 하는데,** 이는 정성적 이야기가 누구나 작성할 수 있는 이야기이기 때문이다. 예를 들면, "누구보다 일찍 출근하겠다", "소통을 통해 성과를 창출하겠다" 등의 경우가 대부분이기 때문이다. **이에 반해 정량적 포부는 목표점이 뚜렷하다. 타 지원자와의 차별화가 극대화될 수 있다.**

입사 후 포부를 작성하기 전에 아래의 표를 채워보라. 아래의 표는 <PB>가 되기 위한 가상의 표이다.

목표점 <PB>	입사 전 준비 <WHAT 위주로 채워보기>	입사 후 포부 <HOW 위주로 채워보기>
증빙 있는 활동	• 학창시절 수강과목 ㄨ 소비자금융, 미시경제학 등 • 자격증 ㄨ AFPK, CFP 등 • 인턴활동 • 기타 관련 활동	<가>
증빙 없는 활동	<다>	<나>

많은 지원자가 상기 표를 채우려 하다 보면 결국 <가>, <나>, <다>를 채우기 힘듦을 알게 될 것이다. 하지만 문제는 본질적으로 입사 후 포부가 <가>와 <나>를 묻고 있다는 것이다.

1 <가>와 <나>를 채우기 위해서는 항상 미리 준비하는 지혜가 필요하다.

첫째, 현직자를 만나 조언을 구하는 것이 최선의 방법이다. PB가 되기 위한 금융기관 내의 지원 프로세스, 공모 프로세스, 연수 및 교육 프로세스에 대하여 발품을 팔며 부지런히 정리해 나가야 한다. 물론 쉽지는 않겠지만, 이미 이러한 데이터를 채우기 위하여 발품을 아끼지 않는 지원자도 많다는 점을 인식해야 할 것이다. 발품을 팔고 데이터를 모을수록 나만의 경쟁력이 향상되는 것이다.

둘째, 금융기관 인사부의 교육 프로그램을 검색하는 방법이 있다. 그리고 한국금융연수원의 홈페이지도 참조할 것을 권한다. 금융기관의 전문가 양성 연수 프로그램은 인사부에서 주관하는 행내 프로그램과 한국금융연수원에서 주관하는 행외 프로그램으로 나뉜다. 그러므로 한국금융연수원 홈페이지도 미리 살펴보자.

2 <다>를 고민해 보는 것이 중요하다.

<다>는 다소 의아할 수도 있다. 증빙 없는 활동이 생소할 것이다. 하지만 어렵게 생각할 필요는 없다. PB업무에 대해 고민해보라. PB는 어떤 고객을 주로 응대하는가? 지금까지는 주로 VIP고객이 주류이다. 그렇다면 VIP의 관심 분야에 대해 스스로 알아보고 깊게 파고 들어가 보자.

예를 들면 VIP는 건강, 와인, 커피, 해외부동산투자, 광물투자, 상속, 풍수지리 등에 관심이 많다. 그러면 그 중 한 가지를 택해서 스스로 2~3일만 파고들고 공부를 해 보자.

필자라면, 서울시내 5대 대형병원의 건강검진 시스템을 알아보고 공부를 할 것이다. 5개 대형병원의 건강검진 시스템의 장단점을 분석해 보고, 어떤 질병 전문인지 확인해 나갈 것이다. 그리고 이를 자기소개서에 녹일 것이다. "VIP의 건강도 책임질 수 있는 PB가 되겠다"라는 근거자료를 모으는 데 주저하지 않을 것이다.

아니면, 광물투자에 대해 1주일 정도 파고 들어갈 것이다. 구리 가격, 알루미늄 가격, 철강 가격 등에 대해 알아보고 이를 바탕으로 "VIP의 광물투자 컨설턴트 PB가 되겠다"로 어필해 볼 것이다.

비록, 이런 부분에 대한 자격증은 존재하지 않지만, 이러한 나만의 유니크한 준비사항을 어필할 수 있도록 고민해 보자.

지, 그리면 앞의 표는 아래처럼 채워질 수 있고, 이제는 입사 후 포부 작성이 어렵게 느껴지지 않을 것이다.

다만, **전제조건은 언급했듯이 업무에 대한 목표부터 설정되어 있어야 가능하다.**

목표점 <PB>	입사 전 준비 <WHAT 위주로 채워보기>	입사 후 포부 <HOW 위주로 채워보기>
증빙 있는 활동	• 학창시절 수강과목 ex) 소비자금융, 미시경제학 등 • 학창시절 수강과목 ex) 소비자금융, 미시경제학 등 • 자격증 ex) AFPK, CFP 등 • 인턴활동 • 기타 관련 활동	• 현직자로부터 데이터 수집 • 해당 기관 인사부 교육 프로그램 검색 • 한국금융연수원 교육 프로그램 검색
증빙 없는 활동	건강, 와인, 광물투자, 해외부동산투자, 상속법, 풍수지리 등 VIP의 관심 분야에 대한 조사	

사례 1 / 2013 산업은행 최종합격

입행 후 계획 입행 후 학업이나 미래에 대한 계획, 도전하고 싶은 분야[목표 및 계획]

산업구조 안정화에 기여하는 창의적 금융상품 개발

오늘의 한국 산업구조는 중간 규모 기업군이 취약한 모래시계 형을 이루고 있어 안정적이지 못합니다. 저는 이러한 불안정한 산업구조를 자본의 신용 창출능력을 통해 해결할 수 있다고 생각합니다. 그리고 산업은행의 위상과 전문성은 자본이 필요한 곳에 흘러갈 수 있도록 적절한 금융상품을 개발하는데 중추적 역할을 할 수 있습니다.

산업은행 주도로 시행된 회사채 신속인수제도의 프라이머리 CBO는 신용보증기금의 신용공여를 통해 부실 회사채의 신용등급을 높이며, 회사채 시장 정상화에 기여할 수 있습니다. 또한 선진국에서 시행중인 사회연계채권(SIB)이나 녹색채권은 위험과 수익이 귀속되어야 할 주체를 먼저 고려하고 이에 따라 새롭게 채권의 수익과 위험을 구조화한 것입니다. 단순히 수익의 관점이 아닌 사회적 관점에서 수익과 위험의 귀속주체를 적절한 곳으로 다변화시킨 위의 채권들은 신선한 충격이었으며, 채권의 활용 가능성이 보다 넓다고 생각하게 된 계기였습니다.

저는 적절한 경제주체에 위험을 부담시키고 수익을 배분하여 건강한 산업구조를 만드는 데 일조하는 **'비타민' 같은 채권을 만들고 싶습니다.** 이를 위해서 **입행 후 5년은 자본시장부문에서 채권의 발행과 관련한 기본 실무를 배워 채권발행의 생리를 파악할 것입니다. 채권 세일즈, 트레이딩 등 가능한 모든 분야를 두루 접하며 통찰력을 배양하고 업무에 필요한 네트워크를 형성할 것입니다. 이후에는 창의적인 채권구조화를 위해 다양한 공부를 병행하겠습니다. 5년에서 10년 사이에는 금융감독원의 규칙과 자본시장법에 대해서 공부하고, 각종 기관에서 실시하는 채권신용분석 과정 등을 수강함으로써 전문적인 지식을 쌓을 것입니다. 자본이 투입되어야 할 미래 산업을 읽을 수 있도록 산업 동향을 읽는 데에도 게을리하지 않을 것입니다. 입행 후**

• 채권전문가라는 본인의 업무적 목표가 명확하고, 채권에 대하여 다양한 공부를 한 점을 피력함

15년 내에 국내 산업 환경 개선에 기여하는 제 손으로 만든 한국형 간접 산업개발 채권을 만들고 싶습니다.

업무적 목표가 명확해서 내고 싶은 성과도 명확함. 기간별로 본인의 로드맵을 설정
서울소재 상위권 대학, 경영직렬 지원자

사례 2 2016 신한은행 최종합격

지원동기 및 포부, 성장과정, 수학내용휴학 기간 또는 졸업 후의 공백기 내용 포함, 본인의 가치관 및 인생관에 영향을 끼쳤던 경험, 단체 속의 일원으로 거둔 성과동아리, 공모전 등에 대하여 주제별로 구분하여 자유롭게 기술해 주세요. 5,000 bytes 이내

고객과 더 나은 미래를 만들어 가는 특급서포터

고객에게 더 나은 미래를 안겨주기 위해 고민하고, 새로운 환경에 주저하지 않고 도전하는 모습이 '신한의 정신'이라고 느꼈습니다. 그 안에서 저는 여신심사역이라는 비전을 가지고 신한人으로서 보람을 느끼며, 신한WAY를 실천하기 위해 다음의 3가지를 목표를 이루겠습니다.

첫째, 은행의 가장 기본적인 업무는 수신업무입니다. 매일 새로운 고객과 마주하는 수신업무를 통해, 고객에게 필요한 금융상품을 제시하는 저만의 노하우를 쌓겠습니다. 또한, 작은 일이라도 은행규정을 최우선시하는 자세를 가진 원리원칙을 지키는 행원이 되겠습니다.

둘째, 기업금융에 대한 전체를 보는 눈을 키우겠습니다. 기업의 심사는 정량적 평가와 정성적 평기로 이뤄져있습니다. 제무상태표를 분석하는 정량적 평가도 중요하지만 원재료 구매력, 경영자의 가치관, 매출처의 다양화 등 정성적인 요소에 대한 심층적 이해도 필요하다고 생각합니다. 이를 위해 영업점을 방문하는 기업고객과의 만남과 대화를 통해, 심사기업의 이해를 우선시하고, 눈에 보이는 부분이 아닌 전체를 보는 눈을 기르겠습니다.

셋째, 제가 여신심사역이 된다면 영업점 내의 기업담당 행원과 원활한 커뮤니케이션을 담당하는 소통의 HUB역할을 하고 싶습니다. 여신심사역은 영업점의 RM과 같은 기업담당 행원에게 지적만 하는 사람으로 인식되어 있습니다. 하지만 저는 기존의 틀을 깨고, 지점 내의 영업을 최우선시 하면서 기업담당 행원을 돕는 특급서포터의 역할을 수행하겠습니다.

영업점 내에서 수신업무부터 여신업무까지 작은 것부터 차근차근 부분적인 눈을 키우고, 여신심사역이 되었을 때는 영업점 내의 원활한 소통과 동시에 수익성과 자산건전성을 생각하는 전체를 보는 눈을 가진 '특급서포터'가 되겠습니다.

• 수신 → 기업금융 → 여신심사역이라는 본인의 로드맵이 명확하고, 또한 해당 업무에 대해 깊은 고민을 한 흔적이 역력히 드러남
서울소재 중위권 대학 지원자

사례 3 2016 우리은행 최종합격

[입행포부] 은행들이 수익다변화를 위해 신사업을 개척하면서 금융업의 경계가 허물어지고 있습니다. 급변하는 금융환경 속에서, 지원자가 우리은행에 입행하여 어떤 역할을 수행할 수 있을지 구체적으로 기술해 주세요.

모든 파도가 기회

NIM(순이자마진)의 지속적인 감소, 인터넷 은행의 등장, ICT기업의 금융업 진출 등 국내 금융산업은 변화의 순간을 맞이하고 있습니다. **『우체부 프레드』의 저자 마크 샌번이 "모든 파도가 기회"라고 말한 것처럼 변화의 순간을 기회 삼아 수익 채널의 다각화를 이루어야 합니다.** 우리은행 입행 후, 세대별 맞춤 자산관리를 통한 비이자수익 창출에 기여하겠습니다. 위험감수능력이 가장 뛰어난 20~30대 고객들에게는 ISA계좌를 통해 대안투자, 해외투자 등을 포함한 공격적인

• 독서에 의한 인문학을 활용

PB업무에 대해 이미 수집한 데이터를 간단히 활용. 풋풋한 신입을 발로 뛰는 신입이라는 의미로 FOOT FOOT이라는 언어유희적인 요소를 가미

이자수익과 비이자수익에 대한 고찰
지방소재 중위권 대학 지원자

자산관리 서비스부터 2026년, 초고령 사회에 진입하는 우리나라의 시대 흐름에 맞춰 은퇴 자산관리 서비스까지 아우르는 생애주기별 맞춤 자산관리를 제공하겠습니다. **재무적 자산관리뿐만 아니라 고객들의 취미, 문화 활동, 건강 등 다양한 비재무적 자산관리 서비스까지 제공할 수 있도록 현장을 발로 뛰는 Foot Foot한 PB로서 비이자수익 창출을 위해 최선을 다하겠습니다.** 입행 후, 10년 뒤 PB로서 경험을 살려 본사 WM사업단에서 다양한 고객층에 맞는 맞춤형 상품 개발하겠습니다. 다양한 상품 개발을 통해 고객들의 인색한 수수료 인식을 개선하고 **은행 총 수익 중 12%에 불과한 수수료 수익의 최대 창출에 기여하겠습니다.**

사례 4 2014 무역보험공사 서류합격 - SGI 최종합격

지원동기 및 입사 후 포부

업무적 목표가 뚜렷함

무역보험공사 업무에 대한 숙지가 돋보임

1968년 제2차 경제개발 5개년계획 시에 외상수출거래와 후진국 시장으로의 수출 시장 진출에 따른 수출대금 미회수위험을 상쇄하기 위해 수출보험제도가 도입되었습니다. 이후에 수출보험제도는 국내 수출 산업의 발전과 경제 성장을 지원해 온 커다란 공로가 있습니다. 무역은 국내거래보다 훨씬 복잡하고 위험하기에 **국내 수출 기업들의 비상위험, 신용 위험, 환위험 등에 따른 손실을 보호하는 무역보험의 업무를 하고 싶습니다.** 재무회계, 재무관리, 투자론, 국제재무, 금융기관경영 등을 공부하면서 좋은 성적을 받았습니다. 이러한 학업의 바탕 속에서 무역보험공사에 입사하여

첫째, 결제기간이 2년 이내인 수출 계약을 대상으로 한 '단기수출보험'과 2년을 초과하는 수출 계약을 대상으로 하는 '중장기수출보험' 등 기본적인 '대금미회수 위험담보' 실무를 익히고 싶습니다.

둘째, 회계, 재무관리 등을 꾸준히 공부하면서 국제 FRM 자격증을 취득하여 리스크 관리의 전문가로 거듭나서 5년 후에는 환리스크 관리 부문의 '환변동보험' 실무를 하고 싶습니다.

셋째, 꾸준한 헬스를 통한 신체 단련으로 다양한 변수가 난무하는 불확실한 무역 환경에서 국내 기업의 수출 보험 업무를 오랫동안 지원하겠습니다.

• 업무 부문 이외에 건강까지 챙기는 포부를 작성함
서울소재 상위권 대학, 경영 직렬 지원자

사례 5 2014 KB국민은행 최종합격

KB에서 하고 싶은 분야의 일과, 그것을 위해 준비한 학교생활 이외의 경험 및 노력은 무엇인지 기술하십시오. 600자 이내

SME분야의 General-specialist

중소기업 여신 업무를 맡고 싶습니다. SC은행의 트랜젝션 뱅킹부에서 인턴을 하며 기업금융 프로세스를 익혔습니다. 특히 중소기업 분야의 성장가능성과 중요성을 알게 되었습니다. 중소기업의 특성상 철저한 리스크 관리를 통해 건전성과 수익성을 모두 추구해야 한다고 생각합니다.

• 인트로부터 업무적인 정량적 목표를 제시

이에 첫째로 학회활동, 리스크 교육, 국제 FRM 취득을 통해 리스크 관리의 필요성과 이론을 배웠습니다. 리스크는 예측의 문제보다 사전적으로 대응하는 시스템의 문제라는 것을 깨달았습니다.

둘째, 신용평가사 인턴 당시 1,384개 중소기업에 신용등급을 부여했습니다. 교육 및 신용분석사 취득으로 지식을 보충하고 실무를 경험하며 기초 직무 역량을 쌓았습니다. 이 때 산업에 대한 이해가 바탕이 되어 업체별 특징을 파악하고 이를 반영하여 정확한 등급을 산정해야 함을 배웠습니다.

정성적 포부와 정량적 포부가 적절히 조화된 사례
서울소재 상위권 대학 지원자

영업점 근무를 시작으로 프론트에서 고객과의 만남을 통해 영업상황을 익히겠습니다. 이후 여신 심사 및 관리를 통해 합당한 등급을 부여함으로써 은행 자산의 효율적인 운영에 기여하겠습니다. 리스크 관리에 대한 지식 및 업무 전반에 대한 general한 이해를 기반으로 여신 분야의 specialist가 되겠습니다.

사례 6 2014 KB국민은행 서류합격 - 농협은행 최종합격

귀하가 KB에 입행 후 영업점 근무 시 예상되는 어려운 점과, 그것을 극복할 수 있는 자신만의 방법을 기술하십시오. 600자 이내

입행 후 예상되는 문제점에 대하여 규정, 전산, 팀워크로 나누어 폭넓게 고민함

예상되는 어려움 - 녹아들기

첫 번째로는 약정을 비롯한 각종 규정의 숙지입니다. 법학전공이기 때문에 익숙할 수는 있지만 새롭게 배우는 규정이기 때문에 숙지에 시간소요가 예상됩니다.

두 번째로는 전산시스템입니다. 작은 실수로도 지점 전체를 넘어서 본점에도 피해를 줄 수 있는 것이 전산이기 때문에 어렵기도 하지만 두려울 것 같습니다.

세 번째는 선배님들과의 팀워크입니다. 사람을 워낙 좋아하기에 어려움보다는, 익숙하지 않은 저의 업무지식과 능력 탓에 근무하게 될 영업점의 팀워크를 깰 것 같아 걱정이 됩니다.

어려움의 극복방안 - 국민을 내 몸과 같이

첫 번째로 규정과 관련해서 첫 달은 수신, 두 번째 달은 여수신, 세 번째 달은 여수신, 외환의 방식으로 반복 학습하여 입행 후 1년 안에 규정을 완전히 숙지하겠습니다.

두 번째로 익숙하지 않은 전산시스템 이용으로 인해 실수가 발생하지 않도록 매일 30분씩 테스트 모드를 이용하여 몸에 익히겠습니다.

세 번째로 선배님들과 조화로운 팀워크를 이룰 수 있도록 가장 낮은 자리에서, 가장 치열하게, 그래서 가장 가치 있는 신입행원이 될 수 있도록 노력하겠습니다.

이를 통해 균형 잡힌 신입행원이 되겠습니다.

• 위에서 언급한 세 가지 문제점에 매칭하는 포부를 피력
서울소재 중위권 대학 지원자

사례 7 2015 산업은행 서류합격 - SGI 최종합격

입사 후 포부

최근 창조경제 시대의 유래로 유형자산보다는 무형의 가치를 지니고 있는 지적 재산권과 특허가 중요시되고 있습니다. 한국산업은행은 이러한 시대적 흐름에 맞게 창조금융 지원체계 마련을 위해 기존 벤처투자를 활성화하는 한편, 2012년 9월 기술금융부를 신설하고 다양한 IP금융상품을 출시했습니다. **입행 후에 중소기업의 특허 담보 대출과 관련된 IP금융 업무를 하여 한국산업은행의 수익 채널 다변화를 모색하고, 기업 성장에 따른 고용, 투자 촉진 및 수출 증대 등의 내수 경기 활성화에 이바지하고 싶습니다.** 입행 후에 중소기업의 특허 담보 대출과 관련된 IP금융 업무를 하여 한국산업은행의 수익 채널 다변화를 모색하고, 기업 성장에 따른 고용, 투자 촉진 및 수출 증대 등의 내수 경기 활성화에 이바지하고 싶습니다. 뿐만 아니라 기술신용정보 제공기관으로부터 기업의 기술신용정보를 확인하여 대출 적격 여부를 심사하고 장기, 저리 자금으로 중소, 중견기업을 지원하는 온렌딩대출 업무를 하고 싶습니다.

• IP금융에 대한 이해를 바탕으로 업무적으로 뚜렷한 포부를 제시

본점의 축소판 같은 역할을 하는 산업은행 지점에서 개인 여수신 업무와 더불어 기업금융 업무와 투자금융(IB) 업무를 착실히 해나가겠습니다. 유형, 무형의 프로젝트 자산을 융자의 담보로 하여 특수목적회사에 자금을 공급하는 PF업무를 통해 사회기반시설(SOC) 사업과 민간발전사업 및 해외 PF 사업을 지원하고 싶습니다. 뿐만 아니라 산은아카데미를 활용해서 기업재무, 국제금융, 파생상품(옵션, 선물, 스왑), 리스크 관리 등의 강의를 듣고 꾸준히 공부하며, 실무에 적용하겠습니다. 장기적으로는 기업금융 및 투자금융(IB)업무를 통해 쌓아온 경험으로 컨설팅실에서 기업의 당면한 문제를 해결하기 위해 금융주선 및 자문활동을 하고 싶습니다. 이러한 일련의 업무들을 통해서 제조업과 금융의 조화를 이끌어내어 국민 경제의 발전에 이바지하고, 국가 산업을 든든히 뒷받침하는 정책금융기관의 일원이 되겠습니다.

업무적 Career path에 대한 명확한 로드맵을 제시
서울소재 상위권 대학, 경영 직렬 지원자

사례 8 2016 수협중앙회 최종합격

입사 후 포부

수협중앙회가 필요로 하는 신입사원이 되겠습니다.

첫째, 유통단계 축소방안을 생각하겠습니다.

소비자들이 접했을 때 가격이 출하했을 때 가격과 너무나 큰 차이가 있는 경우가 많습니다. 여러 유통단계가 거쳐지며 마진이 붙었기 때문입니다. 현재 추자도에서는 참굴비 특구로 지정되어 냉동탑차를 구입할 때 보조금이 나옵니다. 이렇듯 활어를 출하 하는 중도매인들에게 활어차 구입 시 보조금이 나온다면 현지에서 직접 활어차를 운영하면서 마진을 줄일 수 있을 것이며 선도를 유지하는데 큰 도움이 될 수 있을 것입니다.

둘째, 어대금의 이율조정방안에 대하여 생각하겠습니다.

국정감사에서 중도매인 어대금 지체상금을 지적받고 제도개선을 시행하였으나, 아직까지 높은 이율이 적용되고 있습니다. 분명 중도매인들의 금리에 대해 조정할 필요성은 있다고 생각합니다. 하지만 무작정 낮춰줄 수는 없기 때문에 제도에 맞춰 어대금의 이율은 낮춰 중도매인들이 경매에 참여하여 어대금을 갚을 수 있는 여건을 만들어주고 전년도 연말결산 수매대비 신용도 책정기준을 강화하고 어대금의 한도를 맞춘다면 어대금 지체상금과 같은 문제를 해소할 수 있을 것이라 생각합니다.

박지성 선수가 맨체스터 이적 당시 "내가 돋보이기보다는 팀원들을 지원해 다 같이 상승효과를 내겠다"라는 인터뷰를 했습니다. 저 역시 모든 역량을 발휘하여 동료 직원에게 긍정의 에너지를 더할 수 있도록 최선을 다하겠습니다.

- 활어 출하와 어대금에 관련된 전문적 데이터를 기반으로 명확한 입사 후 포부를 구체적으로 제시
- 인용법을 활용하며 마무리함
지방소재 중위권 대학 지원자

사례 9 2016 한국수출입은행 최종합격

지원자의 커리어Career 상 최종 목표를 제시한 후, 이를 한국수출입은행에서 어떻게 구현할 수 있을지 지원자의 향후 한국수출입은행에서의 가상의 경력 경로Career path를 포함하여 구체적으로 기술하십시오. 900자 이내

우리사회 이익에 직접적이고 체계적으로 기여하고자 하는 커리어 목표는 한국수출입은행의 서비스산업 발전 및 수출장려 비전과 일치합니다. 한국경제는 반세기 동안 제조업을 필두로 세계 11위 경제대국으로 성장했지만, 제조업만으로는 분명한 성장한계가 존재합니다. 갈수록 심해지는 실업, 빈부격차, 가계부채 등의 사회문제는 경기침체와 저성장 고착화 때문이며, 한국경제의 지속 가능한 발전을 위해

서라도 서비스산업 중심의 새로운 성장동력이 필요합니다. 국내 서비스산업 생산성은 제조업의 40%에 불과하고, 이마저도 음식숙박업의 전통적 분야에만 집중되어 있습니다. 부가가치가 높은 의료, 컨텐츠, 금융과 같이 잠재력이 큰 부문에 집중투자가 필요하며, 서비스산업의 내수시장 규모가 협소하기에 역으로 수출장려를 통한 경쟁력 확보가 중요합니다.

한국수출입은행에 입행 후, 서비스산업금융부 업무에 빠르게 적응하여 유망 서비스산업의 해외진출을 돕는데 일조하고 싶습니다. 제조업 중심의 여신제도와 신용평가모형을 서비스산업 성장가능성을 반영시키는 방향으로 전환/피드백하고, 해외진출펀드 및 신용대출지원의 업무를 통해 국내 기업들이 규모와 상관없이 글로벌 경쟁력을 기르도록 적극 지원하겠습니다. 서비스산업은 비가시적이고 변동위험이 크기 때문에 리스크 관리능력이 매우 중요한데, 이러한 역량은 입행 후 5년간 순환근무를 통해 다양한 사업포트폴리오를 직간접적으로 체험하며 강화시킬 것입니다. 또한 업무에 충실한 동시에, 재무적 역량을 위한 자격증 공부는 물론 비재무적 전문성을 높이기 위해 교육 프로그램을 적극 활용하여 전문성 있는 행원으로 성장하겠습니다.

10년 후에는, 사업기회 발굴 - 인프라 구축 - 금융지원 - 현지화 운영의 전단계적 솔루션을 제공할 수 있는 서비스산업 전문가가 되어, 상생발전과 고용창출에 이바지하는 인재가 되겠습니다.

서비스 산업에 대한 깊은 고찰이 돋보이며, 추후 어떤 부서에서 어떤 일을 하고 싶은지에 대한 목표가 명확함
서울소재 상위권 대학, 경영직렬 지원자

사례 10 2019 금융감독원 최종합격

본인이 이루고 싶은 목표는 무엇입니까?

입사 후 금융감독연구센터 내 스트레스 테스트팀의 업무를 수행하고 싶다는 간절함이 생겼습니다. 시스템리스크를 식별하고 측정하는 방법론은 완성단계에 도달하지 못하고 발전과정에 있습니다. 시스템리스크 분석에 있어 하나의 방법만을 사용하는 소위 'one-size-fits-all' 접근법은 모형 위험이 매우 크므로, 여러 방법을 함께 보완적으로 사용하는 것이 바람직합니다. 그런 점에서 금융감독원의 STARS-I는 상향식 모형과의 교차검증을 통해 분석의 실효성을 높였고, 모형 위험을 감소시켰다는 점에서 매우 관심이 갔습니다. 방법론적 측면에서 보유 모형의 다양화는 모형의 위험감소로 이어집니다. 예를 들어 거시 경제변수에 대한 예측모형으로 VAR 모형 이외 다른 예측 모형에 의한 결과를 이용할 수도 있습니다.

저는 거시건전성 정책결정자 입장에서 정책평가의 기능을 수행할 수 있도록 하는 모형을 추가로 개발하는데 기여하고 싶습니다. 이는 루카스 비판에 입각하여 축약모형이 아닌 구조형 모형을 통해 구축하여야 하므로, 개발하기가 매우 어렵습니다. 하지만 시스템리스크 평가모형에서 거시건전성 정책수단의 효과 및 최적조합에 대한 정보를 제공해 주기에, 거시건전성 감독 수행에 큰 도움을 줄 수 있다는 확신이 들어 꼭 도전해보고 싶습니다. 이를 위해 우선 스트레스 테스트 팀원으로 위기상황분석모형이 실무적으로 어떻게 운영되는지 익히고 싶습니다.

• 금감원 입사 후 목표에 대해, 구체적이며 전문적인 준비를 하였음을 알 수 있는 포부임

사례 11 2019 신한은행 최종합격

✓ 지원한 분야에서 본인이 이루고 싶은 목표를 작성해 주세요.

고객님 무엇이든 물어보세요

수출입 고객이 하나부터 열까지 자문할 수 있는 수출입 금융전문가가 되고 싶습니다. 수출입 고객은 신용장 네고뿐만 아니라 선적 전 자금 대출, 환리스크 관리 등 은행이 제공하는 금융 서비스에 대한 문의사항이 많을 것으로 생각됩니다. 저는 신용장 네고에서 더 나아가 고객이 필요로하는 환리스크 관리, 정책금융까지 모두 안내할 수 있는 수출입 금융 전문가가 되고 싶습니다.

수출입업무와 신용장 전문가가 되겠다는 목표점이 뚜렷함. 또한 이를 위한 수출입업무에 대한 선지식을 함양하였음

이를 위해, 입행 후 두 가지를 준비하겠습니다. 첫째, 환율과 파생상품을 공부하겠습니다. 현재, 수출입 및 신용장 지식과 비교하면 환리스크에 대한 이해는 부족한 상태입니다. 외환과 파생상품 지식을 다루는 FRM 자격을 취득하여, 환리스크 관리의 기초부터 다지겠습니다.

둘째, 수출입 정책금융에 대해서 숙지하겠습니다. 수출입 고객이 이용할 수 있는 금융중개지원대출 무역금융, 무역보험공사의 보증서 발급 등을 안내하여 담보력이 부족한 고객에게 낮은 금리로 여신을 제공할 수 있도록 하겠습니다.

Chapter 05

덕후임을 알려라

많은 지원자의 자기소개서를 검토해보면, 기업과 관련된 분야에 대한 지식과 데이터 수집에 열심이다. 특히 금융권의 경우, 관련 전공과목, 경제현상, 사회이슈, 금융상품 등에 대해 그동안 절차탁마했던 깊은 선지식을 피력하려 한다. 물론, 이러한 지식이나 데이터를 적극 활용해야 하는 자세는 중요하다. **문제는, 너무 지나치다 보니 결국 자기소개서에 '자기소개'는 없고, 회사나 금융, 전공, 업무에 대한 이야기로만 가득 차게 되는 것을 많이 보았다.**

자기소개서는 '자기소개'가 핵심이다. 그리고 자기소개는 금융 · 경제 덕후적 모습이 아닌, 본인의 특기, 취미 등에 대한 차별화된 덕후 스토리에서 더욱 빛을 발할 수 있다.

그리고 최근 수출입은행, 기술보증기금, KEB하나은행 등 **수많은 금융기관의 자기소개서 트랜드는 전공이나 금융·경제를 제외한 본인이 열정적으로 임했던 특기나, 취미 경험을 많이 물어보는 것으로 바뀌었다.** 트랜드의 변화는 기업의 선호인재 변화를 의미하기도 한다.

기업은 어떤 분야든 덕후를 선호한다. 아이러니하지만, 한 분야에서 덕후인 인재는, 결국 실제 업무에서의 덕후가 될 가능성이 높고, 기업 내에서도 집중력, 추진력 등이 남다를 수밖에 없기 때문이다.

본인이 좋아하고 사랑하는 분야에 대하여, 그리고 전문적으로 파고들었던 분야에 대하여 자신감을 가지고 자기소개서에서 피력해보자. “이러한 취미를 기업이 좋아할까?”라며 우려하지 말자. 많은 지원자는 자기소개서 심사자의 눈치를 보기 때문에 자신이 관심 있는 분야를 피력하는 것을 주저한다. 하지만 그럴 필요는 없다. 자기소개서이니만큼 자기에 대하여 차별화되게, 인상적으로 어필하는 것이 무엇보다 중요하기 때문이다.

본인만의 참신한 덕후 생활을 잘 표현해보자. 이것이 자기소개서의 경쟁력이 될 것이다.

사례 1 / 2017 예탁결제원 서류합격 - 한국자산관리공사 최종합격

"나는 ○○○입니다."처럼 자신을 한마디로 표현한다면 어떻게 표현하고 싶은지 설명하고, 이를 바탕으로 경영진에게 본인을 적극 PR하여 주시기 바랍니다.

저는 한국예탁결제원의 비전에 풍미와 깊이를 더할 샤르도네 와인입니다.

레드 와인을 만드는 적포도 중 까베르네 소비뇽(Cabernet Sauvignon)이 가장 유명하다면, 화이트 와인을 만드는 청포도 중에서 가장 유명한 것이 바로 샤르도네입니다.

1. **샤르도네는 재배되는 지역의 토양이나 기후를 잘 반영하고, 와인 메이커가 만들고자 하는 방향으로 잘 유도될 수 있는 강점을 지니고 있습니다. 저 역시 샤르도네처럼 한국예탁결제원이 추구하는 따듯한 금융과 공유가치창출에 대한 철학을 잘 받아들일 수 있습니다.** 지속적인 봉사활동과 금융의 가치에 대한 숙고를 통해 KSD의 사회공헌 방향과 일치하는 견해를 갖게 되었기 때문입니다. 앞으로 KSD가 다양한 분야에서 사회공헌활동을 할 때에도 이러한 태도는 변하지 않을 것입니다.
2. **샤르도네 와인은 발효와 숙성을 거침으로써 아주 프루티(Fruity)한 풍미를 선보입니다. 저 역시 오랜 기간의 준비를 통해 증권 및 펀드거래와 예탁결제 업무에 대한 풍부한 이해와 배경지식을 가지고 있습니다.** 경영학과 경제학에서 모두 학사학위를 가지고 있는 만큼, 어떤 업무를 맡더라도 제대로 수행해 낼 수 있습니다. 그리고 각종 연구소와 금융당국의 보도 자료를 즐겨 읽고 있는 습관도 KSD의 직원으로서 세계금융시장의 흐름을 파악하는데 도움을 줄 것입니다.
3. **샤르도네 와인은 다양한 음식과도 잘 조화를 이룹니다. 저는 샤르도네처럼 조직에 잘 스며들 수 있는 붙임성과 배려를 가지고 있습니다.**

생활비를 벌기 위한 다양한 아르바이트와 사회복무요원 및 고시반 실장 경험을 통해 조직에서의 위치에 따라 그에 맞는 역할을 잘 수행해 낼 수 있습니다. 특히 조직에서 중재자의 역할을 주로 맡는 편입니다. 상대방의 의견을 종합하여 각자의 의도를 파악하고, 화해를 도출하는 것이 작은 제 능력이라고 생각합니다. 또한 상대방에게 높임말을 사용하는 습관이 신뢰감을 갖게 하고, 문제해결에 있어 좋은 결과를 가져온 것 같습니다.

다양한 가격대로 인해 누구나 쉽게 구매할 수 있는 샤르도네 와인처럼, 직업이나 소득에 관계없이 누구나 금융의 혜택을 누릴 수 있도록 한국예탁결제원이 앞장서는데 최선을 다 하겠습니다.

본인을 평소 관심 있던 와인에 접목시켜 비유적으로 표현함. 와인 덕후적 모습
지방소재 국립대학, 경영직렬 지원자

사례 2 2017 예금보험공사 서류합격 - 주택금융공사 최종합격

학업이나 취업 활동을 제외하고 지원자가 많은 시간과 노력을 기울인 활동이나 일에 대해 설명해 주세요.

대학 입학 후, 색조 화장의 세계에 매료되었고, 관심도 커져 **코스메틱 덕후가 되었습니다. 다양한 색조 제품을 써보다 보니, 신체 색과 최적의 조화를 이뤄 생기 있어 보이게 하는 '퍼스널컬러'를 공부하게 되었습니다. 전문서적과 컨텐츠를 챙겨보았고 발품을 팔아 직접 컨설팅도 받았습니다. 그 결과, 이제는 유형별로 어울리는 컬러, 패턴, 액세서리에 대해 주변인들에게 막힘없이 조언할 수 있는 수준이 되었습니다.** 이는 외모적으로는 제 강점을 부각시킬 뿐만 아니라, 타인과 대화에도 좋은 소재가 되어, 제 친화력을 더 돋보이게 하고 있습니다.

평소의 코스메틱 관련 전문가적 관심을 자기소개서에 반영함
서울소재 중위권 대학, 경영직렬 지원자

사례 3 2016 KB국민은행 최종합격

✅ 귀하가 생각하는 '은행원Banker'은 무엇이며, 그 은행원을 위해 어떤 덕목이 중요한지 기술하십시오.

스포츠 경기를 실물경제에 비유한다면, 은행원이란 각각의 선수들(개인고객, 기업고객)의 경기환경에 맞춰 목표에 도달할 수 있도록 가장 가까이서 지원하는 '운동화'와 같다고 생각합니다. 최고의 리테일 금융 서비스의 제공과 동시에 국내 은행업을 선도하는 **국민은행의 은행원은 운동화 중에서도 대중성과 퀄리티를 동시에 갖춘 'NIKE 운동화'와 같다고 생각합니다.**

• 운동화 덕후적인 본인의 특기를 은행원으로 표현함
지방소재 사립대학 지원자

NIKE AIR JORDAN = 영업력

포브스지의 조사에 따르면 2015년 NIKE 모든 상품 중, 가장 많이 팔린 상품은 AIR JORDAN이었습니다. AIR JORDAN은 전설적인 농구선수 마이클 조던을 모델로 만들어진 농구화입니다. 하지만 단순히 농구화의 범주를 넘어 다양한 패션 아이템으로 사랑받았기 때문에 최고의 자리에 올라설 수 있었습니다. 은행원에게도 AIR JORDAN과 같이 다양한 각도로 수익을 창출할 수 있는 영업력이 중요하다고 생각합니다. 이미 포화상태인 금융업계에서 상품 경쟁력만으로는 승부할 수 없다고 생각합니다. 이러한 경쟁력의 빈자리를 채우는 능력이 영업력이라고 생각합니다. 예를 들어 이제 막 사회초년생으로 금융 생활을 시작한 제 친구들의 경우, 단순한 예적금 상품만을 이용하고 있습니다. 하지만 가장 RICK TAKING이 가능한 20대는 ISA계좌 등을 통한 공격적인 투자수익과 절세혜택이 필요합니다. 이렇든 생애주기별 맞춤 금융 컨설팅을 제공하고 그들을 KEY MAN으로 영업영역을 확장할 수 있는 영업력이 필요하다고 생각합니다.

NIKE AIR FORCE = 신뢰를 주는 인상

NIKE AIR FORCE의 시그니처 색상은 ALL WHITE 색상입니다. 티끌 하나 없는 순백의 WHIT 색상이지만 FORCE라는 이름처럼 강인한 신뢰를 주는 운동화라고 생각합니다. 은행원에게도 깨끗할 뿐만 아니라 동시에 강인한 신뢰를 지닌 인상이 필요하다고 생각합니다. 은행원은 고객의 생명과 같은 재산을 관리하고 고객들에게 저축과 투자의 방향을 제시합니다. 이러한 일련의 PROCESS 과정에서 은행원에게 가장 중요한 역량은 고객에게 믿음을 줄 수 있는 인상이라고 생각합니다. 납품기한을 맞추기 위해 손가락이 찢어진 다음 날에도 출근하시는 아버지의 모습을 보며 '타인의 신뢰를 얻기 위해서는 스스로에게 부끄럽지 않아야 한다'는 가르침을 받았습니다. 아버지의 가르침을 바탕으로 신뢰를 새겨온 얼굴로 국민은행 최전방에서 고객을 맞이하겠습니다.

NIKE DUNK = 적응력과 협업력

다양한 색상과 모델뿐만 아니라 다른 브랜드들과의 COLLABORATION을 통해 꾸준히 사랑받고 있는 DUNK모델은 카멜레온 같은 매력을 지닌 운동화입니다. 순이자마진(NIM)의 지속적인 하락과 ICT 기업들의 금융업 진출 등 위기와 변화의 순간을 돌파하기 위해 은행원은 주어진 환경에 맞춰 변화하는 적응력과 협업력이 필요합니다. 예를 들어 인터넷 전문 은행과 Smart Brach의 등장에 맞춰 영업점을 벗어나 백화점, 캠퍼스 등 다양한 환경에서 적응력과 이해도를 바탕으로 OUTDOOR SALES를 제공할 수 있어야 합니다. 또한 복합점포 시대에 맞춰 국민은행의 상품뿐만 아니라 KB손해보험과 KB증권의 상품까지 PAIRING할 수 있는 협업력이 필요하다고 생각합니다.

NIKE AIR MAX = 윤리의식과 준법정신

AIR MAX는 처음 등장한 87년 이후, 안정적인 에어 쿠셔닝을 강점으로 30년 동안 꾸준히 사랑받는 운동화입니다. 은행원 또한 AIR MAX의 에어 쿠셔닝처럼 안정적인 윤리의식을 갖춰야합니다. 은행은 자금의 수요자와 공급자를 연결하는 중개역할을 수행합니다. 이러한 산업구조상 단 한 번의 신뢰의 결여도 치유할 수 없는 상처로 돌아올 수 있습니다. 그렇기 때문에 은행원에게 윤리의식은 반드시 필요한 덕목입니다. 2015년 여름방학 당시, LIG투자증권 컴플라이언스팀에서 인턴쉽을 수행했습니다. 모두가 엔진에 열광할 때 묵묵히 브레이크를 개발하는 사람이 있다는 팀장님의 말씀을 들은 후, 철저한 윤리의식과 준법정신을 각인할 수 있었습니다. 국민은행 입행 후에도 '견리사의(見利思義)' 이익을 앞에 두고 항상 義를 먼저 생각하는 국민인이 되겠습니다.

사례 4 2017 신용보증기금 최종합격

✓ 본인의 성장과정에서 가장 큰 성공과 실패의 경험 및 그러한 경험을 통해 깨닫게 된 점 혹은 변화하게 된 점에 대하여 구체적으로 기술하시오.

"격투기를 통해 성취감을 맛보다."

유년시절 10년간 쉬지 않고 꾸준히 운동을 하여 전국무술대회 페더급에서 2위에 입상하였습니다. 이 경험을 통해서 무슨 일이든 목표를 이루기 위해 매일하는 습관과 인내하는 법을 배웠습니다. 두렵지만 도전적인 목표와 기간을 설정하고 그것을 달성하기 위해 노력하고 인내하는 것은 성취감과 보람을 가져다준다는 것을 몸소 느꼈습니다.

"공인회계사 시험 최종 탈락으로 겸손함을 배우다."

공인회계사 시험에 도전하여 1차 시험을 통과한 후 2차 시험에 도전하였지만 결국 합격하지 못하였습니다. 열심히만 한다면 무엇이든 이룰 수 있다는 자신감이 가득 차 있던 터라 받아들이기 힘들었습니다. 하지만 최선을 다한 스스로에게 박수쳐 줄 수 있다면 그것으로 한 단계 성숙한다는 것을 배웠습니다.

• 격투기를 인생의 가장 큰 성공으로 선정
서울소재 중위권 대학, 경영직렬 지원자

사례5 2013 산업은행 최종합격

나의 활동 X 단체 활동, 봉사활동, 동아리 활동 등, 예체능 활동(체육, 음악, 미술 등)

화가 르네 마그리트에 대한 평소 덕후적인 관심을 금융과 연결해서 표현함
서울소재 상위권 대학, 경영 직렬 지원자

화가로부터 세상을 이해하는 법을 배우다.

저는 네덜란드 교환학생 파견 시절, 브뤼셀에 있는 르네 마그리트 전시관을 방문하면서 그의 팬이 되었습니다. 이 때 저는 전시관에서 그림을 관람하면서 처음으로 박진감 넘치는 기분을 느꼈습니다. 마치 마그리트와 대화를 하고 있는 듯한 느낌을 받았기 때문입니다. **마그리트의 작품은 그림의 대상들이 왜곡되거나, 합리적이지 않은 형태로 그려져 대상을 묘사하기보다 어떤 메시지를 전하려고 하는 것 같았습니다. 작품 각각에서 작가의 메시지를 추리하는 과정은 작가와 대화와 토론을 하는 것처럼 느껴져 흥미진진했습니다.**

저는 한국에 돌아오자마자 수지 개블릭이 쓴 "르네 마그리트"라는 책을 읽었습니다. 르네 마그리트는 철학자로서 많은 철학적 메시지를 담았는데 그 내용이 아직도 논쟁이 될 정도로 심오하고 어려웠고, 제가 애초에 예상한 내용과도 다른 점이 많았습니다. 하지만 다른 이의 의견과 나의 것을 비교하면서 미처 생각지 못한 깊이 있는 해석을 얻는 것은 신선한 자극이었습니다. 예술작품은 미학적 향유의 대상이기도 하지만 예술가의 철학이 담긴 메시지이기도 합니다. 저는 그 메시지를 추리하는 과정이 권위 있는 사람의 통찰력을 엿보는 것과도 같다고 생각했습니다.

르네 마그리트의 작품을 관심을 가지고 지켜본 후 저는 모든 창작물에 대해 관심을 가지게 되었습니다. 창작물은 만든 이의 철학과 세계관을 대변한다고 생각합니다. 세상에 대한 이해는 단순히 하루하루를 산다고 해서 얻어지는 것이 아니기에, 창작품에 배어 나오는 창작자의 세계관을 읽는 것은 중요하다고 생각합니다. 따라서 예술작품에 묻어나오는 예술가의 통찰, 문학작품에서 읽을 수 있는 작가의 세계관, 매일 집에 배달되는 신문사설의 문제의식 등 다양한 것에 관심을 가져야 합니다.

저 또한 신문 기사, 주변 사람들의 이야기 등 주변의 작은 것에서 세상에 대한 퍼즐을 하나씩 얻어 전체적인 모습을 만들어보려는 노력을 하고 있습니다. 이를 통해 좀 더 넓은 시각으로 세상을 보고 변화의 바람을 느낌으로써 산업은행과 함께 사회의 조력자가 되겠습니다.

사례 6 2016 수출입은행 최종합격

지원자가 오랜 기간 동안 열정을 가지고 수행하여 온 학업 외 활동 또는 취미를 한 가지 이상 소개하고, 이러한 활동 또는 취미가 본인의 삶에 어떠한 영향을 주고 있는지 기술하십시오.

카메라로 바라보는 세상

대학 입학과 동시에 디지털카메라 동아리에 가입한 이후로, 사진 촬영은 저의 너무나 자연스러운 일상이 되었습니다. **첫 번째로, 세상의 아름다움을 사진에 담는 과정을 통해, 지친 일상 속에서도 삶의 풍요로움에 감사하게 된 것이 가장 큰 변화였습니다. 사진 찍기를 통해 피사체를 다양한 각도로 관찰하면서 현재에 온전히 집중하는 시간을 가지고, 멋진 풍경 또는 소소한 아름다움을 포착하기 위해 가깝게 떠나는 소풍 또한 삶의 즐거움이 되었습니다. 둘째, 사진 찍기가 타인과의 관계 개선에도 도움이 되곤 합니다. 지인들의 행복하고 아름다운 모습 그리고 본인들의 장점을 살린 사진들을 선물하여, 그들에게 기쁨을 선사할 수가 있습니다. 셋째, 가깝게는 지역 출사, 멀게는 해외여행을 떠날 유인이 되었고, 평생의 기록이자 보물로 남길 멋진 사진들을 찍을 능력을 가지게 되었습니다.**

- 사진 찍기를 일상으로 끌고 와 본인의 가치관과 깨달음을 표현함
서울소재 상위권 대학, 경영직렬 지원자

사례 7 2015 수협은행 최종합격

✅ 은행업무 수행을 위하여 본인이 가장 중요하다고 생각하는 역량은 무엇이고, 이러한 역량을 갖추기 위해 그동안 노력한 내용을 작성해 주시기 바랍니다.

바둑 속에서 발견한 인생의 나침반

한 명의 은행원은 은행을 구성하는 부분일 뿐만 아니라, 동시에 현장에서는 그 은행을 대표하는 전체라고 생각합니다. 따라서 업무에 있어서 무엇보다 고객을 위한 '진실 된 이해'와 고객과의 약속을 끝까지 지키는 '책임감'이 그 밑바탕에 있어야 한다고 생각합니다.

그리고 어렸을 적 푹 빠졌던 '바둑' 속에서, 이에 필요한 역량들을 배울 수 있었습니다. 먼저 한 판의 바둑을 이루기 위해서는 크게 3가지가 필요하다고 생각합니다. 1. 상대의 생각을 읽는 것, 2. 나를 돌아볼 줄 아는 것, 3. 앞의 두 가지의 결합을 수 백번 반복하는 '끈기', 바로 이 3가지 요소가 한 판의 바둑을 완성하는 핵심이라 생각합니다. 그리고 바둑을 통해 배웠던 이와 같은 교훈들은 단순히 바둑뿐만 아니라, 제 삶에 있어서도 어려움이 닥칠 때마다 이를 극복할 수 있게 만드는 인생의 나침반이 되었습니다.

바둑을 통해 얻게 된 가치관을 일상 경험과 연결해서 작성함
서울소재 중위권 대학 지원자

대학교 2학년 겨울방학 때 교내 봉사활동 프로그램의 하나였던 '한국어도우미' 활동에서 만났던 사우디에서 온 센디 압둘만(박둘리)이라는 학생이, 낯선 도우미 제도에 대해 가졌던 거리감을 극복할 수 있었던 경험 또한 이와 같은 교훈을 실천하려는 노력이었습니다. 이는 그 친구의 마음을 먼저 '이해'하려 하고, 더불어 그 문제를 해결하기 위해서 '자신을 돌아보며', '포기하지 않고' 끝까지 제 마음을 전달했기 때문입니다. 따라서 지금까지 배워 온 이해와 끈기의 자세는, 앞으로도 지키고 싶은 인생의 교훈일 뿐만 아니라 고객과 은행을 위한 최우선 가치로 삼겠습니다.

사례 8 2015 예탁결제원 서류합격 - 한국금융연수원 최종합격

내용 및 형식에 구애받지 않고 제시어를 자유롭게 활용하여 한국예탁결제원의 경영진에게 본인을 적극 PR해 주십시오.

제시어 : KSD, 슈퍼맨, 1박2일, 무한도전, 런닝맨 중 하나 반드시 포함 → 제시어 본연의 뜻을 활용할 것

지난달 2015 세계육상선수권대회에서 우사인볼트가 3관왕을 차지하였습니다. 그와 같이 달리기를 잘하는 런닝맨을 보면 '지치지 않는 열정'이 떠오릅니다. 저도 이러한 지치지 않는 열정을 가지고 있습니다.

두 개의 심장을 가지다.

'복싱하는 남자' 김○○입니다. 저는 복싱에 매력에 빠져 1년째 복싱을 배우고 있습니다. 복싱은 한 라운드가 3분이고 쉬는 시간이 1분인 운동입니다. 한 라운드 동안 손과 발을 쉬지 않고 움직여야 한다는 점이 가장 힘든 점이자, 열정을 보여주는 멋진 점입니다.

지옥의 3분이라고 불리는 1라운드를 버티는 훈련을 반복하면서 인내심과 지구력을 길렀습니다. 1분밖에 쉬지 못하기 때문에, 다음 라운드가 시작되면 도중에 포기하고 싶을 때가 많습니다. 하지만 훈련을 거듭하면서 한 라운드씩 버텨나감으로써 무슨 일이든 이겨낼 수 있다는 자신감을 얻었습니다. 지치지 않는 열정을 매일 몸으로 체험하며 강해졌습니다.

복싱으로 길러진 이러한 역량들은 제가 공부하는 데에도 도움이 되었습니다. 체력이 길러졌음은 물론이고, 공부할 때 끈기 있게 하다 보니 당장 성과가 나오지 않아도 조급해하지 않고 꾸준히 노력할 수 있었습니다. 그리고 불가능은 없다는 것을 깨닫게 되었습니다. 저와 전혀 어울리지 않는다고 생각했던 복싱도 꾸준히 하다 보니 잘 할 수 있게 되었고 도전의 중요성과 성취의 기쁨을 알게 되었습니다.

• 복싱으로 얻게 된 역량을 표현함
서울소재 상위권 대학, 경영직렬 지원자

앞서 소개한 우사인볼트와 복싱하는 김00, 그리고 KSD는 닮아있습니다. 경기장에서 100m의 짧은 거리를 달리기 위해 피와 땀을 흘리며 하였을 노력은 제가 공부를 하고 운동을 하며 노력했던 것과 비슷하고, KSD가 현재의 자본시장 인프라를 일궈내기 위해 하였을 노력과도 비슷합니다. 모두 현재의 성과를 만들어내기 위해 지치지 않는 열정으로 노력한 것입니다.

저는 지치지 않는 열정을 KSD를 위해 쓰려고 합니다. 복싱을 통해 기른 체력으로 두 개의 심장을 가진 사나이처럼 지치지 않고 뛰어다니며 선배님들께 업무를 배우고 일을 처리하겠습니다. KSD를 조사하고 알아가면서 오히려 우리나라 금융의 역사에 대해 많이 배웠습니다. 이는 KSD가 국가경제의 중추역할을 하였다는 것을 방증합니다. 현재 저성장으로 국가 경제가 위기상황을 겪고 있습니다. 선배님들의 개척정신을 이어받아 자본시장의 발전에 기여하고 한국경제가 한 단계 도약하는데 보탬이 되겠습니다.

사례 9 2021 SGI서울보증 합격자 - 2021 산업은행 자소서

본인이 중요하게 생각하는 가치는 무엇이며, 이를 일상생활에 어떻게 적용하고 있는지 구체적으로 서술하시오.

'나'비효과

내 행동 하나의 힘을 경시하지 말자, 드러머 활동으로 체득한 삶의 신조입니다.

모든 음악의 기본인 드럼은 곡 전체의 빠르기를 좌우합니다. 미숙했던 첫 연주 당시, 제 어긋난 반 박자는 밴드 전체의 음 조화를 깨버렸습니다. 작은 실수로 3분 연주곡이 엉켜버리는 것을 보며, 내 작은 행동이 조직 전체의 성과를 좌우할 수 있다는 무서운 깨달음을 얻었습니다. 이후, 물집이 생길 때까지 매진한 180시간의 연습으로, 맡은 5곡을 실수 없이 완주해냈습니다.

밴드 활동에서 느낀 '나'의 파급효과를 일상생활을 영위할 때도 꾸준히 상기하려고 노력합니다. 철저히 분리수거를 하는 습관, 아무도 없어도 무단횡단을 하지 않음은 사회구성원으로서의 원칙을 준수하고자 함입니다. 또한 도서관에서 자리를 깨끗이 닦고 나오는 습관, 뒷사람을 위해 문을 잡아주는 습관은 타인을 향한 배려를 먼저 실천하기 위함입니다.

내 행동 하나의 차이가 분명히 있음을 직시하며 살아가고 있으며, 살아가고 싶습니다.

Chapter 06

행위보다는 행위의 근거가 된 소신과 철학이 중요하다

Chapter 02에서 밝혔듯이, 뻔하고 모범적인 행위 위주의 스토리는 인상적이지 못하다. 오히려 행위를 가능케 했던 근거(소신, 철학, 인용 등)가 타당할 때, 자기소개서 심사자는 공감을 하게 되어 있다. 그런 면에서 자기소개서에서는 소신과 철학이 잘 담기는 것이 무엇보다 중요한 것으로 보인다.

다만, 그러한 소신과 철학으로써 일반적이고 모범적인 관념(소통, 책임, 열성, 도전)이 나쁜 것은 아니지만, 이러한 관념에 대한 고민이나 숙고 없이 그냥 그대로 표현하는 것은 좋지 못하다.

소신과 철학은 독서를 통해 많이 얻을 수 있다. 젊은 날에 읽은 책 한 권이 인생을 어떻게 변화시킬지 모른다. 그래서 필자는 책이 인생에서 가장 레버리지 효과가 높은 상품이라 생각한다.

첫째, 다독하라.

인문학 서적과 금융 서적의 비중을 일 대 일로 맞추어 읽을 것을 권한다. 인문학의 분야는 다양하지만 개인적으로는 철학과 문학을 추천한다.

둘째, 메모하라.

인간은 망각의 동물이기 때문에, 인상적이거나 본인의 경험과 매칭되는 스토리는 별도의 노트에 메모하는 습관을 들이며 독서할 것을 권한다. 그리고 이러한 메모가 나중에 자기소개서나 면접에서 빛을 발하는 무기가 될 것이다.

셋째, 연결하라.

자기소개서에 쓰고자 하는 경험이나 소재에 철학과 소신을 연결하라. 사실, 많은 지원자가 가장 약한 부분이 바로 이 부분이다. 이는 결국 자기소개서 작성 시간의 부족함에서 생기는 문제이기 때문인 것으로 보인다. 그래서 항상 미리 준비하는 지혜가 필요하다.

다음에 나올 사례들은 비교적 본인의 소신이 잘 묻어나 있는 내용이다. 소신과 철학을 밝힐 때에는 그 소재적 제한과 내용적 울타리가 없다는 점을 잘 인식하기 바란다.

사례 1 2017 주택도시보증공사 최종합격

만약 당신만이 수행 가능한 여러 가지 업무를 특정 기간 내에 처리해야 하는 상황에 부딪힌다면, 어떻게 대처할지 그 방법과 이유를 설명해 주십시오.

우선순위 결정을 위한 Tool, 시간 관리 Matrix

아이젠하워의 시간 관리 매트릭스를 접목하여 본인의 의사결정의 분류 tool로써 활용함

시간 관리 Matrix에 따르면 '중요성과 긴급함'을 기준으로 업무 유형을 4가지로 구분하는바, 저는 이 Tool을 활용함으로써, 일정 기간 내에 여러 가지 업무를 처리할 것입니다. 이러한 방법을 사용하는 이유는, 무엇보다도 시간이라는 주어진 자원을 가장 '효율적으로' 사용함으로써, 가장 '효과적으로' 성과를 창출할 수 있도록 도와주기 때문입니다.

첫째, '급하면서 중요한 일'입니다. 우선순위 1순위로 이러한 업무를 어떻게 처리할지에 대한 계획과 방법을 사전에 철저히 고민하는 것이 필수적입니다. 둘째, '급하지만 중요하지 않은 일'입니다. 우선순위 2순위로 지금 당장 처리해야 하지만, 단순하고 반복적인 업무가 대부분인 만큼, 자투리 시간을 활용함으로써 처리할 수 있습니다.

셋째, '중요하지만 급하지 않은 일'입니다. 우선순위 0순위로 중요한 만큼 유비무환의 자세를 견지함으로써, 급한 일이 되지 않도록 주의해야 합니다. 넷째, '중요하지도 급하지도 않은 일'입니다. 우선순위 3위로 이런 일은 대부분 시간을 죽이는 경우가 많기 때문에, 이런 일이 발생하는 것을 최소화할 필요가 있습니다.

사례 2 2018 예금보험공사 자소서 - 2018 금융감독원 최종합격

삶에서 겪었던 심각하고 어려운 문제에 대하여 간략하게 설명하고, 그 문제를 창의적인 생각과 상상력을 통해 해결한 사례를 기술해 주십시오. 779 / 800자

만다라트 기법

일본의 디자이너 이마이즈미 히로아키가 개발한 목적달성 기법인 만다라트는 오타니 쇼헤이가 사용한 것으로도 유명합니다. 저는 의미 있는 대학 생활을 보내기 위해 학창시절 내내 이 만다라트 기법을 생활에 적용 시켜왔습니다. 전역 후 복학생 초기에, 이룬 것이 아직 없다는 생각에 열정을 잃고 많이 방황했던 시기가 있었습니다. 그러던 중 블로그를 통해 만다라트 기법을 접할 수 있었고 이를 생활화 하기로 마음먹었습니다. 대학 생활의 열정을 되찾기 위해 의미 있는 대학 생활이라는 키워드를 토대로 학업, 경험, 건강 3가지 목표와 그에 따른 9가지 행동목표를 세우고 꾸준히 지키기 위해 노력했습니다.

• 본인의 행동목표에 대해 만다라트 기법을 접목시킴

1. 학업, 매 학기 장학금을 받는 것을 하나의 큰 목표로 세웠습니다. 그 결과 7학기 연속 장학금, 1학기 학점등록과 4.23이라는 우수한 전공 평점으로 졸업할 수 있었습니다.
2. 경험, 여행을 통해 다양한 문화를 접해보는 것을 목표로 세웠습니다. 유럽, 미국, 동남아 등 11개국 21개 도시를 돌아다니며 다양한 문화를 접하며 사람들과 교류하기 위해 노력했으며, 이를 통해 넓은 시야와 다양한 관점을 가질 수 있게 되었습니다.
3. 건강, 매일 아침 사람들과 함께 한강을 달리는 모임을 만들어 규칙적인 생활을 하기 위해 노력했습니다. 꾸준히 달리기를 하며 체력을 키웠고 여의도 10KM 마라톤과 리복 장애물 마라톤에 참가하여 한계를 극복하는 경험도 했습니다.

이처럼 만다라트 기법을 가슴에 담으며, 삶의 뚜렷한 목표와 행동지침을 세울 수 있었고 제가 원하는 의미 있는 대학 생활을 보낼 수 있었습니다.

사례 3 2019 우리은행 최종합격

지금까지 가장 애정을 갖고 열정적으로 이루어낸 성과가 있다면 무엇이고, 이를 통해 느낀 점은 무엇입니까?
또한, 이러한 경험을 우리은행에서 어떻게 활용할 수 있을지 구체적으로 기술하여 주십시오.

인문학 활용
톨스토이의 소설을 통해 본인의 인생관을 설정함

은행의 내일을 내 일처럼

어린 시절 읽은 레프 톨스토이의 **'사람은 무엇으로 사는가'**는 제게 깊은 울림을 남겼습니다. 이 소설을 원서로 읽으며 제 삶의 그 '무엇'을 찾고 싶었기에 노어노문학과에 입학하였습니다. 그러나 3대 마어(魔語)로 불리는 러시아어의 벽은 높았습니다. 동기들은 하나둘씩 전과하기 시작했지만, 저는 주인공 '미카엘'이 그랬듯이 그 '무엇'을 찾을 때까지 포기하지 않기로 결심했습니다. 방학에도 러시아어에 매달린 결과, 4학년이 되어 톨스토이 소설을 원문으로 강독하는 수업이 무난할 만큼 실력이 쌓이게 되어, 목표했던 학점을 받아내며 원문강독 수업을 잘 마칠 수 있었습니다. 그리고 저는 제가 무엇으로 사는지도 찾아냈습니다. 저에게 있어 삶의 '무엇'이란 바로 '노력을 통한 자아의 성장'이었습니다.

이 경험을 통해, 오늘의 노력으로 더 나은 내일을 만들자는 인생관을 세울 수 있었습니다. 기업 여신 실무는 제가 이론으로 배워왔던 금융과는 많이 다를 것입니다. 교과서 속에서는 예상 가능했던 시장은 실제는 모호할 것이고, '경영자의 양심도'와 같은 지표는 계량화할 수 없기에 오로지 시행착오를 통해서 깨달아 가야 할 것입니다. 그러나, 러시아어라는 낯선 언어에 도전하던 그 '미카엘'의 마음으로, 매일 조금씩 더 배우고 익혀 나가, 어제의 실수는 만회하고, 오늘의 고객 만족은 높이는, 은행의 내일을 책임지는 행원이 되겠습니다

사례4 2016 하반기 NH농협은행 최종합격

NH농협은행의 성장방향을 제시하고 나는 입사 후 어떤 VISION으로 이를 달성할 것인지 구체적으로 기술하시오. 1,000 bytes

가치를 갖춘 인재로 성장한 농협은행의 행원으로서 미래를 향한 두 갈래 길을 개척할 것입니다.

첫째, 350년간 주목받았던 메디치 은행처럼 사람의 마음을 얻는 은행.

창립자 조반니 메디치는 '은행업의 성공비결은 믿고 맡길 수 있는 신용이다'라고 했습니다. 1,180개 영업점과 인연을 맺은 도시-농촌-기업을 아우르는 핵심 고객과 'MICRO 현장경영'의 상생을 통해 생활 현장 곳곳에서 '연결고리' 역할을 할 것입니다. 건강한 관계를 위해 '사랑'과 '존중'의 마음가짐이 최우선이라고 생각합니다. 기업-개인금융의 연결고리 속에서 돈 맥 흐름의 HUB역할을 하는 행원이 되겠습니다.

둘째, "일년수곡, 십년수목, 백년수인" 정신입니다. 행장님께서 하신 '주인공(主忍功)이 되라'는 말씀처럼 기본에 충실하고 고객에 충심(忠心)하는 직원이 된다면 자연스레 100년 번영을 위한 은행의 토대가 마련될 것입니다. **심리학을 공부하며 '모델링효과'를 알았습니다. 선배님들의 행동을 유심히 관찰하며 조직문화를 습득하고 장점을 강화할 것입니다.** 후배에겐 모델링될 수 있는 선배가 되기 위해 저만의 메뉴얼을 작성하여 뛰어난 후배 양성에 노력할 것입니다.

- 독서에 의한 본인의 금융에 대한 소신이 피력됨
- 이론을 바탕으로 본인의 행위를 구체화함
  지방소재 중위권 대학 지원자

사례 5 / 2014 하반기 KB국민은행 최종합격

기업에서 인문학적 소양 그이유와 사례

셀카 속 모습이 '나'인가

언제부턴가 핸드폰에는 카메라가 꼭 딸려 나왔습니다. 셀카라는 단어는 더 이상 생소하지 않고 셀카를 안 찍어 본 사람은 없을 겁니다.

중요한 것은 삭막한 디지털 시대, 기계가 인간의 자리를 차지해가는 시대에서 인간다움, 즉 '나'를 찾고 표현하는 new르네상스의 물결이 펴져 나간다는 것입니다.

가장 인간다운 것은 이성적이고 합리적인 것이 아니라 감성적이고 공감하는 것이라고 합니다.

iPhone은 이름부터 'i', 나를 테마로 감성디자인으로, 광고는 도시생활 속에서 음악을 듣고 사진을 찍는 모습을 보여주며 급변하는 세상 속에서 '나'의 존재를 확인하는 듯한 감성을 자극합니다. 한국타이어 광고는 타이어의 기능을 설명하지 않습니다. Driving emotion이라는 마케팅으로 역시 감성을 자극합니다. 모두 해당 산업에서 둘째가라면 서러울 기업들입니다.

인문학이 중요한 이유를 본인의 평소 소신과 체득한 지식을 바탕으로 피력함
서울소재 중위권 대학 지원자

사람, 고객을 대하는 최접점인 은행 영업점에서 나를 중시하는 '당신'을 이해하고 소통하는 데에는 역사, 철학, 예술, 심리 등 다양한 인문학적 소양을 갖추어야 하는 것은 어찌 보면 당연한 일입니다.

고객들에게 먼저 다가가 귀 기울이고 공감하며 KB의 감성을 전해드리는 행원이 되고자 합니다.

사례 6 / 2014 하반기 KB국민은행 최종합격

✓ 문학/역사/체육/예술과 관련한 깊은 고민이나 경험을 통해 본인의 창의력, 통찰력을 향상시켰던 사례에 대해 기술하십시오.

꿰뚫어 보는 힘

같은 종교를 찬양하는 측과 비판하는 측의 의견들을 적나라하게 보여주는 자이트가이스트라는 영화가 있습니다. 관점에 따라 사실을 보는 시선이 달라지기 때문에 한쪽으로 치우치는 것은 좋지 않다는 것을 느꼈으며, 다양한 관점으로 사실을 보고 파악하여 이를 토대로 의견을 결정하는 것을 배웠습니다.

• 시대정신(자이트가이스트)이라는 독일 영화를 통해 깨우친 본인의 균형감각을 피력함 서울소재 상위권 대학 지원자

일례로 미국에 있을 때 가깝게 지낸 두 외국인 친구가 서로 갈등이 있었는데 이유는 한 친구가 다른 친구를 비하했다는 것이었습니다. 하지만 양측의 이야기를 다 들어본 결과 서툰 영어로 인한 단순한 오해로 일어난 일이었습니다. 결과적으로 갈등이 원만하게 해결되어 예전의 관계로 돌아갔습니다. 이처럼 균형 잡힌 시선을 통해 업무상 문제도 원활히 해결하도록 하겠습니다.

사례 7 2014 KB국민은행 서류합격 - 농협은행 최종합격

사회가 빠르게 디지털화 되어가는 추세 속에서 최근 기업들이 『인문학적 소양』을 강조하고 있습니다. 그 이유를 사례를 바탕으로 기술하십시오. 600자 이내

산업 간 컨버젼스 속에서 문제점과 기회를 찾아낼 PATHFINDER

1. 인문학? - 해결이 아닌 질문의 학문
   공학은 우리 삶을 둘러싸고 있는 자연현상이나 기술적 문제를 '해결'하는 학문입니다. 이에 반해 인문학은 인간과 인간의 근원적인 문제에 대해서 끊임없이 '질문'을 던지는 학문입니다. 따라서 공학이 후행적인 학문이라면 인문학은 선행적인 학문이고 공학이 자연을 탐구한다면 인문학은 인간의 본성을 탐구합니다.
2. 컨버젼스로 인해 격변하는 산업생태계
   산업 간의 장벽이 허물어지고 탈중개화 현상이 가속화 되고 있습니다. 이 현상은 금융권, 은행도 예외가 아닙니다. IT 기술을 앞세운 FINTECH 기업들이 증가하고 있으며 머지않아 은행 없는 은행이 기존의 전통적 은행들을 앞지를 것이라는 전망도 나오고 있습니다.
3. 해답은 끊임없는 질문을 통해 기회를 찾아내는 PATHFINDER
   기술이 아무리 발전해도 결국 기업의 목표는 고객만족, 인간의 행복입니다. 기술이 발전함에 따라서 인간의 욕구가 하나씩 채워지고, 그로 인해 고객의 니즈는 수시로 변화합니다. 그래서 공학보다는 끊임없는 질문을 통해 선행적으로 기회를 찾아내는 인문학적 소양이 중요해 지고 있다고 생각합니다.

평소 인문학과 금융에 대해 많은 고민을 담았음. 인문학과 공학의 비교를 통해 인문학의 특성을 잘 분석함
서울소재 중위권 대학 지원자

사례 8 2014 금융감독원 서류합격 - 아산병원 최종합격

기타 추가로 하고 싶은 말 200자

언제부터인가 한국은 해야할 일은 하고, 하지 말아야 할 일은 하지 않으려 노력하는 가장 평범한 사람들이 바보 취급받는 사회가 되어가는 것 같다고 느꼈습니다. 우리의 금융시장도 다르지 않습니다. 건실한 활동을 통해 수익을 창출하려는 금융은 무능력한 것이 되어버리고, 사기와 분식으로 뒤덮은 금융이 고수익 상품이라 각광받으며 소비자들을 기만하는 일이 태연하게 행해집니다. 옳은 방향으로 우리 금융시장의 기본을 다져나가는 금융감독원의 역할에서 책임과 사명감을 느끼고, 진심을 담아 출사표를 제출합니다.

- 개인적으로 명문장으로 생각하는 문장임
  - 어휘를 자유롭게 구사함
  - 금융에 대한 소신이 남다름

  서울소재 상위권 대학, 경영직렬 지원자

사례 9 2013 농협은행 최종합격

위 자기소개서 내용 외에 추가적으로 본인을 소개할 내용을 기술하시오. 1,000byte

성공은 영원하지 않고, 실패는 치명적이지 않다.

올해 3월, 역대 최저 합격률의 한계를 넘지 못하고 회계사 시험에 불합격하였습니다. 마지막이라고 생각하고 최선을 다한 만큼 좌절감도 컸지만, 지난 2년간의 공부를 헛되이 할 수 없었습니다. 금융의 기본기만큼은 탄탄하게 쌓아왔기에 이를 바탕으로 자격증 시험에 연이어 도전하였습니다.

다시 독서실로 향하는 마음은 착잡했지만 절실했던 만큼 치밀한 계획을 세우고 실천에 옮겼습니다. 그 결과 지난 6개월 동안 9개의 자격증과 토익 945점 등의 결과를 만들어 냈습니다. 힘든 시간이었지만 그 시간을 이겨냄으로써 제 자신이 한 단계 성장할 수 있는 계기가 되었습니다.

경험을 통해 얻게 된 실패의 의미와 발전의 동기가 잘 표현함
서울소재 상위권 대학 지원자

이 경험을 통해 느낀 바가 있습니다. **대학교 입학이 시험의 끝이 아니듯이, 이번의 실패도 하나의 단계에 불과하다고 생각합니다. 지금 당장이야 가장 큰 시련이지만, 앞으로 더 많은 시험의 순간이 다가올 것입니다. 그렇기에 이번의 실패에 연연하지 않고, 그것을 바탕으로 더욱 노력한다면 다음의 성공을 기약할 수 있을 것이라 믿습니다.** 실패에서 얻은 교훈으로 흔들림 없이 노력하는 자세를 NH농협은행에서도 보여드리겠습니다.

사례 10 2015 KB국민은행 최종합격

본인을 나타내는 인문학 도서 속의 인물을 소개하고, 그 이유를 보여주는 경험을 약술하십시오.

'방망이 깎던 노인'이라는 소설에서 얻게 된 소신을 본인의 경험과 접목
서울소재 중위권 대학 지원자

윤오영의 '방망이 깎던 노인'이라는 작품에서 노인은 다른 사람의 평에는 아랑곳하지 않고 자신이 옳다고 여기는 방법을 우직하게 고수하고 상품의 방망이를 만들어 냅니다. 저는 학창시절 다른 사람들이 무모하다고 말렸지만 제가 생각할 때 꼭 이루고 싶었던 목표인 회계사 시험을 공부하였고, 그 결과 1차 시험 합격이라는 가시적인 성과를 거둔 경험이 있습니다.

사례 11 2015 신한은행 최종합격

신한은행 입행을 위해 노력했던 내용과 그 결과 등에 대해 기술해 주세요.

성장과정 - 수적천석(水滴穿石) - 한 방울씩 모인 땀은 배신이 없다.

모두가 한계라고 규112정해도 저는 도전합니다.

저는 대학시절 모두가 불가능할 것이라고 했던 응원단을 창설하여 ○○대 - □□대 학교와의 첫 스포츠 교류전을 성공적으로 이끈 도전인입니다. 총 교육단장으로서 양국 학생이 소통하고 즐길 수 있는 응원동작을 만들어 450명이 다함께 어깨동무하며 즐길 수 있는 친교문화를 이끌었습니다.

'설거지에도 기술이 있다' 제가 살아온 삶의 방식입니다. 저는 어떠한 조직에서도 어떠한 역할의 업무도 가장 빠르고 정확하게 수행해 왔습니다. 2,700시간의 판매 아르바이트를 통해 업무의 신속성과 조직의 효율성을 높이는 현장형 인재로 성장했습니다.

- 격언을 바탕으로 본인의 삶의 방식을 피력
서울소재 중위권 대학 지원자

은행원은 고객을 위한 평생공부의 업입니다. 고객의 삶의 질, 신용등급을 높인다는 자부심으로 금융지식을 함양하여 저의 유연한 고객대응능력을 발휘하고 싶습니다. 끊임없는 자기계발을 통해 고객과 함께 동반성장하는 삶을 살고 싶습니다.

사례 12 2017 한국자산관리공사 최종합격

자신에게 요구된 것보다 더 높은 목표를 스스로 세워서 시도했던 경험 중 가장 기억에 남는 것은 무엇입니까? 그러한 경험 중 목표달성과정에서 아쉬웠던 점이나 그 때 느꼈던 본인의 한계는 무엇인지, 그리고 이를 극복하기 위해 했던 행동, 생각 및 결과에 대해 구체적으로 기술해 주십시오. 1,500byte

이타주의에 숨은 이기주의를 발견하다.

사회복무요원 당시 운영했던 공부방이 소집해제로 인해 중단해야 할 상황에 처했을 때, 국민신문고와 경북도청에 정책제안을 신청하게 되었습니다. 제안의 취지는 사회복무요원을 중심으로 교육지원 사업단을 만들자는 것이었습니다. 수동적인 역할에서 벗어나 사회복무요원이 실천적으로 사회적 책임을 맡을 수 있다면, 교육의 지역적 격차를 해소하고 지속가능한 사업이 될 것이라고 생각했기 때문입니다. 제안한 정책이 최종 후보로 채택이 되어 경북도청에서 프레젠테이션을 해줄 것을 요구받았습니다. 그뿐만 아니라 실제로 사업단을 시범 운영해 사업을 효과적으로 설득하고자 했습니다. 이를 위해 지역 내 요원들을 모집하고 두 달간 3개의 공부방을 운영해 성과를 확인해 보았습니다. 하지만 제안한 정책은 요원들의 자발적 참여여부와 교습능력에 대한 불확실성으로 인해 채택되지 못했습니다. 그리고 지극히 개인적인 경험에 바탕을 둔 제안이라는 점과 대가없이 사람들의 참여를 당연하게 기대한 부분도 한계라고 생각했습니다. **돌이켜 보면 개인주의적인 판단과 제 생각을 쉽게 일반화하는 경향은, 가깝게는 대인관계와 문제 해결에도 도움이 되지 않음을 깨달을 수 있었습니다.** 이로 인해 좋은 목적과 결과를 갖고 있더라도, 항상 상대방의 입장에서 수용가능한지를 먼저 생각해보는 습관을 갖고자 노력하고 있습니다.

경험을 통해 얻게 된 소신을 모범적인 관념으로만 표현하지 않고 본인의 언어로 정제해서 표현함
지방소재 국립대학 지원자

Chapter 07

모으고 공부했던 데이터는 최대한 표현하라

자기소개서를 쓰기 위한 데이터는 중요하다고 이미 [Chapter 01]에서 밝혔다. 그리고 이러한 데이터는 평소에 미리 준비를 해야만 그 깊이와 공감이 극대화될 수 있고, 최대한 발품을 팔고 얻어야, 검색으로만 데이터를 뽑아내는 지원자와의 차별화가 가능하다. 최근 기업이 지원자에게 원하는 지식의 깊이는 점점 더 깊어져 가는 느낌이다. 미리 많은 준비를 하지 않으면 좋은 자기소개서를 쓰지 못하게 될 정도로 질문의 정도가 어려워지고 있다.

꼭 다양한 데이터가 많이 녹아 있어야만 자기소개서의 합격이 보장되는 것만은 아니다. 오히려 깊이는 없지만, 역발상이나 순발력으로 합격하는 자기소개서도 상당히 많다. 하지만, 기본적으로 차별화되는 데이터를 활용하는 것은 자기소개서의 합격률을 높일 수 있다.

세상에서 성공하는 사람의 공통점은 "실행력"이 좋다는 점이다. 즉, 기업, 업무, 금융에 대한 데이터는 인터넷 세상을 떠나 행동으로 얻어 보자. 서점을 밥 먹듯이 들락거리며, 목표했던 금융기관을 수시로 방문하며 데이터를 모아보자. 그럴수록 자기소개서의 내용은 구체적으로 변할 것이며, 열정의 자기소개서로 변모하게 된다는 점을 명심하자.

모아둔 데이터는 잘 정리정돈해 놓자. 기회는 항상 준비된 자에게 온다. 책을 통해 얻은 데이터, 논술준비를 통해 얻은 데이터, 직접 발품을 팔고 기관을 방문해서 얻은 데이터, 현직자를 만나서 얻게 된 데이터 등, 데이터의 정리는 그 자체로 무엇보다 중요하다. 엑셀을 활용한 데이터 관리는 기본덕목이다. 언제든 필요할 때, 그 즉시 찾아볼 수 있는 데이터 맵을 잘 설계해놓자.

자기소개서 작성 시, 모으고 정리해놓은 데이터를 최대한 활용하라. 연결고리는 고민으로 해결될 수 있다. 어떤 소재에 어떤 데이터를 활용할지는 본인의 몫이다.

사례 1 2015 우리은행 최종합격

급변하는 금융환경에서 우리은행이 맞이한 위기와 기회는 무엇이며, 변화된 금융환경에 우리은행이 대응해 나갈 방안에 대하여 말씀하여 주십시오. 1,000자

우리은행의 위기 - 운영리스크

제가 생각하는 **우리은행의 위기는 인수 합병 가능성과 그에 따른 운영리스크라고 생각합니다.** 국내 은행이 외국은행과 비교하여 그 규모와 크기에서 경쟁력이 떨어지는 것은 사실입니다. 실제로 2015년도에 '더 뱅커'가 선정한 세계은행 자산 순위에서 50위 내에 위치하고 있는 국내의 은행은 없습니다. 정부는 공적자금 회수와 은행의 경쟁력 확보를 위해 메가뱅크를 추진할 것으로 예상됩니다. 따라서 정부가 소유 중인 우리은행의 지분을 어떤 금융그룹이 인수하느냐에 따라서 운영에 따른 리스크가 존재할 것이라 생각됩니다. 그리고 그에 따른 내부적인 동요도 존재할 것이라 생각합니다.

- 금융기관의 리스크 관리에 대한 이해 후, 운영리스크를 문제점으로 제기함

하지만 이는 동시에 우리은행에 있어 기회가 될 수도 있습니다. 인수합병을 통해 자산의 규모가 커지는 것은 그만큼의 은행의 신뢰도가 향상 된다는 것이고 이는 나아가 우리은행의 경쟁력이 될 것입니다. **미국 오바마 1기 정부의 재무장관이었던 티모시 가이트너가 그의 저서 [스트레스 테스트]의 서문에서 말했듯 금융시스템은 결국 신뢰에 기반을 두기 때문입니다.**

- 티모시 가이트너 著 스트레스테스트의 서문을 인용함으로 근거를 명확히 함

우리은행의 대응방안 - 기본에 충실하자.

지역농협에서 1년 6개월 동안 근무를 하면서 금융업에서 제가 느낀 점은 기본이 중요하다는 것이었습니다. 은행수익의 가장 큰 원천은 NIM이고 신용리스크, 시장리스크, 운영리스크, 유동성리스크를 얼마나 잘 관리하느냐에 따라 그 크기가 결정됩니다.

결국은 기본이 우선시 되어야 하는데 강윤흠 차장님의 **모뉴엘 사례는 우리은행의 방향성을 제시하고 있다고 생각합니다.**

- 모뉴엘 사태를 사례로 들며 우리은행의 신용 리스크 관리의 성공사례를 언급함

격언을 인용함으로 마무리. 상당히 잘 작성된 사례 서울소재 중위권 대학 지원자

'묘수 세 번이면 그 바둑은 진다'고 하였습니다. 묘수를 찾아야 되는 상황이 발생하지 않도록 하는 것이 우선이고 묘수를 찾으려다 평범하고 좋은 수를 놓치는 우를 범하지 말아야 하는 것이 그 다음입니다. 급변하고 어려운 금융환경에서 기본에 충실하는 것이 가장 좋은 한 수가 될 것입니다.

사례 2 2014 우리은행 서류합격 - 농협은행 최종합격

은행지원동기를 말씀해 주시고, 10년 후 우리은행의 모습과 은행에서의 귀하의 모습에 대해서 그 비전을 기술해 주십시오.

1,000 bytes

취업을 목적으로 은행을 선택한 것이 아니라, 꿈과 이상이기에 우리은행을!

은행원으로 살아가셨던 외조부님, 조부님, 아버지를 보면서 은행원을 꿈꿔왔습니다. 두 번째 도전인 우리은행을 향한 제 열정을 표현하기 위해 **156통의 손편지를 우리은행 지점장님들께 보내드렸습니다.** 이에 문자와 전화 심지어 편지까지 직접 회신해주시는 따뜻한 지점장님들을 보면서 저의 결심은 확고해 졌습니다. "다른 어느 곳도 아닌 나 ○○○는 우리은행이다"

지원동기에서 얼마만큼 고생을 했는지에 따라 열정으로 승화된 대표적인 사례

대한민국 최초 G-SIFI규제 은행과 그 안에서의 외환무역금융전문가

순조로운 민영화를 마치고 은행 본연의 업무인 실물경제와 서민금융을 지원할 것입니다. 그리고 이러한 지원을 통한 수익창출로 금융시장 내에서도 안정적인 영업을 영위할 것입니다. 이를 통해 **10년 후 대한민국 은행 중 최초로 G-SIFI 규제를 받는 최초의 은행이 될 것이라고 확신합니다.**

FSB의 G-SIFI 규제에 대한 학습 후 이를 10년 후 우리은행의 모습에 접목시킴

그 과정 속에서 저는 홍종덕, 정용혁 그리고 우리은행의 김영생 센터장님과 같은 외환무역금융 전문가로 성장해 있을 것입니다. 그래서 우리은행이 현재 27%인 외환시장 점유율을 넘어, 압도적인 대한민국 1등이 되는데 일조하고 싶습니다.

사례 3 2017 주택도시보증공사 최종합격

미래 한국의 주택시장 변화를 예측해보고 이러한 변화가 우리 공사의 역할에 어떠한 영향을 미칠지 본인의 생각을 자유롭게 말씀해 보세요.

향후 주택시장 = F(인구수, 라이프스타일, 고령화, 금리)

• 공식형 소제목 활용

미래 한국의 주택시장은 '인적요소 3가지'와 '금융요소 1가지'에 의해서 주로 영향을 받을 것으로 예상하는바, '전세보다는 월세 비중이 지속적으로 높아질 것'입니다. 저는 이에 대한 근거로서, 3가지를 제시하고자 합니다.

첫째, 1인 가구 수의 증가 추세입니다. 2015년도 인구주택총조사에 따르면, 총가구 수는 1,956만으로 11.3%로 증가했을 뿐만 아니라, 1~2인 가구 수도 전체의 53.4%나 차지하고 있습니다. 둘째, 주택에 대한 인식의 변화(소유→주거)입니다. 2016년 통계청 자료에 따르면, 자가거주율은 53.6%로 여전히 상당수를 차지하지만, 그럼에도 꾸준히 감소추세를 보이고 있습니다. 셋째, 저금리 기조의 장기화입니다.

위 3가지가 복합적으로 작용하면서, 2010년을 기점으로, 월세 비중이 전세 비중을 압도했으며, 2015년 기준 월세 비중은 23.9%를 차지하고 있습니다. 앞으로도 이러한 추세가, 미국 FOMC의 0.25%P 금리 인상에도 불구하고, 지속될 것으로 보입니다. 이에 HUG에서는 '월세 세입자를 위한 보증 상품'도 개발함으로써, 월세 수요에 대응하는 것이 필요하다고 생각합니다.

주택시장에 대한 복합 요인들을 통해 결론을 분석한 것이 인상적임

본인이 생각하는 우리 공사의 위협요인을 자유롭게 기술하고, 이에 효율적으로 대처하기 위한 자신만의 방안을 말씀해 보세요.

HUG의 2가지 Risk factor

첫째, '보증실적 증가에 따른 보증 risk 증가'입니다. 2010년 기준 23조에 달한 보증실적은 지속적으로 증가한 결과, 2016년 기준 보증실적은 156조 원 정도가 되었습니다. 이에 비례하여 보증 사고도 증가할 우려가 있고, 특히 최근에 신용등급이 높은 업체도 보증사고를 유발하는 경우가 많은바, 선제적으로 대응할 필요가 있습니다.

이에 1. 정부의 기업 구조조정 선정기준 도입 등을 통해서, 기업들의 부실예측력을 강화해야 합니다. 2. 보증심사 역량 강화 교육 등을 실시함으로써, 기업들이 자체적으로 보증사고를 예방할 수 있도록 해야 합니다. 3. 주택경기예측지수와 같은 지표를 통해서, 심사의 신뢰도를 제고할 필요가 있습니다.

둘째, '주택도시기금 재원 고갈 risk'입니다. 2015년 기준 주택도시기금의 총자산은 136.2조 원으로서, 대출금이 62.7%를 차지합니다. 물론 부채 레버리지 효과를 활용할 수도 있지만, 그보다는 여유자금의 운용수익률을 최근 3년간 평균인 2.37%보다 더 높임으로써, 재원을 확충해야 합니다. 이와 더불어 과도한 신규 보증 사업을 자제함으로써, risk를 낮춰야 할 필요가 있다고 생각합니다.

주택보증시장에 대한 고민과 주택도시보증공사에 대한 방향성을 다각도로 분석함

사례 4 2016 하반기 농협은행 최종합격

본인이 생각하는 범농협 비전「농업인이 행복한 국민의 농협」의 의미에 대하여 설명하고, 입사 후 농협의 비전달성을 위하여 본인이 어떠한 역량을 발휘할 수 있는지 기술하여 주십시오.

농촌의 콕스

농촌의 콕스가 되는 것. 제가 생각하는 농협의 비전입니다. 조정에서 콕스는 배의 구성원이 나아갈 방향을 제시해주고, 각 사람에게 부족한 운동을 알려줍니다. 조정의 콕스처럼 농업인에게 적합한 금융컨설팅을 제공해 더 나은 미래로 안내하고, 사회 공헌 활동을 통해 부족한 것을 채워줄 때 농협의 비전을 실현할 수 있습니다.

- 실제 학창시절 조정부였던 여학생의 사례로 조정을 접목하여 농협은행의 비전을 설명함

행복을 찾아서

두 가지 경험을 살려 농업인이 행복한 삶을 찾도록 돕는 콕스가 되겠습니다.

첫째, **수출 경험과 전공 지식을 활용해 무역금융컨설팅을 제공하겠습니다. 농업인은 관세, 수출 조건에 익숙하지 않기에 수출하기가 힘든 상황입니다. 지점을 찾는 농업인 혹은 영농법인을 대상으로 무역금융 안내는 물론, 수출관련 지식을 제공하겠습니다. 신용장 개설을 비롯해 FOB와 같은 각종 무역조건, 결제 방법 등을 쉽고 자세하게 설명드려 농민의 풍요로운 삶을 함께 그리는 행원이 되겠습니다.**

- 은행의 수출입업무에 대한 선 학습 후, 이를 포부로 표현

둘째, 퇴직연금 유치 경험을 살려 영농법인 은퇴설계를 돕겠습니다. **뉴 노멀 시대로 인해 퇴직연금의 중요성이 대두되나, 농촌에는 미가입 영농법인이 많습니다. 직접 영농법인을 찾아가 퇴직연금을 비롯한 은퇴설계를 제공하겠습니다. 타행 대비 높은 수익률을 자랑하는 농협은행의 퇴직연금을 농업인의 눈높이에 맞게 세세히 설명하겠습니다.** 이를 통해 농업인이 더 나은 미래를 설계할 수 있도록 도와, 농협의 비전을 실현할 것입니다.

- 퇴직연금 부문에서 농협은행의 상황을 미리 학습 후, 이를 포부로 표현

지방소재 중위권 대학 지원자

사례5 2018 금융연수원 최종합격

디지털 4차 산업시대에 발맞춰 우리 원이 갖춰야 할 조직역량과 향후 우리 원이 나아가야 할 방향전략을 작성해주세요.

한국금융연수원이 갖춰야 할 조직역량을 크게 인프라, 콘텐츠, 채널 부문으로 제시하겠습니다.

첫째, 인프라 측면에선 '인적 자본'을 확충해야 합니다. 금융에서부터 기술까지, 금융과 관련된 모든 산업에 대한 교육이 가능하도록 그에 맞는 교수진을 선제적으로 확보해야 합니다. 최근 디지털 금융 교육에 대한 수요는 급증하고 있지만, 사회적으로 그 교육을 제공할 디지털 금융 전문인력은 부족한 실정입니다. 단기적으로는 기존 금융연수원이 갖춘 인력 pool을 최대한 활용하여 다양한 산업의 전문가들과 네트워크를 확장할 수 있어야 합니다. 장기적으로는 4차 산업시대 관련 전문 자격시험을 개발하여 사회에 디지털 금융 전문인력을 양성하는데 일조할 수 있습니다.

둘째, 콘텐츠 측면에선 금융 관련 산업 전반의 추세를 빠르게 파악하고 사원 기관에 장기적 로드맵을 제시해야 합니다. 패러다임의 전환으로 인해 금융 서비스 제공자가 기존 플레이어인 금융권 중심에서 ICT 기업으로 다변화되고 있습니다. 이들은 플랫폼을 통해 모든 절차를 포괄하는 금융 거래 이용자 중심의 Total life care service를 제공하여, 이용자의 생활에 빠르고 깊숙하게 침투하고 있습니다. 따라서, 기존 플레이어인 사원기관의 선제적인 생존 전략의 모색이 필요합니다. 이를 위해 핀테크 상생, 금융테스트베드에 대한 교육을 제공하여 사원기관이 선도적으로 핀테크 금융 기술을 접목시킬 수 있도록 이바지할 수 있습니다.

셋째, 채널 부문에선 애플리케이션을 통해 금융연수원을 구심점으로 한 네트워킹을 구축할 수 있습니다. 애플리케이션을 통해 커뮤니티를 활성화하여, 산업 전반을 아우르는 '금융 아고라'를 형성할 수 있습니다. 이 아고라를 통해 금융연수원은 금융 시장의 트렌드를 보다 실시간으로 접할 수 있고, 사원 및 비사원 기관은 그들이 필요로 하는 물적, 인적 자원에 대한 접근성이 높아질 것입니다.

• 금융연수원의 방향성에 대한 3가지 고찰을 통해 구체적인 방법 제시

사례 6 2017 하반기 신용보증기금 최종합격

신용보증기금은 제 1순위 국정과제인 '일자리 창출'을 전사적으로 추진하기 위해 '일자리창출추진단'을 출범하였습니다. **신용보증기금이 기관 고유의 사업을 통해 양질의 일자리를 창출할 수 있는 방안에 대하여 본인의 생각을 기술하시오.**

• 최근 신용보증기금의 자기소개서는 자기소개 항목보다 논술식 항목이 더 많이 배치됨

"6조 원 반려동물시장에서 한국형 중소기업을 육성하자."

1인 가구가 증가하면서 반려동물을 키우는 가정이 늘고 있습니다. 2010년 1조 원 수준이던 반려동물 시장규모는 지속적으로 성장하여 2020년 6조 원의 규모로 예측됩니다. 반려동물 산업이 소득수준이 증가함에 따라 규모가 확대되는 선진국형 산업임을 고려해 볼 때 관련 시장은 점차 세분화될 것입니다.

따라서 반려동물 관련 신생기업과 중소기업에 대한 보증지원 및 투자 업무를 확대할 수 있는지 검토해야 합니다. 반려동물 식품 분야는 외국계 기업과 국내 대기업이 각축을 벌이고 있어서 중소기업이 뛰어들기에는 무리가 있어 보입니다. 하지만 미용, 놀이용품, 특화서비스처럼 세분화된 분야는 충분한 사업 타당성이 있고, 도그메이트와 같은 한국형 중소기업이 이미 시장에서 선전 중입니다.

현재 신용보증기금의 수탁투자업무는 제조업, 지식서비스업과 같은 고용창출 파급효과가 큰 부문에 대해 중점적으로 지원되고 있습니다. 하지만 지난 7월 반려동물 사업을 신성장 산업으로 육성한다는 정부의 공식적인 발표와 6조 원 정도의 향후 시장규모로 볼 때 반려동물사업과 관련된 창업지원은 충분히 검토해볼 가치가 있어 보입니다.

반려동물시장에 대한 선 학습 후, 이를 양질의 일자리 창출을 위한 방안으로 제시하여 구체적인 방법론을 피력함
서울소재 상위권 대학, 경영직렬 지원자

사례 7 2020년 기술보증기금 자소서

기술보증기금의 핵심가치는 공정 · 혁신 · 협력입니다. 이 중 중소 · 벤처기업 지원의 관점에서 가장 중요하다고 생각되는 한 가지를 선택하고,

1) 선택한 이유를 구체적 근거를 들어 설명해주십시오.
2) 선택한 핵심가치 제고를 위해 기술보증기금이 어떠한 노력을 하면 좋을지 본인만의 차별화된 방안을 제시해주십시오.

혁신 = 블리츠스케일링

중소 · 벤처기업 지원은 '혁신'이 중요하다고 생각합니다.

중소 · 벤처기업은 상황 변화에 유연할 수 있기에 혁신에 매우 적합합니다. 하지만 이런 강점에도 불구하고, 우리나라 벤처기업은 해외 스타트업에 비해 혁신기술의 블리츠스케일링(Blitzscaling)이 부족합니다. 따라서, Scale-Up과정의 벤처 · 이노비즈가 유니콘, 데카콘으로 성장하기 위한 대규모 유동성 공급과 IPO,M&A등을 적극 활성화 해야 합니다.

선병자의(先病者醫)

INNOBIZ는 변혁적 리더가 필요하며, 이는 기보의 역할입니다.

코로나 2차 펜데믹은 재정건전성이 미약한 중소기업 혁신과 구조조정이 요구 될 것입니다. 技保는 '01년에 보증한 P-CBO부실화로 유동성 확보를 위한 구조조정을 겪었습니다. 이후 지속적 혁신으로 KTRS와 AI기반 新기술평가모형 등 기술혁신형 기업의 바로미터가 되었습니다. 기술혁신을 위해서는 기술중소기업의 Scale-up으로 양질의 일자리 창출과 데스밸리에 빠지지 않도록 끊임없는 혁신이 지속가능한 환경 조성의 플랫폼이 필요합니다.

세계적 기술보증 플랫폼으로 퀀텀 점프

技保는 '20년 총 보증잔액은 23.1조 원 규모로 운용하고,21.9조 원을 보증할 계획이며, 특히 혁신성장산업 중 DNA+BIG3,소 · 부 · 장 보증에 40%이상 집중할 계획입니다.

따라서 1)챗봇을 이용한 Untact서비스를 활성화 해야합니다. 코로나 뉴노멀로 비대면 서비스 확대는 불가피하기 때문입니다.2)양자컴퓨팅 기술과 기술평가모형 접목입니다. 상용화 개발 단계에 있는 양자컴퓨터는 금융 산업 패러다임을 변화시킬 것이기 때문입니다. 이 기술을 선점한다면, Global Standard기관으로 퀀텀점프가 가능할 것입니다.3)벤처환경을 잘 아는 VC를 연계한 보증 활성화입니다.

하지만 기초자산 부실위험 Risk관리도 필요합니다. 회수시장 활성화를 통해 신생기업의 자금 선순환을 돕고 ESG등 미래 산업 선도가 가능하도록, 기업연성정보 집중과 채무관리개편 등 선제적 자구책이 필요합니다.

사례 8 2014 하반기 신용보증기금 최종합격

금융공기업 경영에서 수익성과 공공성 중 어느 측면을 중시하는 것이 타당할지 본인의 의견을 자유롭게 기술하시오.

"공공성 중시, 경기 순응성을 줄여나가는 정책금융기관"

저는 신용보증기금이 경영을 해나감에 있어서 수익성보다 공공성을 더욱 중시해야 한다고 생각합니다.

첫째, 불황기일수록 중소기업들은 더욱 어려움에 처하기 때문입니다.

불황일수록 BIS 비율은 하락하게 되고, 은행들은 비율하락을 막기 위해 기존의 대출을 회수하고 신규대출을 공급하지 않고자 합니다. 이렇듯 신용경색이 발생하면 자금조달의 대부분을 은행에 의존하고 있는 중소기업들은 큰 어려움을 겪게 됩니다. 이러한 상황에서 수익성에 방점을 두는 운용은 경기불황을 더욱 심화시킬 것이라고 생각합니다. 그렇기 때문에 오히려 위기 시에 더욱 적극적으로 중소기업들을 지원함으로써 경기침체를 막고 건전한 중소기업들이 위기에 처하는 것을 막아야 한다고 생각합니다.

둘째, **신용보증기금은 바젤Ⅲ에서 자유롭습니다.**

바젤 시스템에 대한 선 학습 후, 공공성이 더 중요하다는 신용보증기금의 역할을 피력함
서울소재 상위권 대학, 경영 직렬 지원자

시중은행의 경우 2008년 금융위기 이후 강화된 바젤Ⅲ 기준을 달성하기 위해서 엄격하게 수익성 관리를 해야 하는 상황입니다. 그렇기 때문에 수익성 강화는 시중 은행들의 숙명입니다. 하지만 신용보증기금은 이러한 규제로부터도 상대적으로 자유롭기 때문에 중소기업 지원을 위한 준 정부기관으로서 그 책임을 다해야 한다고 생각합니다.

그럼에도 불구하고 건전한 재정관리 없이는 지속 가능한 운영이 불가능하다고 생각합니다. 따라서 공공성에 방점을 두면서 수익성 관리에도 신경 써야 한다고 생각합니다.

사례 9 / 2016 NH농협은행 최종합격

지원한 지역분야에 대하여 얼마나 알고 있는지 설명하시고, 그 지역분야에 근무하기 위한 어떤 역량을 갖추고 있는지 구체적 경험을 들어 기술하시오. 1,000 bytes

은행의 생사는 여신에 달려있다.

친동생이 현직 NH농협은행 IT본부에 재직하고 있으면서 '금리'를 담당하고 있습니다. 형제끼리 대화를 하면 주제는 자연스럽게 '여신(與信)'에 관련된 이야기가 주를 이루었습니다. **은행은 자금중개기능이 주력으로 자금의 조달과 운용이 이루어지며 운용의 중심에서는 '금리'와 '리스크'가 Core 역할을 하고 있다는 것을 알 수 있었습니다. 이러한 담소의 과정을 넘어 직무연수 '여신' 교재를 통해서 더욱더 상세히 준비할 수 있었습니다.**

여신은 대출과 지급보증을 포괄하는 의미입니다. 여신의 일생은 대출신청부터 신용조사, 감정평가, 품의, 대출실행, 이자수취의 과정을 통해서 이루어지며 이 과정 하나하나의 의사결정이 객관적인 자료에 의한 신중한 판단의 과정임을 알게 되었습니다. 특히, 품의 과정에서는 원칙과 규정을 준수해서 결정하는 전결권이 중요하며 각각의 신중한 의사결정이 모여 **은행의 자산건전성과 여신건전성을 이루는 초석이라는 것도 알 수 있었습니다.**

이외에도 농협의 지점장님들을 찾아가 은행원이 가져야 할 Compliance(준법정신), 수신, 외환, 수출입 더불어 PF금융에 대해 배울 수 있었습니다.

• 실제 은행의 여신 프로세스에 대해 선 학습 후, 이를 지원분야에 대한 지식으로 피력함
서울소재 중위권 대학 지원자

사례 10 2014 KB국민은행 서류합격 - NH농협은행 최종합격

당신이 생각하는 은행, 직접 내점한 경험을 바탕으로 KB가 나아가야 할 방향

먼저 KB의 강점으로는 공고한 리딩뱅크의 이미지, 결정력 있는 스포츠 마케팅을 통해서 대한민국 = 국민은행이라는 이미지 구축에 성공한 것, 행원들의 개개인의 능력이 뛰어난 것으로 정리할 수 있었습니다.

KB의 단점으로는 고객의 연령층이 타행과 비교하여 조금 높다는 점, 타행보다 점포에 손님이 많지만 대부분의 고객이 단순업무이거나 비상담고객이 주를 이룬다는 것을 꼽을 수 있었습니다.

이를 토대로 KB가 앞으로 나아가야 할 방향에 대해서 생각해 보았습니다.

세 가지 이슈에 대하여 충분히 선 학습하고, 영업점들에 대한 조사 후, 논술식 자기소개서를 작성함
서울소재 중위권 대학 지원자

"KB가 나아가야 할 방향 - 차세대마케팅, 전략점포, 공유가치경영"

차세대마케팅

1. 필요성 및 중요성 인식

   대한민국은 급격하게 인구구조가 고연령층 위주로 재편되고 있습니다. 저성장과 인구고령화 추세가 지속되고 있기 때문에 10대 초반의 유아, 청소년과 대학생, 직장 초년생들을 대상으로 하는 차세대 마케팅의 중요성이 어느 때보다도 중요하다고 생각합니다. 특히나 금융산업은 시장이 이미 포화상태이기 때문에, 새로운 수요창출을 위한 서비스와 상품개발에 대한 경쟁이 치열하기 때문에 이에 대한 선제적인 대응이 필요하다고 생각합니다.

2. 현황(국내 금융권 위주)

   KB는 '주니어 스타 적금'을 통해서 다양한 우대이율과 부가서비스를 제공하는 유소년 우대상품을 보유하고 있음. NH농협은행은 '신난다 후토스 어린이 통장적금'과 '꿈바라기 학생적금'을

통해 어린이와 청소년위주의 상품을 보유하고 있고, 하나은행은 '꿈나무 적금', SC은행은 '자녀사랑통장'을 통해 사교육이나 관련 부가서비스를 제공하고 있습니다. 신한은행은 신한 장학적금이라는 상품으로 대학등록금을 사전에 준비할 수 있는 학생전용 적금 상품을 보유하고 있습니다. 이처럼 각 시중은행들은 차세대 마케팅의 중요성을 깨닫고 다양한 상품을 통해 시장 선점을 위해 노력하고 있습니다.

3. KB의 시사점(SNS와 마이크로밸류 마케팅)

상품만을 통해서 차세대 고객을 유치하는 데에는 한계가 있다고 생각합니다. 차세대 계층은 생애단계, 성별, 지역, 가정형편, 교육수준 등에 따라 다양한 고객군으로 분류가 가능합니다. 따라서 기존의 성인고객들처럼 차세대 계층을 위해서도 고객군의 분류에 따라 차별화된 상품 개발과 마케팅이 필요하다고 생각합니다. 이를 위해서 차세대 계층과 다양한 접점에서 접근하기 위해 SNS, 어플리케이션 등 차세대 계층이 주로 이용하는 수단을 통해 지속적으로 니즈 파악이 필요하다고 생각합니다. 또한 현재 신한은행이 독점하고 있는 단기사병 같은 경우에도 전역자의 경우에 나라사랑카드를 그대로 쓰는 경우가 거의 없습니다. 따라서 세련된 디자인과 작은 전역선물을 통해 전역장병을 고객으로 유치한다면 KB의 전역장병유치에 힘을 실어줄 것입니다.

전략적 영업점운영 - C는 줄이고 B를 높여 P를 증대해야 한다.

1. 현황

기존에는 전통적인 은행 점포의 확대를 통해서 고객과의 접점을 늘리고 이를 바탕으로 지배력을 확대해온 반면, IT기술의 발전과 모바일 금융의 확산으로 인해서 비대면 채널에 대한 중요성이 강조되고 있습니다. 특히 스마트폰 보급 확대에 따라 인터넷 뱅킹이 전체 이용건수의 35%를 차지하고 있습니다. 그런데 국내은행의 영업점 수를 보면 06년 기준으로 5,335개에서 12년 5,675개인 것으로 보아 비대면 채널과 영업점이 대체재가 아니라 보완재 속성을 가지고 있음을 알 수 있습니다. 따라서 일방적인 영업점 축소가 아닌, 영업점의 입지조건, 주 고객층 등에 따라 전략적으로 운영할 필요가 있다고 생각합니다.

2. 구체적 운영 방안

대학가(무현금점포) - 상품가입이나 상담이 필요한 고객보다 이체, 송금, 학생증발급 등 단순업무 위주이므로 무현금 점포 또는 키오스크 등을 이용하여 점포운영 비용을 낮출 필요가 있습니다. 주거밀집지역, 유동인구와 기업고객이 많은 역, 또는 공단 주변(허브점포) - 단순 이체, 송금업무는 atm을 이용하도록 유도하고 상품가입이나, 상담, 외환고객, 기업고객들이 창구를 이용하는데 불편함이 없도록 인력을 재배치 할 필요가 있다고 생각합니다. 도심지, 본점영업부 등(FLAGSHIP점포) - 유동인구뿐만 아니라 도시중심지에 위치하고 있기 때문에 직접적인 상품가입이나 창구 업무보다는 은행의 대외적 홍보나 다양한 고객과의 소통을 위한 접점으로 이용하는 것이 더 유용하다고 생각합니다.

3. KB의 시사점

위에서 언급한 전략적인 점포운영을 통해서 COST를 낮추고, BENEFIT을 높여 PROFIT을 증대해야 한다고 생각합니다. 무현금점포나 경량화점포를 통해 고객들의 접근가능성을 높이고, 허브점포를 통해 전통적인 은행업무를 영위함과 동시에 마지막으로 FLAGSHIP점포를 통해 고객에게 적극적으로 우리 KB를 홍보하고 소통하는 창구로 이용해야 한다고 생각합니다. 한 가지 더 유의해야 한다고 생각하는 것은, 대면 채널과 비대면 채널이 서로 융합되는 옴니채널로 운영될 수 있도록 해야 한다고 생각합니다.

사회공헌에서 나아가 공유가치경영이 필요 - 외국인노동자 가정 해외인력 또는 통역으로 채용

1. 중요성 및 필요성

2002년 53억이던 지출이 2012년 144억 원으로 늘었지만 신뢰도는 2001년 39%에서 36%로 하락했다는 조사결과로 보아 국내 기업이 CSR 지출을 늘리고 있지만 결코 기업 신뢰도로 이어지지 못하고 있는 것을 알 수 있습니다. 그 이유는 예전에는 단순히 기부를 얼마나 했느냐가 기업의 공헌활동에 대한 절대 기준이었다면 이제는 얼마만큼 사회에 좋은 영향을 미쳤는지로 관점이 옮겨졌기 때문입니다. 이런 상황에서 사회적 책임을 요구받는 KB는 공유가치경영을 해야 된다고 생각합니다.

2. 공유가치 경영이란?

공유가치 경영이란 기업의 핵심역량을 기반으로 사회적 문제를 해결함과 동시에 이익을 창출하는 경영을 의미합니다. 사회공헌이 단순한 선행에서 그치는 반면 공유가치 경영은 사회공헌과 함께 기업의 수익추구를 함께 모색할 수 있습니다. 또한 사회공헌이 자선활동, 시민운동과 같이 기업의 이익에는 직접적으로 영향을 미치지 않는 활동에 국한되어 있다면 공유가치 경영은 기업이 투자를 하고 이를 통해 사회적 문제를 해결함으로써 이윤 또한 창출 할 수 있습니다.

3. 구체적 적용방안

사회적 문제 : 우리나라에 외국인 노동자가 급증함에 따라 여러가지 문제들이 발생하고 있습니다. 그들의 주거, 교육 등 전반적인 복지 수준이 굉장히 낙후되어 있어 잠재적인 범죄의 원인으로 작용하고 있어 새로운 사회문제로 떠오르고 있습니다.

은행의 기회 : 저출산, 고령화로 인해서 새로운 고객을 확보하는 것이 어려운 상황에서 niche 시장으로 외국인 유학생, 외국인 노동자가 하나의 새로운 고객층으로 부상할 수 있다고 생각합니다. 하지만 종교적인 색채가 강하고 문화적 이질성과 언어 문제로 인해서 고객으로 유치하는 데에 어려움이 많습니다.

해답은 공유가치 경영 : 외국인 노동자들 혹은 그들의 배우자 중에서 은행업무를 수행할 수 있다는 능력이 있다는 전제하에 외국인 노동자가 많은 대림이나 안산, 그리고 외국인 유학생이 많은 대학의 출장소 혹은 지점에서 텔러나 사무직으로 채용한다면 외국인 노동자라는 사회적 문제를 해결하는데도 도움을 줄 수 있고 은행입장에서는 외국인 노동자와 유학생 고객을 유치하는 데 도움이 될 수 있다고 생각합니다.

기업과 기술의 미래가치를 보았을 때 보증지원할 만한 가치가 있으나, 기업의 신용도가 낮고 사업의 리스크가 높아 향후 기금에 손실을 끼칠 가능성이 있는 중소기업에서 보증지원 요청을 하였을 경우 어떻게 업무를 처리하겠는지 작성해 주십시오. 보증지원 여부 및 그렇게 업무 처리해야 하는 이유는 무엇입니까? 800byte

기술보증기금의 기술평가시스템인 KTRS에 대한 선 학습 후, 이에 대한 본인의 의견까지 제시함
서울소재 상위권 대학, IP직렬 지원자

KTRS 기술사업 평가등급 vs 사고율 : 상관계수 0.87

개인의 판단보다 KTRS모형에 의해 산출된 보증범위 및 전결권 내에서 업무를 진행하여, 기금에 대한 손실을 최소화하겠으며, 그렇게 판단한 근거는 다음과 같습니다.

첫째, KTRS에 의해 산출된 보증 범위를 벗어나 지원하는 것은 다른 중소기업들과의 형평성에 어긋난다고 생각합니다.

둘째, 기업의 사고에 따른 기금에 손실을 입히는 행위는 기회비용 측면에서 자칫 Kibo의 지원을 받을 수 있는 또 다른 중소기업에 손해를 끼칠 수 있습니다.

셋째, **KTRS모형에 의한 기술사업평가등급과 사고율의 높은 상관관계(상관계수 = 0.87)는 KTRS모형의 높은 신뢰성을 보여주는 단적인 예이며, 기업의 기술력과 위험성을 모두 고려하여 등급을 산출하는 KTRS의 40,198건 사례 중에는 高기술력/高위험에 대한 사례도 충분히 반영되어 있다고 생각합니다.**

사례 12 2014 신한은행 서류합격 - SC은행 최종합격

최근 관심 있게 읽었던 금융관련 기사 중 중요하다고 생각하는 주제 두 가지를 선택하고 그에 관한 본인의 생각을 신한은행이 추진해야 할 가장 중요한 전략관점에서 기술해 주세요.

4,000 bytes 이내

은행영업환경 악화 및 수익률 저하 문제

은행들의 수익 감소가 지속되고 있습니다. 국내은행들의 순이익은 지난해 예년의 절반수준으로 감소한 것에 이어, 올해 1분기 국내은행들의 잠정 순이익 또한 작년 동기보다 25.3%나 감소하는 모습을 보였습니다. 악화된 영업환경을 타개하기 위한 돌파구로서, 해외시장 진출은 중요한 과제입니다. 호치민에서 신한베트남은행을 탐방하고 온 경험을 바탕으로 추진해야 될 전략을 제안하겠습니다.

첫째, **금융상품의 다양화가 필요합니다. 현재 베트남의 인구는 9,300만 명 정도인데 그 중 중산층의 수는 2013년 기준 1,200만 명입니다. 이러한 중산층의 숫자는 향후 급격히 증대하여 2020년에는 4천만 명, 2030년에는 8천만 명에 이를 것으로 예상되고 있습니다. 중산층이 늘어남에 따라 베트남에는 기존의 주택에서 아파트로, 거리를 메우고 있는 오토바이들은 자동차로 바뀌게 될 것입니다. 이러한 변화 속에 새로운 금융에 대한 수요 또한 급격히 증가할 것입니다. 현지 지점에 비치된 금융상품 팜플렛을 분석해 본 결과 저축 및 예금, 개인신용대출, 주택담보대출, 자동차담보대출 등의 상품이 있지만 그 종류가 무척 한정적임을 알 수 있었습니다. 증가하는 금융 수요를 미리 예측하여 소비자들의 욕구를 충족시키는 다양한 상품들을 개발한다면, 앞으로 더 치열해질 베트남 금융시장에서 앞서나갈 수 있을 것으로 생각됩니다.**

둘째, 현지 영업력을 강화해야 합니다. 신한베트남은행의 한 지점장님을 인터뷰한 기사를 보았습니다.

베트남에 대한 선 조사 후, 본인의 해외진출에 대한 의견을 반영함 한국에서는 당연하게 생각되는 영업에 대한 개념이 베트남 직원들에게는 없었다는 내용이었습니다. 예를 들어 한 회사와 은행이 거래를 시작하게 되면 그 회사 직원들의 통장, 카드, 대출까지 영업범위를 넓혀야 되는데, 현지 직원들은 고객모집을 1인당 통장을 하나씩 만드는데 그쳤다는 내용이었습니다. 현지 직원들과 직접 대화를 해보니 실제로 영업에 대한 압박이 크지 않다는 이야기를 들을 수 있었습니다. 하지만 그들은 뛰어난 업무 이해도와 서비스 마인드, 어학실력을 갖추고 있었습니다. 이처럼 우수한 직원들을 활용한 적극적인 영업정책이 필요하다 생각합니다. 영업에 대한 교육과 회사에 대한 충성도를 높일 수 있는 각종 행사들을 병행하여 현지 영업력을 강화한다면 보다 좋은 성과를 거둘 수 있을 것으로 생각됩니다.

환율전쟁

최근 환율의 하락세가 심상치 않습니다. 원-달러 환율은 1,030원대까지 급락하였습니다. 지금 동아시아 국가들은 **미국의 양적완화 축소 정책에 대응해 환율을 경쟁적으로 높이는 환율전쟁에 돌입할 것으로 전망되고 있습니다. 일본은 아베노믹스를 통한 자국 통화의 공급 확대로 엔저현상을 유도하고 있으며, 중국 또한 위안화 가치 하락을 부추기며 올해 들어서만 2.8%를 하락시키고 있습니다. 모두 자국의 통화가치를 하락시켜 수출증대를 통해 경기를 활성화시키기 위한 목적인 것입니다.**

국제 환율전쟁에 대한 선 학습 후, 이를 은행의 외국환 수익 증대를 위한 배경지식으로 활용함
서울소재 중위권 대학 지원자

원-달러 환율의 하락은 국내 수출경쟁력의 약화로 이어집니다. 국가GDP의 57%가 수출에 기인하는 무역의존형 산업구조를 가진 우리나라는 환율변동에 민감하게 반응할 수밖에 없습니다. 또한 대부분의 주요산업이 글로벌시장에서 일본기업과 경쟁관계에 있으며, 대일무역 의존도 또한 높은 산업구조에서 일본의 엔저정책은 분명한 손실을 가져다줍니다. 조사에 의하면 엔화가 10% 하락할 시 한국 경쟁업체의 실적은 3~4%가 감소하는 것으로 추산되고 있습니다. 이러한 경쟁국들의 통화가치 하락정책은 장 · 단기적으로 한국경제에 부정적 영향을 끼친다고 생각되며 이를 극복하기 위한 노력이 정부와 은행, 기업 모두에게 요구됩니다.

이에 신한은행은 환율의 변동에 대응하기 위해 다음의 전략을 마련해야 합니다.

첫째, 대부분의 중소수출기업들이 환리스크에 대한 별도의 전략이나 대책이 없음을 감안하여 이러한 기업들에 대하여 외환에 대한 전문적인 금융지도와 외화유동성에 대하여 관리서비스를 제공하여야 합니다.

둘째, 기업들의 환리크스를 최소화하기 위한 상품들에 대한 안내와 권유를 보다 적극적으로 하여야 합니다. 예를 들면 무역보험공사의 환변동보험 등의 상품에 대한 설명과 권유를 함으로써 중소기업들의 환율에 의한 피해를 최소화시켜 은행과 기업 모두의 이익을 유도해야 합니다.

이렇듯 기업들을 환위험으로부터 벗어나도록 돕는 일은 여신 부실을 사전에 방지하여 은행 재정 건전성을 높이는데 기여할 뿐만 아니라 외환컨설팅서비스를 통한 수수료 수익까지 거둘 수 있다 생각합니다. 기업과 은행 모두를 위한 적극적인 외환정책의 마련을 기대해봅니다

사례 13 2014 신한은행 최종합격

최근 관심 있게 읽었던 금융관련 기사 中 중요하다고 생각하는 주제 두 가지를 선택하고 그에 관한 본인의 생각을 신한은행이 추진해야할 가장 중요한 전략관점에서 기술해 주세요.

구조화 금융과 채널 전략의 재편이 요구되다.

저는 최근에 읽은 신문 기사를 통해 국내 은행업이 두 가지의 구조적 문제점을 가지고 있음을 알게 되었습니다.

첫 번째 문제점은 국내 은행업의 전통적인 예대마진 사업 모델이 한계에 직면했다는 것입니다. 최근에 각종 유력 매체에 보도된 소식에 의하면 외국계 은행을 필두로 하여 은행권의 대규모 구조조정이 시작될 것입니다. 이는 국내 은행업의 수익성이 장기적으로 악화될 가능성이 매우 높다는 것을 시사하고 있습니다. 한국 경제의 저성장, 저금리 기조가 고착화되면서 대출 자산 증가가 둔화되고 순이자마진이 지속적으로 하락하는 등 국내 은행업은 구조적인 한계에 봉착해있습니다. 전문가들은 이러한 문제점이 이자이익 부문에 지나치게 편중된 국내 은행의 사업 모델에 기인하는 것으로 지적합니다.이러한 문제 상황을 해결하기 위해서 신한은행은 전통적인 예대마진 업무에서 벗어나 자산 유동화 등의 구조화 금융 기법을 더욱 강화할 필요가 있습니다. **은행이 구조화 금융 기법을 활용하면 고위험, 고수익을 추구하는 투자자들과 함께 리스크를 분산시킴으로써 본연의 신용 창출 기능을 더욱 원활히 수행할 수 있습니다. 실제로 미국의 웰스파고 등 주요 글로벌 상업 은행들은 글로벌 금융 위기의 주원인으로 지목된 구조화 금융을 완전히 지양하기보다 구조적 안전성을 더욱 향상시켜 새로운 수익원으로 창출하였습니다. 그 결과 미국 은행들은2008 년 금융 위기 이후에 자국의 국채 금리가 우리나라보다 더욱 큰 폭으로 하락했음에도 불구하고(미국 4.12%p, 한국 2.40%p, 3년물 기준) 국내 은행들보다 두 배 이상 높은 ROA(미국 1.08%, 한국 0.43%)를 기록하고 있습니다. 따라서 신한은행도 전통적인 예대마진 비즈니스 모델에서 벗어나 구조화 금융 부문을 더욱 강화하여 새로운 수익원을 창출해야 할 것입니다. 이를 위해 구조화 금융 기법을 수행할 행원 개개인의 전문성을 높이기 위한 교육 프로그램을 강화하고 해외 선진 은행과의 업무 협력을 확대할 필요가 있습니다.**

구조화 금융과 예대마진에 대한 선 학습 후, 이를 신한은행의 방향성 데이터로 활용함

두 번째 문제점은 모바일 뱅킹 등의 비대면 채널 이용 비중이 증가하면서 오프라인 영업점의 운영 효율성이 저하되고 있다는 것입니다. 지난 4월 23일자 매일경제신문에는 '모바일 뱅킹의 역습'이란 기사가 보도되었습니다. 이 기사에 따르면 모바일 뱅킹이 상용화되면서 현재 지점을 방문하는 고객은 급격하게 줄어들고 있습니다.

신한은행도 비대면 채널을 통한 거래 비중이 지난 3월 기준으로 94.3%에 달하고 있습니다. 따라서 고객들의 금융 서비스 이용 행태가 변화하는 추세에 맞추어 채널 전략을 구조적으로 재편하는 것이 필요합니다. 이에 저는 두 가지 전략을 제시하고자 합니다.

First Strategy : 'Hub-and-Spoke' 기반의 채널 전략을 펼쳐야 합니다. 이는 주요 거점 지역의 금융 허브 센터를 중심으로 주변 지역에 상담 및 판매를 담당하는 주변부지점을 설치하는 전략입니다. 이 전략이 효과적으로 실행되기 위해서는 허브 지점 주변부 지점의 명확한 업무 범위 설정이 필요합니다. 예를 들어 대형 점포인 허브 지점에는 후선 업무 및 전문 자산 관리 서비스 등을 집중시키고 주변부 지점은 대고객 상담 및 상품 판매에 주력하는 것입니다. 여기서 주변부 지점은 단순히 기존의 출장소의 기능만을 수행하지 않습니다. 주변부 지점은 고객과 가장 가까운 거리에서 금융 서비스에 대한 수요를 파악하는 첨병 역할을 담당해야 합니다. 그리고 지역별, 기능별로 특화된 금융 서비스를 제공해야 합니다.

Second Strategy : 대면 채널이 상담과 상품 판매 등 본연의 업무에 주력할 수 있도록 비대면 채널이 이를 지원하는 역할을 수행해야 합니다. 특별한 금융 니즈가 있는 고객은 반드시 대면 채널에 해당하는 오프라인 지점을 직접 방문하게 되어있습니다. 따라서 오프라인 영업점은 지역별, 기능별로 특화된 금융 서비스를 제공하여 고객의 직접 방문 빈도를 높이고 상담 및 상품 판매에 집중해야 합니다. 이를 위해 셀프 창구를 개설하거나 스마트 ATM을 개발하는 등 비대면 채널의 기능을 강화하여 고객이 직접 손쉽게 처리할 수 있도록 유도해야 합니다. 이와 더불어 인터넷 및 모바일 뱅킹을 신규 고객 창출을 위한 교두보로서 적극 활용해야 합니다. 예를 들어 각종 금융 상품에 대한 정보를 제공함으로써 교차 판매 가능성을 확대할 수 있습니다. 그리고 각종 비대면 채널의 고객 접점으로부터 획득할 수 있는 고객 정보를 통합 관리하여 고객이 진정으로 원하는 금융 상품을 개발하는 데 활용해야 합니다. 궁극적으로 이러한 전략을 구사하여 대면 채널과 비대면 채널 간의 채널 갈등을 최소화하고 각 채널의 효율성을 극대화해야 할 것입니다.

• 두 가지 전략 모두, 고민과 공부의 결과로 보이게 잘 작성됨
서울소재 상위권 대학 지원자

사례 14 2017 예탁결제원 서류합격 - 한국자산관리공사 최종합격

예탁결제원에서는 전통적으로 업무와 관련된 깊은 지식을 요구하는 자기소개서 항목이 많이 등장했음

최근 예탁결제산업은 국경 간 장벽이 허물어지는 등 경쟁환경 조성이 가속화 되고 있습니다. 지원자가 볼 때, 한국예탁결제원의 글로벌 경쟁력을 강화하기 위해서는 어떤 업무를 핵심업무로 성장시켜야 하는지에 대해 기술해 주십시오.

최근 주요국의 Post- trade 시장의 상황

1. 저성장과 고령화로 인한 개인 직접투자의 감소로 전통적인 예탁결제 업무의 수익성이 저하되고 있습니다.
2. 기술진보와 역내통합이 진전됨에 따라 독점시장에서 유효경쟁시장으로 변모하고 있습니다. 국가 간 중앙예탁결제기관(CSD)들의 업무 제휴 및 수직적 결합을 통해 핵심인프라 기관들의 통합과 경쟁이 심화되고 있습니다.

이러한 상황들을 제약조건으로 KSD는 글로벌 경쟁력 강화라는 파레토 개선을 이뤄낼 수 있습니다.

글로벌 경쟁력 강화 방안

첫째, 핀-테크 혁명에 맞춘 새로운 성장 동력을 발굴하고 향후 예탁결제산업의 개방에 대비해야 합니다. 개인종합자산관리계좌(ISA)와 증권형 크라우드펀딩의 시행으로 KSD의 비즈니스는 더욱 활성화될 것입니다. 특히 전자증권제도와 블록체인 기술간 결합, 로보어드바이저와 빅데이터 등을 활용해 자본시장의 외연확대를 가속화시켜야 합니다. 이는 사회적 비용 절감과 시장의 투명성 및 안정성 확대에 기여할 수 있고, 해외 예탁결제회사의 잠재적 진입을 막을 수 있는 장벽으로도 역할을 할 수 있습니다.

둘째, 자본시장의 통합에 대비하여, 국제 증권투자에 대한 서비스 개발에 초점을 맞춰야합니다. 외화증권의 보유고가 점증하고 있는 상황에서, 외화증권을 담보로 하는 고도의 관리업무가 요구됩니다.

더 나아가 증권담보의 활용성을 높이고 이를 지원하는 인프라를 구축할 필요가 있습니다.

셋째, KSD는 중국시장과 관련해 위안화 표시 증권 · 대금 동시 결제체제를 구축하고, 향후에는 한중 CSD를 직접 연계한 서비스를 제공할 계획을 가지고 있습니다. 이러한 지식과 경험을 적극 활용해 후선업무 표준을 아시아로 확산시켜 지속 수익원으로서 해외시장을 개척해야 합니다.

• 핀-테크에 대한 선 학습, 자본시장에 대한 선 학습을 통해 KSD의 방향성을 논리적으로 제시
지방소재 국립 대학, 경영직렬 지원자

사례 15 2015 예탁결제원 서류합격 - 한국금융연수원 최종합격

한국예탁결제원이 수행하는 업무를 구체적으로 설명하고, 이 중 본인이 생각하는 장래 발전가능성이 큰 업무와 이유를 기술해 주십시오. 1,300 bytes 이내

한국예탁결제원은 대한민국의 중앙예탁결제기관으로서 다음과 같은 예탁 및 결제 관련 후선인프라 기능을 제공합니다.

1. 유가증권의 예탁을 받아 결제업무 서비스를 제공합니다. 증권회사 등 예탁자들이 자기가 소유한 주권과 일반 투자자들로부터 위탁받은 주권을 KSD에 예탁하고, 주식매매 시 주권을 주고받는 것이 아니라 예탁계좌의 기재만 고치는 방식으로 처리하는 것을 말합니다.
2. 자산운용시장 관련 업무를 합니다. 2008년 단기사채 인프라 구축, 그리고 펀드넷을 통해, 펀드 업무 관련 자동화 시스템을 구축하였습니다. 이외에도 증권발행 시장 관련 업무, 국제예탁결제 업무 등 금융시장 전반의 발전을 위한 업무를 수행하고 있습니다.

해외 자본시장에 대한 선 학습을 바탕으로, 중앙 예탁결제기관의 방향성을 제시함
서울소재 상위권 대학, 경영직렬 지원자

이 중 가장 장래 발전 가능성이 큰 업무는 '국제예탁결제업무'라고 생각합니다. **그 이유는 자본시장의 업무를 담당하는 핵심인프라 기관들 간의 국경을 초월한 통합이 심화되고 있기 때문입니다. 유럽 4개국의 중앙예탁결제기관이 통합되어 Euroclear가 출범한 것이 그 예입니다. 고령화에 따른 국내 증권시장침체에 대비해 예탁결제원의 성장동력을 해외에서 찾을 필요가 있습니다. 아시아에서는 홍콩, 싱가포르의 금융서비스가 세계적인 수준이기에 이를 벤치마킹해서 국제화에 힘써야 합니다.**

KSD는 국제업무와 관련해서 증권전자화, 퇴직연금시장 지원 서비스 개발, 위안화 역외허브 육성 등에 힘쓰고 있습니다. 이 외에도 KSD는 예탁결제서비스를 수출하고 선진 금융도시들과의 업무협약을 통해 더 큰 부가가치를 창출해야 합니다.

사례 16 2018 신용보증기금 최종합격 - 논술형 자소서

신용보증기금은 보증 신청기업에 대하여 현장조사를 필수적으로 실시하며, 보증심사 시 자체 개발한 중소기업 맞춤형 신용평가 체계를 활용합니다. 중소기업에 특화된 신용평가 방법이 필요한 이유가 무엇인지에 대하여 본인의 생각을 기술하시오. 583/600

중소기업에 특화된 신용평가 방법이 필요한 이유로는

첫째, 재무제표의 신뢰성이 부족한 중소기업이 많기 때문입니다. 신보의 고객 기업은 일차적으로 금융기관에서 자금 융통을 받지 못하여 찾아오는 경우가 많고, 이들 중 대다수는 비 외부감사 법인이기에 재무제표에 대한 신뢰도 문제가 발생할 우려가 있습니다.

따라서 현장조사를 통해 재무제표와 현금흐름의 실질적인 비교 작업이 필요하다고 생각합니다.

둘째, 비재무적 요소의 중요성 때문입니다. 이미 사업이 안정적인 대기업과는 달리, 중소기업의 평가에서는 해당 기업의 사업에 대한 성장 가능성 역시 확인해야 한다고 생각합니다. 이를 위해서는 매출처의 다양성, 미래의 현금흐름 창출 능력 등, 재무 외적인 요소의 가치를 확인하는 작업이 포함되어야 할 필요성이 있습니다.

셋째, 중소기업 경영의 특수성 때문입니다. 중소기업의 경영에는 대표자의 사업에 대한 능력, 이해도, 의지가 중요하다고 생각합니다. 이러한 부분은 면담을 비롯하여 사업현장의 분위기 등을 통해 확인할 수 있는 것입니다. 그렇기에 건전한 신용등급으로 자금 조달이 수월한 대기업과는 차별화되는 중소기업 맞춤형 평가 기준이 필요하다고 생각합니다.

독창적인 사업 아이템을 가지고 창업한 기업이 창업 1년 후 회사 경영과 관련하여 한 가지 애로사항을 겪고 있다고 가정합니다. 그 애로사항이 무엇일지 설명하고 신용보증기금이 애로사항 해소를 위해 할 수 있는 역할에 대하여 본인의 생각을 기술하시오. 654/600

해당 기업은 마케팅 부분에서 어려움을 겪으면서, 사업 아이템의 독창성에 비해 판로 확보에 부진을 겪고 있습니다. 특히, 신설법인으로서 인지도 부족에 의한 브랜드 구축에 애로사항을 겪고 있기 때문입니다. 독창적 아이템이다 보니 시장 영향력이 있는 경쟁기업이 등장하기 전에 독보적인 브랜드 이미지를 확보하지 못하면, 독창성이라는 이점이 사라질지도 모르는 위험이 존재합니다.

문제 해결을 위해서는 확고한 브랜드 이미지 구축을 실현하여 잠재적 경쟁자들에 대한 선제적 대비가 필요합니다.

이를 위한 신용보증기금의 역할은

첫째, 컨설팅을 통해 브랜드 이미지 구축이 가능하도록 해야 합니다. 오프라인에서는 유명인이나 제품과의 콜라보를, 온라인에서는 SNS를 통한 바이럴 마케팅을 통해 인지도를 높이는 마케팅 방향에 대한 컨설팅을 제공합니다.

둘째, 판로 확보 문제 해결 지원입니다. 41년간 축적된 신보의 중소기업에 대한 데이터를 바탕으로 비즈니스 매칭 서비스를 제공하고, IP 보증을 통해 마케팅 및 판매 자금을 제공해야 합니다.

셋째, 자체적인 브랜드 구축 능력 향상을 지원하는 것입니다. Job-Matching 서비스로 브랜드관리사 자격을 가진 인재를 유치하고, 한국마케팅협회의 채널마케팅 최고경영자과정의 참가를 지원해줌으로써 독자적인 마케팅 능력 향상을 기대할 수 있습니다.

신용보증기금은 제1순위 국정과제인 '일자리 창출'을 전사적으로 추진하기 위해 '일자리창출추진단'을 출범하였습니다. 신용보증기금이 기관 고유의 사업을 통해 양질의 일자리를 창출할 수 있는 방안에 대하여 본인의 생각을 기술하시오. 599/600

일자리창출추진단의 목표 달성 방안으로는

첫째, 고용창출 특례보증 제도를 통해 중소기업들에 신규 고용 유인을 제공해야 합니다. 신규 고용 인력에 대한 인건비를 직접 지원하고 우대 보증료율을 제공합니다. 이를 통해, 기업은 신규 고용에 대한 부담감을 줄임과 동시에 저비용으로 자금을 조달할 수 있게 됩니다. 이에 더하여, 꾸준히 고용이 증가한 기업에 대해서는 우대 보증료율을 더 차감해주는 방법을 통해 지속적인 고용의 인센티브를 제공해야 합니다.

둘째, 중소기업 채용박람회나 우수기업 채용설명회 등을 유치해야 합니다. 중소기업과 구직자의 연결고리를 만들어줌으로써, 기업은 적합한 인재를 찾을 수 있고, 구직자는 본인에게 맞는 기업을 찾을 기회가 생깁니다. 이러한 행사의 주기적인 개최는 꾸준한 고용창출을 기대할 수 있습니다.

셋째, 재기지원보증을 통한 금융지원과 경영 컨설팅 등의 비금융 지원으로 부실기업의 재생을 뒷받침해야 합니다. 이를 통해 기업이 지속성과 건전성을 확보하게 된다면 기존 고용이 유지될 것입니다. 존속이 위태롭던 기업이 영속성을 유지하게 된다는 점과 사라질 뻔한 일자리가 유지되는 점에서, 질적인 고용이 새로이 창출되는 효과를 기대할 수 있을 것입니다.

한정된 재원으로 창업기업에 대해 보증 지원을 해야 한다면, 지원자는 청년창업기업과 장년창업기업 중 어디를 중점적으로 보증 지원할 것인지, 그 이유는 무엇인지 본인의 생각을 기술하시오.

장년창업기업에 대해 중점적으로 보증 지원을 할 것입니다.

그 이유는

첫째, KODIT Report 2015-4호에 의하면, 창업자 연령에 따른 기업의 생존율은 유의미한 차이를 보입니다. 평균생존기간을 보면, 40~50대 기업이 8.2~8.4년으로 1위지만, 20대 기업은 5.9년으로 최하위였습니다. 이 기간이 '보증 지원 이후의 기간'이라는 점에서 청년창업기업의 보증 지원에 비중을 두는 것은 비합리적으로 보입니다. 평균생존기간이 짧은 청년기업에 중점적으로 보증이 이뤄질 경우, 단기간에 경제 생태계에서 사라지면서 국민경제에 불균형을 가지고 오게 될 위험이 있기 때문입니다.

둘째, 경제에의 파급효과 때문입니다. 통계청 자료에 따르면 2014년 기준, 20대 이하 청년층 창업의 비중은 1.4%였고 40~50대의 창업 비중은 65.5%였습니다. 이는 약 47배 정도입니다. 그렇기에 더 큰 규모를 가진 장년기업 위주의 보증을 지원함으로써 경제 전체의 파이를 늘리는 효과를 기대할 수 있습니다.

따라서 '보증 지원'에 대해서는 장년기업 위주로 하되, 청년기업에 대해서는 보증지원에 더하여, 컨설팅 기회 제공을 늘리는 등의 비금융적 지원을 확대해야 할 것입니다.

사례 17 2019 신용보증기금 최종합격 - 논술형 자소서

본인이 스타트업 예비창업자라고 가정합니다. 지금 창업을 한다면 어떤 사업 아이템으로 창업할 것인지 선정 사유를 밝히고, 그에 대한 사업화 전략에 대해 설명하시오.

제로웨이스트 식료품 배송 서비스

제가 선택한 창업 아이템은 제로 웨이스트를 추구하는 온라인 식료품 소량 구매 및 배달 서비스입니다. 비닐과 플라스틱 사용을 대신하여 반영구적을 사용이 가능한 천 주머니와 재활용 가능 종이봉투로 채소와 과일 등 식료품을 포장하여 이를 모바일 앱 및 사이트를 통해 주문하여 배달받을 수 있는 서비스입니다. 또한, 상품마다 소량 구매를 가능하게 하여 음식물 쓰레기를 줄이고 1인 가구의 요구를 충족시키는 것입니다.

이 아이템의 사업성은 우리 사회가 마주한 문제 상황에 있습니다. 올해 초 쓰레기 대란은 우리에게 큰 충격을 주었습니다. 이후 무분별한 쓰레기 사용에 대한 문제의식이 대두함에 따라 쓰레기 없는 삶을 의미하는 '제로 웨이스트'에 대한 관심이 높아지고 있습니다. 이는 결국 제로 웨이스트 상품 및 서비스에 대한 소비자의 요구가 생겨나고 있다는 것을 의미합니다.

또한, 최근 1인 가구의 비중은 28.6%로 그 비중이 계속 증가할 것으로 보입니다. 따라서 1인 가구를 위한 소량 식품 구매 서비스를 제공하는 것은 충분히 사업성이 있다고 생각합니다.

사업화를 위해서는 우선 거점이 되는 오프라인 매장의 운영이 필요하다고 생각합니다. 현재 한국에는 제로 웨이스트 가게 한 곳밖에 없는 만큼 이 자체로도 사업성이 있다고 생각합니다. 또한, 사업 초기에는 오프라인 매장을 포장 및 배송 업무를 처리하는 공간으로 사용하고 온라인 서비스를 알릴 수 있는 홍보의 효과도 있을 것입니다.

또한, 이 사업이 성공하기 위해서는 무엇보다도 콘셉트를 잡는 것이 중요합니다. 무채색의 천과 종이 등 매력적인 디자인으로 사람들의 '인증' 욕구를 자극하고 이를 통해 자발적인 SNS 홍보를 끌어낼 것입니다. 더 나아가, 적립금을 그동안 이 사이트에서의 구매를 통해 줄인 쓰레기양으로 표시하여 고객들이 자신들의 행위의 긍정적 결과를 가시적으로 확인할 수 있게 할 것입니다. 이러한 매력적인 콘셉트는 이 서비스를 계속 이용하도록 하는 긍정적 유인을 제공할 것입니다.

사례 18 2018 한화손해보험 자소서 - 보험연구원 최종합격

1) 현재 경제 흐름을 통해 본 보험시장 환경의 전망과 2) 보험회사가 나아갈 방향을 검토하고, 3) 그 방향에서 본인이 지원한 직무의 핵심 역할을 기술하세요.

위기가 곧 기회다

2008 글로벌 금융 위기 이후 금융 시장은 한동안 성장이 정체되었고, 모바일 보급 확대와 ICT 기술이 비약적으로 발전해 핀테크 기업들도 등장하였습니다. 보험 업계 또한 독일의 Clark, 영국의 Cuvva 사처럼 인슈어테크 기업들이 등장했고, 아마존 등 대형 IT 기업도 헬스케어 분야로 영역을 확대하면서 보험과 IT의 경계 또한 허물어지고 있습니다. 한화손해보험 또한 SK텔레콤과 국내 최초로 인터넷 전문보험사 설립을 추진하면서, IT 영역으로 진출하고 있습니다. 그럼에도 보험산업은 자본 집약적 특성으로 진입장벽이 높기 때문에, 판매채널과 리스크 관리 등 전통적인 보험의 영역부터 충실해야 경쟁력을 가질 수 있다고 생각합니다.

따라서 첫째, 점진적인 판매 채널의 다각화가 필요합니다. 비대면 채널 판매는 아직 소규모로 미국과 프랑스의 경우 역(逆) 쇼루밍 구매가 대중화된 방식이며, 대면 채널은 여전히 우리 보험산업의 주력 전략입니다. CM, 모바일 등 다양한 채널로 시장 점유율을 확보하고, 시장 성장의 흐름에 맞춰 채널 전략도 변화해야 우위를 유지할 수 있다고 생각합니다.

둘째, 사이버 리스크를 중시해야 합니다. 사이버 리스크의 증대는 정보유출 형태의 사이버 사고뿐만 아니라, 재산보험 등 전통적 손해보험 영역에도 피해를 초래할 수 있습니다. 극단적 손실에 대비하기 위해 IT 인프라를 확충하여 분석기법을 정교화하고, 유형에 따른 언더라이팅을 세분화해야 합니다.

이를 뒷받침하기 위한 상품개발팀의 역할은 다음 두 가지라고 생각합니다.

첫째, 고객이 이해하기 쉬운 상품으로 개발해야 합니다. 현재 판매되는 상품들은 복잡한 특약으로 구성되어 설계사조차 온전히 이해하기 힘들고, 이는 불완전 판매로도 이어질 수 있습니다. 상품을 표준화하고 특약을 최소화하여 비대면 채널의 접근성을 높이면서, 젊은 고객의 적극적인 가입도 유도할 수 있습니다.

둘째, 사이버 보험 개발을 서둘러야 합니다. 랜섬웨어 공격 등 기업들에 대한 사이버 공격이 증가하고 있으나, 국내 가입률은 1% 내외로 전 세계 최하위권에 해당합니다. 2019년 6월에는 IT 기업을 대상으로 사이버 보험 의무 가입이 시행될 예정입니다. 제도 도입에 선제로 대응하면서 '사이버'라는 새로운 영역을 개척할 수 있다고 생각합니다.

사례 19 2019 기업은행 최종합격

✅ 급변하는 금융환경 속에서 향후 IBK기업은행이 지속성장하기 위해 추구해야 하는 방향 또는 나아가야 할 로드맵Road Map을 제시하시오.

왕관을 쓰려는 자, 그 무게를 견뎌라

현재 가계부채는 GDP의 97.7%에 육박하며, 2017년부터 확대되기 시작한 SOHO 대출은 가계부채 문제를 악화시키는 원인이 되어, 금융당국의 규제를 받게 되었습니다. 대기업 대출은 대기업의 은행 의존도 하락으로 인해 역성장 기조를 보이고 있습니다. 이에 시중은행의 기업금융 시장에서 중소기업 대출은 유일한 돌파구일 수밖에 없습니다. 현재는 기업은행이 중소기업대출 점유율 1위를 유지하며 리딩뱅크로의 입지를 굳히고 있으나, 시중은행과의 경쟁이 심화됨에 따라 왕좌를 지키기 위한 노력이 수반되어야 할 것입니다. 이를 위해서는 전문인력의 양성이 무엇보다 중요합니다. 사내 교육 프로그램을 강화하여, 시중은행보다 먼저 전국의 우량한 중소기업을 발굴해 낼 수 있는 RM을 양성해 내는 데에 총력을 기울여야 합니다.

규제 샌드박스 속 신기술을 잡아라

아이디어는 있으나 자금 부족으로 사업을 진척시키지 못하는 청년층에게 적기에 지원하여야 합니다. 규제 샌드박스의 시행으로, 자금을 적기에 조달할 수만 있다면 큰 성공을 거둘 가능성이 있는 벤처기업들이 늘어나고 있습니다. 이들과 장기적인 신뢰 관계를 구축해 나가 향후 규모가 커진 이후에도 지속적으로 기업은행을 이용하도록 유도하여야 합니다. 또한, IP 담보대출 전문가를 육성하여 기술력을 갖춘 벤처기업에게 더 많은 성장기회를 제공함으로써, 4차 산업혁명 시대의 신성장 동력이 되어줄 고객층을 확보하는 데에 주력해야 합니다.

해외로 나가 국내시장의 한계를 돌파하라

급변하는 금융환경 속에서 은행 산업은 더이상 내수산업이 아닙니다. 한정된 파이를 해외사업을 통해 키워야 할 시기입니다. 동남아시아와 중앙아시아 위주의 해외지점을 늘려나감과 동시에, 기존 해외지점의 법인화를 적극 추진하여, 한국계 기업만을 대상으로 하는 기존의 사업모델에서 탈피해, 현지 기업과 현지 근로자까지도 대상으로 하는 금융 서비스를 제공함으로써 전체 파이를 키워야 합니다. 또한, 해외사업 전문가를 적극 육성해 파생상품을 이용한 환헤지 상품 등을 판매하고, 해외에 진출한 한국계 중소기업들을 대상으로 컨설팅 서비스를 제공함으로써 자문 수수료 등의 비이자이익을 늘려나가야 합니다.

사례 20 2019 우리은행 최종합격

우리은행의 주거래 기업고객이 타행으로 이탈하지 않고 꾸준히 우리은행과 거래할 수 있도록 관계를 유지할 수 있는 본인만의 전략은 무엇인지 기술하여 주십시오.

차별화된 기업금융 서비스

첫째, '가업 승계 종합 컨설팅'입니다. 최근 초정밀 부품을 생산하는 모 기업 대표가 20대 초반부터 40년가량 성장시킨 기업을 매각했다는 기사를 접한 적이 있습니다. 그 이유는 과도한 상속세를 감당하며 '가업 승계'를 진행하기 어렵다는 판단 때문이었습니다.

대부분의 우리나라 중소기업이 가족 기업 형태이기에 '가업 승계' 문제는 향후 피할 수 없는 중요 경영과제가 될 것이라고 생각합니다. 현재 국내 은행권의 '가업 승계' 관련 서비스는 단순히 세금을 줄이는 방안으로 치우쳐 있어 종합적 기능은 다소 미흡한 상황입니다.

후계자 납세자금 대출 및 승계기업 운영자금 대출 등 차별화된 가업 승계 종합 컨설팅을 제공하여 이를 고객과의 관계기반 강화 수단으로 활용하고 신뢰를 쌓고자 합니다.

둘째, '중소기업 집중 인터뷰'입니다. 기업마다 일률적인 잣대의 상담을 통해 자금 조달을 하는 형식적인 지원이 아닌, 각 기업의 애로사항에 맞춰 최적화된 맞춤형 지원을 진행하고자 합니다. 이를 위해 '중소기업 집중 인터뷰'를 진행하여 기업마다 데이터를 축적하겠습니다. '형식적인 상담 ⋯▸ 정형화된 지원'이 아닌, '구체적인 애로사항 청취 ⋯▸ 각 회사에 대한 정성적인 자금 조달'을 통해 해당 기업이 성장할 수 있는 발판을 마련하는 데에 보탬이 되겠습니다.

Chapter 08

깊게 고민한 내용으로 채워라

깊게 고민한 흔적이 있는 자기소개서를 보면 합격을 시키지 않을 수가 없다. 반대로 생각해 보면, 수많은 지원자의 자기소개서에는 깊은 고민이 보이지 않는다. 그냥 저냥 좋은 말, 사탕발림 같은 말, 기업에서 좋아할 만한 말이 대다수이다.

필자는 이런 글을 '얇은 글'이라 표현한다. 요령에 의한 보여주기 위한 글이다. 물론, 이런 얇은 글도 잘 통과하지만, 확률적으로 합격률은 떨어진다. 그리고 졸업 경과 연수가 지날수록 합격률은 더 떨어진다.

깊게 고민한 글은 확실히 묵직하고, 책상 앞에서 장시간 전전긍긍하고 글을 풀어나가는 지원자의 모습이 상상된다. 요령에 의해 급히 검색을 하고 정보를 모으고, 급하게 작성한 글과는 확연히 다르다. 지난 자기소개서에서 베껴 와서 갖다 붙이지 않는다.

깊은 고민의 전제조건은 많은 독서량이다.

사례 1 | 2014 우리은행 최종합격 - SGI 최종합격

✔ **아래 제시어를 자유롭게 활용하시어, 본인의 가치관과 삶의 경험을 담은 에세이를 작성하여 주십시오.** 제시어 : 도전, 성공, 실패, 지혜, 배려, 행복

도전 : 마음의 문을 두드리다.

저는 '장애인복지일자리지원협회'와 결연을 맺은 장애인 근로시설에서 봉사활동에 참여했습니다. 설레는 마음으로 갔던 그 곳에서 저를 반겨주시는 많은 직원들과 장애인 근로자들 사이로 무표정한 얼굴로 멍하니 있던 한 사람이 눈에 들어왔습니다. 그 날 이후로 그 사람의 첫 인상이 왠지 모르게 제 머릿속에서 잊히지 않았습니다.

그 사람에 대해 궁금하던 차에, 사무장님으로부터 그 사람에 대한 이야기를 들을 수 있었습니다. 저와 비슷한 또래의 그 친구는 시각 장애를 가지고 태어나 학창시절부터 끊임없는 괴롭힘과 폭행을 당해왔습니다. 그로 인해 심각한 우울증과 자폐증이 생겨 학교를 그만 두는 지경에 이르렀고, 당시 치료의 일환으로 근로시설에 들어오게 된 것이었습니다. 그 친구의 얼굴에서 작은 표정이라도 되찾아 주고 싶었고, 이것이 저에게는 하나의 '도전'이었습니다.

실패 : 굳게 닫힌 마음의 문

저는 그 친구에게 다가가기 위해 식사시간에 옆자리에 앉거나, 쉬는 시간에 다가가 이런저런 말을 건넸습니다. 하지만 그 친구는 대화는커녕 눈조차 마주치려 하지 않았고, 항상 혼자 있는 모습만 보였습니다. 어떠한 시도로도 그의 마음을 여는 것은 쉽지 않았고 몇 개월이 지나도록 그 친구와의 관계는 여전히 제자리걸음이었습니다.

얼마 후 시설 유지보수 작업을 거들기 위해 시설을 다시 찾았을 때, 그 친구도 작업에 함께 참여하였습니다. 불편한 몸으로 무거운 자재를 운반하는 것이 안쓰러워, 그친구에게 다가가 들고 있던 자재를 대신 들어주려 하자 그 친구는 저를 거세게 밀치며 소리를 질렀습니다.

처음 정면으로 마주친 그의 눈에서 사람에 대한 깊은 '증오와 불신'이 내비쳤습니다. 제 도움에 대한 그 친구의 반응에 적지 않게 당혹스러웠고, 제 호의와 노력들이 무시당했다는 생각이 들어 허탈하고 화가 났습니다. 그 날부터 저도 모르게 그 친구를 피하게 되었습니다. 그 친구에게 다가가려는 몇 개월에 걸친 저의 도전은 그렇게 '실패'로 끝나는 것 같았습니다.

배려에 대한 지혜 : '오만과 편견'을 넘어서

하루는 이모가 데리고 온 네 살배기 사촌동생과 집에서 퍼즐놀이를 했습니다. 그러던 중 저는 동생이 자리에 맞는 퍼즐조각을 찾는 것이 아니라, 맞는 퍼즐조각이 나올 때까지 모든 퍼즐 조각을 그 자리에 끼워 맞추고 있는 것을 발견했습니다. 힘들지 않을까 싶은 마음에 사촌동생의 손에 맞는 조각을 찾아 쥐어주자 동생이 울기 시작했습니다.

동생의 울음소리를 듣고 달려온 이모에게 저는 자초지종을 설명했습니다. 이야기를 듣고 난 이모는 아이들이 뭔가를 하고 있을 때는 직접 무언가를 대신 해주기보다는 곁에서 조용히 지켜보고, 아이들이 도움을 요청할 때만 도움을 주는 것이 올바른 방법이라고 말했습니다. 어른인 제 입장에서 아이들은 그저 보호하고 도와줘야 할 대상이지만, 아이들은 자신이 무엇이든 할 수 있다고 믿기 때문이었습니다. 그 이야기를 들은 순간, 그 친구가 불현듯 생각났습니다. 저는 그 친구가 장애인이라는 이유로, 그 친구를 동등한 인격체가 아니라 동정의 대상으로 바라보았던 것입니다.

지금까지 장애인들에 대한 '배려'라고 생각한 행동들은 저는 정상인이고, 그들은 어딘가 결핍된 사람들이라는 편견에서 비롯된 오만함이었습니다. 장애가 있다는 것은 불편한 부분에 대한 최소한의 도움이 필요한 것이지, 맹목적인 보살핌이 필요한 것이 아닙니다. 그럼에도 불구하고 저는 장애인이 약자라는 편견에 빠져, 그들의 자존심과 인간성에 보이지 않는 상처를 입히고 있었던 것입니다. 남들과 다르다는 이유로 학창시절부터 주변의 눈길과 수군거림 때문에 마음의 상처를 입었을 그 친구에게, 저의 지나친 관심과 일방적인 도움들은 과거의 아픈 기억을 상기시키는 사려 깊지 못한 행동이었습니다.

얼마 후 다시 방문한 시설에서 새로 들여온 목재들을 손질하느라 다들 분주했습니다.

작업을 하고 있던 중에 그 친구가 서투르게 톱질을 하고 있는 모습을 보았습니다. '저러다 다치면 어떡하지'라는 걱정이 가장 먼저 들었지만, 이런 생각도 '장애인은 한 사람 몫을 할 수 없다'는 편견의 일부라는 것을 불현듯 깨달았습니다. 저는 묵묵히 그 친구가 일하는 것을 지켜보기로 했습니다.

한 시간이 지나자 그 친구는 톱질에 점차 익숙해졌고, 재미를 붙인 듯 몰입해서 작업을 하고 있었습니다. 장애가 없는 보통 사람들도 어려워하거나, 더디게 배우는 부분이 있는 법입니다. 그런 관점으로 주위를 둘러보자 장애는 단지 사람이 가지고 있는 수많은 특징들 중 하나일 뿐이라는 것을 깨달았습니다. 저는 그제야 제 마음 한편에 남아 있던 동정심을 버리고, 그 친구를 한 명의 동료로 생각할 수 있었습니다. 진정한 의미의 배려는 동정이 아닌, 상대방을 있는 그대로 받아들이는 '공감'에서 나온다는 것을 느꼈습니다.

그 이후로는 무작정 도움의 손길을 내밀기 보다는 한 발자국 뒤에서 그 친구를 지켜보았습니다. 실수를 하거나 내가 생각하는 방식과 다르더라도, 그 친구의 일을 무작정 도와주거나 가르치려 들지 않았습니다. 나와 동등한, 한 사람의 동료라는 마음가짐으로 그 친구를 대했습니다. 시간이 흐르자 함께 있을 때 그 친구가 장애인이라는 사실을 의식하지 못하는 순간이 많아졌습니다.

성공과 행복 : 진심이 전해지다.

봉사활동을 하면서 가장 행복했던 순간이 있었습니다. 어느 날 봉사활동을 마치고 집에 갈 준비를 하던 중에 딴청을 부리며 저에게 인사하는 사람들 근처에서 서성이고 있던 그 친구를 발견했습니다. 평소 같으면 작업이 끝나자마자 혼자 어딘가로 사라지던 그 친구였습니다. 저는 그 친구가 자신의 방식으로 저를 배웅하고 있다는 것을 느낄 수 있었습니다. 저는 그제야 제 진심이 통했고, 그 친구의 마음에 한 발자국 더 다가갔다는 것을 느꼈습니다. 그날부터 그 친구는 종종 사탕이나 과자 같은 먹을거리를 제 뒤에 슬쩍 놓고 가기도 하는 등, 전과 달라진 모습을 보여주었습니다. 그 친구의 달라진 모습은, 배려는 행위의 문제가 아니라 '타인과 내가 같은 인간이라는 사실을 인정하는 것'에서 출발한다는 깨달음을 주었습니다.

동일한 봉사활동이라도 속 깊은 고민이 잘 드러남
서울소재 중위권 대학, 경영 직렬 지원자

같은 인간이라는 이유로 존중 받을 이유가 충분하고, 사람 간의 차이는 차별이 될 수 없다는 것을 배웠습니다. 다수가 '맞는 것'이고, 나머지는 '오답'이라는 편협한 사고방식에 익숙해져 있던 저에게 타인을 편견 없이 받아들일 수 있는 법을 가르쳐 주었습니다.

은행업은 돈을 다루는 일이기 전에 앞서 사람을 섬기는 일이라고 생각합니다. 고객 모두가 저와 동등한 인간이고, 누군가의 소중한 존재라는 마음으로 모든 고객을 존중하고 편견 없이 사랑하겠습니다. 저를 통해 고객들이 우리은행에서 행복과 따뜻함을 인출해 갈 수 있는 은행원이 되겠습니다.

사례 2 2017 금융결제원 서류합격 - 주택금융공사 최종합격

상기 수행하고 싶은 업무의 특성과 본인의 강점을 연계하여 본인이 동 업무의 발전에 어떻게 기여할 수 있을지에 대해 구체적으로 기술하시오.

유행어를 기반으로 하여 본인의 균형감각을 강조하기 위한 최적의 소제목임

운동장은 기울어지지 않아야 한다.

조사연구는 금융결제원의 신규 서비스 발굴과 기존 서비스 개선의 척후병으로, 금융결제원 사업의 싱크탱크라 할 수 있습니다. 따라서 정확하고 균형 잡힌 정보를 수집하여 다양한 시각에서 연구를 수행하는 것이 가장 중요하다고 생각합니다.

악마의 주장법(Devil's Advocate) 기법을 인용하며 균형감각을 유지하려 노력했음을 어필함

균형감각은 제 강점입니다. 균형감각이 있어야 현상의 본질을 꿰뚫고 바른 분석이 가능하다 생각했기에, 한쪽에 치우치지 않은 시각을 유지하려 노력했습니다. 이를 위해 평소 토론 모임에서 악마의 주장법(惡魔의 主張法)을 적용해 왔으며, 정보 취득 시에도 서로 다른 성향의 신문들이나, 연구소 자료들을 접하며 균형감을 잃지 않았습니다.

이러한 제 강점을 활용해 연구과제 선정에서부터 연구 수행에 이르기까지, 웹사이트와 문헌 검색, 전문가 인터뷰, 관련 기관 방문 등 다양한 정보 수집 채널을 이용하고, 연구 담당자 간 검토 회의를 통해 새로운 시각도 반영한 균형 잡힌 연구자료를 만들겠습니다. 이를 통해 금융결제원이 급변하는 디지털 기술 환경에 선제적으로 대응할 수 있도록 방향성을 제시하여, 연구 자료가 신규 사업과 기존 서비스 개선에 적용될 수 있도록 기여하겠습니다.

• 서울소재 중위권 대학, 경영직렬 지원자

사례 3 2017 예탁결제원 서류합격 - 한국자산관리공사 최종합격

지원자의 성장과정을 소개하고, 성장하는 과정에서 가지게 된 본인의 가치관을 상세히 기술해 주십시오. 1,500byte

도전과 맨주먹 정신이 인재를 키운다.

일본 출신의 세계적인 수학자인 히로나카 헤이스케가 쓴 '학문의 즐거움'을 보면 가난과 역경이야 말로 성공으로 이끄는 가장 중요한 인자(因子)라는 생각이 듭니다. 그는 대학교 3년 때 수학자의 길을 걸은 늦깎이였지만, 하버드대에서 박사 학위를 따고 수학계의 노벨상인 <필드상>을 수상한 입지전적인 인물입니다. 수학 문제가 풀리지 않을 때마다 "난 바보니까"라고 말하면 이내 머리가 가벼워졌다고 합니다. 어차피 바보니까 못하는 것은 당연하고, 할 수 있으면 다행이라는 것입니다. 그렇게 생각을 바꾸고 긍정적으로 도전하여 결국 성공했습니다.

• 독서를 통해 느낀 바를 실제 본인의 삶에 적용시키며 가치관을 정립하게 되었음을 깊은 고민 끝에 작성한 글
지방소재 국립대학, 경영직렬 지원자

저 역시 그와 같은 삶을 살고 있습니다. 가정형편으로 인해 대학교를 자퇴해야 했을 때도 배움을 포기하지 않았습니다. 낮에는 영어 학원 강사로 생활비를 벌었고, 밤에는 새로운 전공을 독학하며 편입을 준비했습니다.

당시 심리적으로 힘들었던 점은 목표달성에 대한 불안감과 가슴 한편의 열등감이었습니다. 하지만 '왜 난 못하지'라고 생각하지 않고, '원래 못했으니까'라고 자신을 바로잡음으로써 경직된 상태에서 해방될 수 있었습니다. 시험에 떨어졌을 때에도 '아직은 상대가 안 된다'고 체념하고 다시 도전할 수 있었습니다. 긍정적인 태도를 유지하기 위해 첫째, 단기간의 목표를 정하고 이를 반드시 지켜 스스로에 대한 믿음이 생기도록 노력했습니다. 둘째, 독학학위제와 학점은행제를 이용해 장기간의 학습계획도 마련했습니다. 결국 3년 만에 편입시험에 합격하게 되었습니다.

행운도 좋고 역경도 좋습니다. 부족한 환경은 긴장감을 고취시키고 목표와 열정을 뜨겁게 달구기 때문입니다. 시간이 얼마나 걸리는가 보다, 끝까지 해내는 것을 중시하는 사람이 되겠습니다.

사례 4 2016 KB국민은행 최종합격

귀하가 생각하는 '은행원Banker'은 무엇이며, 그 은행원을 위해 어떤 덕목이 중요한지 기술하십시오. 글자 수 제한 없음

은행원은 '톱니바퀴'이다.

은행원을 톱니바퀴로 비유하며, 이에 대한 근거를 깊은 고민 끝에 4가지로 분류하여 작성하였음
해외대학 지원자

은행원에게 필요한 덕목을 답변하기 위해서 우선 은행원이 무엇인지 고민해보았습니다. 건축가나 과학사는 건물을 세우고, 첨단기기를 만들어 내지만, 은행원은 눈에 보이거나 손에 잡히는 산출물이 없다는 것을 느꼈습니다. 하지만 제조업과 서비스업 등의 산업들이 잘 돌아가도록 힘을 보태주는, 그리고 보이지 않는 곳에 존재하지만 없으면 기계가 돌아가지 않는 '톱니바퀴' 같다는 생각과 톱니바퀴의 특징이 은행원의 중요한 덕목과 일치한다고 생각했습니다.

1. 일정하게 회전하는 규칙성

은행원에게 규칙성은 수신, 여신, 외환, 업무를 수행할 때 있어, 법률과 약관을 지키는 것과 같다고 생각합니다. 일정하게 작은 톱니바퀴가 일정 속도로 회전하지 않으면 기계 전체가 망가지듯이, 은행원 또한 정해진 규칙을 준수해야, 작은 범위로는 불완전 판매 예방, 큰 범위로는 은행의 운영리스크와 신용리스크를 줄일 수 있기 때문입니다.

2. 옆 도형과 잘 맞물려야 하는 '팀워크'

고객, 동료직원과의 팀워크가 중요하다고 생각합니다. 고객에 대한 배려 없이 자신의 실적만을 생각해 영업활동을 하게 되면 불완전 판매로 이어질 수 있고, 이는 고객과의 장기적인 비즈니스 관계로 이어질 수 없습니다. 그리고 직원과 직원, 점포와 점포끼리의 협업이 중요한 은행업무 특성상 팀워크는 중요한 덕목입니다.

3. 충분한 힘의 전달력(힘 = 돈, 전달력 = 전문성)

주변 톱니바퀴 잘 돌아가기 위해서는 충분한 힘과 전달력이 있어야 합니다. 은행원 또한 전문성을 바탕으로 충분한 돈을 전달하여 산업과 경제가 잘 돌아갈 수 있도록 해야 합니다. 여신업무를 수행할 때는 전문성 높은 신용평가를 통해 기업에 돈을 전달하고, 수신업무를 할 때는 고객에게 가장 잘 맞는 상품을 추천할 수 있는 상품에 대한 전문성이 있어야 힘을 잘 전달하는 톱니바퀴가 될 수 있다고 생각합니다.

4. 보이지 않는 곳에서도 항상 돌아간다는 톱니바퀴에 대한 믿음 = 신뢰성

고객들께 최선을 다하고 그들의 이익을 도모해 주고, 목표에 쫓겨서 고객의 이익을 해칠 수도 있는 상품을 멋대로 권하지 않는 '1등 고객 주의'로 고객들에게 신뢰를 주는 은행의 자세가 중요한 덕목이라고 생각합니다.

사례5 2017 산업은행 최종합격

4차 산업혁명 관련 역량개발노력 자신이 생각하는 4차 산업혁명의 정의를 서술하고, 본인은 4차 산업혁명 시대의 필수역량을 갖추기 위해 어떠한 노력을 기울였는지 서술하시오.

독서를 통해 역발상을 발휘해서 4차 산업혁명을 표현함. 로마의 사례까지 첨부하여 본인의 생각에 대한 논거를 밝힘. 독서의 중요성이 잘 보이는 문장

4차 산업혁명의 영향이 가속화될수록, 인간의 역할을 기계가 대체하게 되고 그에 따라 수많은 일자리가 없어질 것이라는 우려가 확산되고 있습니다. 그러나 저는 이러한 **4차 산업혁명을 "노동으로부터 해방의 시작점"이라고 정의합니다. '노동 없는 미래'의 저자 팀 던롭은, 기계가 우리의 일자리를 "빼앗는" 것이 아닌, 노동의 부담을 제거해주는 것이라는 역발상을 제시합니다. 즉, 생존을 위한 노동을 기계에게 맡김으로써 이제 인류는 개개인의 만족을 위한 노동을 선택해서 집중할 수 있게 됩니다. 예컨대, 로마인들이 생존을 위한 노동을 노예에게 맡기고 교육과 예술에 집중했던 것과 같습니다. 따라서 4차 산업혁명은 인류의 궁극적인 이상점을 실현하기 위한 출발선이라고 생각합니다.**

다만, 이것이 위기가 아닌 기회가 될 수 있도록, 과도기에 발생할 수 있는 부작용을 최소화하기 위해 정부와 기업은 물론 개인적 노력도 필요합니다. 저 또한 시대적 변화에 선제적으로 대응하여 제 미래를 설계할 필요가 있다는 생각에 4차 산업혁명을 직접 느껴보았습니다.

눈으로 보았습니다

산업은행 경제 연구소에 등록된 독일 · 일본의 스마트 팩토리에 대한 보고서를 열람하였습니다. 해외 선진 사례를 참고함으로써, 우리나라 제조업의 미래를 상상할 수 있었습니다.

발로 뛰었습니다

"4차 산업 미래직업박람회"도 참석하여, AI, IoT, 드론 등 관련 기술들을 직접 확인해 보았습니다. 특히 드론의 비행 기술이 아주

흥미로웠는데, IoT를 탑재한 드론이, 사람이 확인하기 어려운 영상 데이터를 확보할 수 있다면 "빅데이터" 수집의 첨병으로서 4차 산업혁명이 강조하는 초연결성을 달성할 수 있을 것 같았습니다.

손으로 느꼈습니다

핀테크가 금융 산업에 미칠 영향을 느껴보기 위해 간편 결제서비스를 사용해보았고, 비트코인 거래소에서 "리플"이라는 가상화폐를 구매해보기도 하였습니다. 보안이 충분치 않다는 느낌이 들었지만, 간편하고 사용이 어렵지 않기에 많은 사회적 비용 절감 효과가 예상되었습니다.

• 역량 개발 내용을 표현하기 위해 [목차 – 컨셉 설정 – 연결]의 기법을 활용
서울소재 상위권 대학, 경영 직렬 지원자

사례 6 2015 수협은행 최종합격

본인의 인생관에 대해 소개하고 인생관 형성에 가장 영향을 준 인물과 그 이유를 작성해 주시기 바랍니다.

What or Why?

TED 강연 가운데 사이먼 시넥의 '골든 서클' 이야기를 통해 '모든 것은 결과(What)가 아닌 믿음(Why)으로부터 시작해야 한다'는 가치관을 형성할 수 있었습니다. **강연 내용 가운데 스티브 잡스, 마틴 루터킹 등의 사례에서, 일반적 사고 과정인 '무엇을 - 어떻게 - 왜' 순이 아니라 '왜 - 어떻게 - 무엇을' 순으로 생각하는 것을 통해 자신을 변화시키고 나아가 세상을 변화시킬 수 있음을 깨달았습니다. 이를 통해, 제 꿈에 있어서도 어떤 결과를 정해버린 뒤 어떻게 이룰지 고민하는 것이 아니라, 먼저 나에게 가장 중요한 가치가 무엇인지 그리고 나를 이끄는 동기부여가 무엇인지 고민해볼 수 있었던 기회였습니다.**

• 짧은 글이지만, 통찰력과 고민의 깊이를 알 수 있음
서울소재 중위권 대학 지원자

사례 7 2014 부산은행 서류합격

최근 감명 깊게 읽은 책역사, 철학, 인문학, 교양서적 등**과 느낀 점**

1,200 bytes

2008년 세계 금융위기가 터지자, 유엔총회 의장은 국제 위원회를 소집했습니다. 노벨 경제학상 수상자인 스티글리츠를 위원장으로 두고 17개국 18명의 전문가로 구성된 전문가위원회의 임무는 위기가 미치는 여파를 파악하고 그 대응방안을 마련하는 것이었습니다. 6개월여의 연구기간을 거쳐 2009년 말 발표된 최종 보고서는 "스티글리츠 보고서(The Stiglitz Report)"라는 이름이 붙여져 2010년 출간되었습니다.

스티글리츠 보고서를 통해 세계경제에 대한 문제점과 해결책을 잘 정리함
서울소재 상위권 대학 지원자

스티글리츠 보고서의 제안은 즉각적으로 달성해야 하는 단기적인 해결책이나 구체적인 논의를 가능하게 하는 구체적인 대안책이 아닙니다. 이 보고서는 장기적으로 세계 경제가 나아가야 할 방향을 가리키는 표지판이자, 광범위하고 모호한 주제를 좁혀 가시적 논의를 가능하게 하는 시발점입니다. 거시경제 건전성을 위한 규제개혁과 투명성 제고, 연관성이 긴밀해지는 세계경제를 위한 글로벌 공조에서 멈추지 않은 선진국의 노블리스 오블리주 발현, 신흥 개도국과 성장국의 의견이 반영되는 국제회의 G192 개최, 새로운 국제통화시스템의 구현 등 보다 안정적이고 풍요로운 세계경제를 위한 해결책을 제안하는 것이 그 이유입니다.

1997년 아시아 외환위기, 2008년 세계금융위기 등 몇 차례 전례에서 볼 수 있듯이, 건전한 금융은 미시적으로 가계와 기업의 원활한 활동을 보장하고 거시적으로 사회 전체의 경제안정성을 담보하는 핵심 존재입니다. 입행하여 '투명하고 따뜻한 금융'에 일조하는 것이 제 꿈인 '보다 나은 세상'을 실현할 수 있다고 믿기에, 부산은행에 지원하게 되었습니다.

사례 8 / 2018 주택도시보증공사 최종합격

공공기관에서 '청렴'이 가지는 의미가 무엇인지 본인의 생각을 말씀해보세요.

청렴 = 계영배(戒盈杯) = 규정

공공기관의 직원으로서 청렴은, 술잔의 70% 이상을 채우면 모두 밑으로 흘러내려 버려 '넘침을 경계하는 잔'이라는 뜻을 지닌 '계영배(戒盈杯)'와 같다고 생각합니다. 사람이기 때문에 부정부패의 유혹을 100% 차단하는 것은 어렵습니다. 특히 공공기관의 직원은 여러 권한을 행사할 가능성이 크기 때문에, 업무를 수행하는 과정에서 '계영배'와 같은 장치를 항상 마련해야 합니다.

저는 계영배(戒盈杯)의 역할을 할 수 있는 장치가 '규정(Regulations)'이라고 생각합니다. 즉, 업무와 관련된 규정을 '철저하게' 지킨다면, 적어도 부패나 부정으로부터 자신을 1광년(=10조km) 정도 멀리 떨어뜨릴 수 있습니다. 위에서 언급한 '철저하게'는 타인뿐만 아니라 자신이나 자신의 가족에게도 똑같이 적용해야 함을 의미합니다.

물론 2016.11.30부터 시행된 '김영란법'을 통해서 공공기관의 부정부패를 규율하지만, 법으로써 행동을 규제하는 것은 한계가 있습니다. 그렇기 때문에 계영배(戒盈杯)와 같은 장치로써, 스스로가 의식적으로 청렴해지려는 노력을 지속적으로 해야 하고, 이를 통해서 공공성을 실현시킬 수 있습니다.

- 계영배라는 매개체를 활용해 청렴의 의미와 행동방식을 풀어냄

만약 민원인이 지금 당신에게 신속한 업무처리를 요청하고 있으나, 그 업무에 대한 처리규정이 불분명하다면 어떻게 대처할지 그 방법과 이유를 설명해 주십시오.

때로는 Logos보다는 Pathos로써 대응하자

저는 업무처리에 관한 규정이 불분명한 경우에 '이성(logos)'보다는 '감성(pathos)'으로써 대처할 것입니다. 즉, 다음과 같은 4단계를 통해, 이와 같은 상황을 해결할 것입니다.

첫째, 현재 상황을 객관적으로 설명할 것입니다. 즉, 신속한 업무처리가 지금 당장은 힘들다는 점을 알리겠습니다. 둘째, 민원인의 요구사항과 연락처를 메모할 것입니다. 셋째, 정확한 시간을 공지하겠습니다. 이를테면, 몇 분 후에 다시 연락을 드리겠다는 점을 명확히 말할 것입니다. 넷째, "신속히 업무를 처리하지 못한 점, 죄송합니다."라는 말을 마지막으로 할 것입니다.

이러한 방식으로 대처하는 이유는 2가지입니다. 첫째, 민원인도 결국 '감정(Pathos)의 지배를 받는 사람'이기 때문입니다. 2016년도 7월부터 5개월 간 국민건강보험공단 인턴으로서 근무한 경험에 따르면, 악성 민원인이라 할지라도, '본인들을 위해서 신경을 써 주고 있다는 느낌'을 받으면, 화 또는 흥분이 누그러지는 경향을 보였습니다. 둘째, '민원인들의 기회비용을 최소화'시킴으로써, 불필요한 짜증이 추가적으로 유발되는 것을 방지하기 때문입니다.

업무상 계획된 프로세스와 이유를 구체적으로 표현함 로고스와 파토스를 인용한 것도 인상적임

사례 9 2023 한국벤처투자 합격 - 2022 산업은행 자소서

✓ 본인이 중요하게 생각하는 가치는 무엇이며, 이를 일상에서 어떻게 적용하고 있는지 구체적으로 서술하시오.

행복은 강도가 아닌, 빈도

일상에서 가랑비처럼 젖는 소소한 즐거움을 자주 느끼고자 합니다.

인간의 행복에 대해 진화론적 접근을 한 심리학 학부 강의를 수강하며, 가장 인상 깊었던 내용은 행복은 '강도'가 아닌 '빈도'라는 것이었습니다.

코로나19의 유행으로 '타인과의 연결고리'가 끊기면서, 1년 간 자취방 안에서 취업 준비를 하며 대부분의 시간을 보내게 되었습니다. 7년 간의 자취생활 중 무력함을 가장 많이 느낀 시기였지만, 아래의 활동들로 일상을 채워나갔습니다.

첫째, 요리를 시작했습니다. 매 끼니 새로운 레시피에 도전하고, 식재료를 장보고 소분해서 보관하는 재미를 느꼈습니다.

둘째, 유튜브 재활치료 채널을 보며 몸을 구성하는 근육들을 공부하고, 근육불균형 해소를 위한 자세교정 운동을 했습니다.

셋째, 한파에도 매일 운동장에 나가서 1시간씩 러닝을 하며 활기를 찾았습니다.

넷째, 브릿팝과 락 음악에 파고들어 밴드를 구성하는 각 악기의 매력에 빠졌습니다.

Chapter 09

전공과 학문의 의의를 피력하라

많은 지원자의 자기소개서를 읽다 보면, 의외로 본인이 전공했던 학문이나, 아니면 관심 있는 분야에 대한 언급이 거의 보이지 않는다.

본인이 전공했던 학문은 상당히 중요한 소재이다. 그리고 이러한 전공학문에 대한 깊은 고찰이 기업의 주요업무와 삶의 방향성에 대한 핵심이 될 수 있다. 따라서 본인이 전공했던 학문, 또는 치열하게 고민했던 학문에 대해 자기소개서에 잘 녹여볼 것을 권한다.

단순히 경제, 경영, 법학, 공학, 어학 등의 기능적 특성에 머물기 보다는 이러한 학문이 '어떤 부분에 초점을 맞추고 있으며', '사회에서 어떤 역할을 수행하게 되고', '본인의 인생에는 어떤 가치관을 정립하게 되는지'를 고민해 보길 바란다.

사례 1 2014 주택금융공사 최종합격

공사에서의 역할

天網恢恢 疏而不漏(천망회회 소이불루) - 하늘의 그물은 크고 넓어 엉성한듯하지만 결코 빠뜨리는 일이 없다.

다년간 법학공부를 하면서 항상 가슴에 새긴 말입니다. 법학도로서 가장 중요한 기본은 '고도의 도덕성'이라고 생각해 이를 확립하는 데 최선을 다해왔습니다. 도덕성은 주금공의 업무를 수행함에 있어서도 가장 필수적인 조건일 것입니다.

입사 후 전공을 살려 감사실 내의 예산집행 실태점검, 내규의 제·개정 및 관련 분야에서 전문성을 쌓고 싶습니다. **법학은 예상 가능한 모든 사실관계를 가정해 촘촘한 제도화의 그물망(法網)을 짜 관련 피해를 최소화하는 것에 그 초점을 두고 있습니다.** 이러한 법학의 기능을 최대한 발휘해 각종 위법행위를 사후통제하는 것은 물론, 사전에 원천봉쇄하여 국민의 주거안정 및 한국경제 발전을 위해 헌신하고 싶습니다. 이를 위하여 어느 부서에 배치 받더라도 기초업무부터 유동화, 사업자보증 등 복잡하고 전문화된 것까지 주금공 업무의 전 과정과 그 법리적 배경, 목적, 리스크 등에 대해 성실하고 겸손한 태도로 배우겠습니다. **그리하여 제가 가진 도덕과 윤리라는 하늘의 그물망을 바탕으로 법망의 그물도 못지않게 짜내겠습니다.**

- 노자의 도덕경에서 인용한 문장임. 사자성어를 사용한 소제목은 권하지는 않는 편이나, 본인의 소신이 잘 반영될 경우 오히려 빛을 발할 수 있음
- 법학에 대한 본인의 소신이 아주 잘 표현되어 있음
- 소제목과 본인의 포부까지 정확하게 일치하는 문장으로 마무리함

서울소재 상위권 대학, 법학 직렬 지원자

사례 2 부산은행 서류합격

지원동기 1,200 byte 이내

저는 종종 '삶에서 가장 중요한 가치'에 대해 숙고해 봅니다. 긴 생각 끝에 내린 결론은 '보다 나은 세상'이었습니다. 저는 제 삶이 사회의 발전, 공공의 이익을 위해 활용되기를 바랍니다. **학문의 무한한 지적 깊이에도 불구하고, 국문학을 전공하면서 느꼈던 가장 큰 안타까움은 국문학이 사회 전체의 이익에 즉각적이고 체계적으로 기여하는데 한계가 있다는 점이었습니다. 연계전공으로 PEL(Politics, Economics and Law)을 전공하며 정치경제학을 공부하고, 국립외교원 입학시험을 준비하며 경제학적 이론과 정부정책의 연계점을 찾아보면서 지방경제 활성화에 기여하고 싶다는 꿈을 키우게 되었습니다.**

문학도로서 문학의 장점과 문제점에 대한 깊은 고민과 진솔함이 돋보임
서울소재 상위권 대학 지원자

부산은행은 높은 지역 기여도, 건실한 자산건전성과 낮은 연체율을 바탕으로 내실 있는 성장세를 보이고 있는 대표적 지역은행으로, 제가 중시하는 가치를 실현할 수 있는 이상적인 기관이라 생각합니다. 부산은행에서 전문성을 발휘하여 미래를 준비하고, 그 발전 경험을 공유하여 공익에 기여하는 인재가 되는 것이 저의 목표입니다.

Chapter 10

어떤 소재이든 진정성이 중요하다

"이 소재를 써도 되나요?"

많은 지원자가 필자에게 가장 많이 묻는 질문 중 한 가지이다. 지원자는 자기소개서에도 정답이 있다고 생각하는 경우가 많기 때문이다. 결론부터 말하면, 자기소개서에는 어떠한 정답이 존재하지 않는다. 정답은 다지선다형 필기시험에서나 존재하는 것이다. 그러므로 자기소개서나 심지어 논술시험에 있어서도 정답이 존재하지 않는다. 즉, 자기소개서에서의 소재의 제한은 없다.

이후엔 다음과 같은 질문을 받는다.

"저에게 불리한 이야기인데 써도 되나요?"

필자는 과감히 조언한다.

"활용하셔도 됩니다."

불리한 이야기에서 오히려 반전과 역발상이 나오게 되는 법이기 때문이다.

정답을 추구하다 보니, 본인의 약점은 밝히기 싫어한다. 그리고 스스로의 경험에 대하여 '좋은 경험'과 '나쁜 경험'으로 분류하고, 좋은 경험으로만 글을 채워나가기 시작한다. 그러다 보면, 전인적全人的 인간으로의 자기소개서가 된다.

원래 소통력도 있고, 서비스 정신도 있고, 인사도 잘하며, 밝으며, 성실하다. 그뿐만 아니다. 도전정신도 빠지면 안 되고, 책임감도 빠져선 안 된다. 좋은 역할도 자기소개서에 담아야 한다. 친구의 상담사가 되기도 하고, 조언자가 되기도 하며, 갈등 상황에서는 문제해결자가 되기도 한다. 많은 지원자의 이야기이다.

굳이 자기소개서에서 단점을 묻더라도 얇게 생각하고 다음과 같이 요령을 피운다.

"너무 꼼꼼해서 또는 너무 신중해서, 한 가지 일을 할 때 다른 일을 한 번에 못합니다. 업무의 순서를 메모를 하며 중요도에 따라 처리해 이러한 단점을 극복하고 있습니다." 많은 지원자가 적어내는 단점 중 하나이다. 단점을 작성하라고 하면 단점 같은 장점으로 커버한다. 이렇게 단점을 피력하면 그럴 듯 해 보인다. 그리고 자기소개서 심사자가 믿어주기를 바란다.

혹시 친구가 술자리에서 본인의 고민을 이야기하는 상황이라 가정해 보자. 친구의 고민은 다음과 같다. "너무 꼼꼼해서 한 가지 일을 할 때 다른 일을 한 번에 못해. 그래서 업무의 순서를 메모를 하며 중요도에 따라 처리해 이러한 문제점을 극복하고 있는데 너의 생각은 어때?" 믿기는가? 이해가 되는가? 하지만 자기소개서에서는 이러한 말도 안 되는 거짓 글을 버젓이 쓰고 있다.

좋은 글의 전제조건은, 솔직한 글이다. 정직이 글의 토대가 되어야 한다. 솔직해져라! 스스로를 설득할 수준으로 솔직한 글을 써야, 심사자도 공감할 것이다. 스스로를 설득할 수 없는 글은, 심사자도 설득할 수 없는 글이다. 거짓의 탑을 쌓지 말고, 진실의 나무를 심기 바란다. 못난 이야기도, 실수한 이야기도, 잘못한 이야기도 솔직하게 작성하라.

그리고 그를 통한 깨달음과 성장의 과정을 구체적으로 기술하라. 반전에서 오는 진실의 소리에 심사자도 설득될 것이다.

사례 1 2023 수출입은행 합격자

타인과 "소통" 및 "협업"을 하면서 본인 스스로 부족하다고 느꼈던 부분 2가지를 실제 사례를 들어 설명하고, 이를 개선하기 위해 어떤 노력을 했는지 기술해 주십시오.

(주)농심과의 'CX 플랫폼 기획' 팀 프로젝트를 하며 두 가지 부족함을 극복하였습니다.

'열심히만 해요'

첫째, '잡담'의 부족이었습니다. 공모전 수상에만 몰두한 나머지, 조원 간 친밀감 형성은 뒷전이었습니다. 서로에 대해 알아가는 시간 없이 장기 프로젝트를 진행하다 보니, 솔직한 평가나 비판에 소극적인 모습들이었습니다. 이에, 팀 연장자로서 회의실에 다과와 커피를 사 가서 쉬는 시간이면 잡담을 나누며 경직된 분위기부터 풀고자 노력했습니다.

'다음 주에 시험이 3개라서'

둘째, '솔선수범'의 부족이었습니다. 중간발표와 시험기간이 겹쳐 준비가 계속 미뤄졌습니다. 팀원 중 유일하게 시간적 여유가 있었음에도, 먼저 나서는 것이 내심 손해로 느껴져 적극적으로 나서지 않았습니다. 하지만 발표일이 다가올수록 미흡한 준비 상태에 불안해져, 결국 기획안을 직접 작성하여 공유했습니다. 산발적인 논의 사항이 일목요연하게 정리되니 발표 준비에 탄력이 붙었고, 조원들 또한 스스로 적극적으로 참여하는 모습을 보였습니다. 그 후에는 자진해서 최종 보고서를 작성하는 등, 솔선수범을 '희생'이 아닌 '팀 구성원으로서 당연한 의무'라 생각하며 최대한 팀에 기여했습니다.

사례 2 2014 산업은행 최종합격

지원동기

힘든 아버지의 모습으로 금융에 눈을 뜨다.

2008년 미국의 서브프라임 모기지사태로 미국뿐만 아니라 **전 세계가 혼란에 빠졌지만 생명과학도인 저는 경제적 지식이 얕았기 때문에 '남일 이겠지'라며 안일하게 생각하였습니다.** 하지만 서브프라임 위기는 저희 아버지 사업에 악영향을 미쳤으며 성공가도를 달리던 아버지께서는 큰 위기를 맞게 되셨습니다. 힘들어하시는 아버지의 모습을 보면서 '금융이란 것이 도대체 무엇이기에 영향을 미칠까?'라는 생각을 하였고 이때부터 본격적으로 금융에 관심을 갖게 되었습니다.

솔직하게 금융에 대한 무관심한 첫 인상을 기술함

또한 단순한 관심으로 끝나지 않도록 신문구독과 함께 다양한 관련도서를 읽었습니다. 그 중에서 '구라츠 야스유키 著 투자은행 버블의 종언'이라는 책을 읽으면서 2008년 금융위기는 경제주체들 간의 복잡한 그림자금융으로 발생한 금융위기이지만 특히 세계적인 투자은행들의 탐욕과 리스크 관리 부재에서 비롯되었다는 사실을 알게 되었습니다. 즉, 투자은행은 이익최우선 정책 이외에도 MBS에 대한 RISK와 상관관계를 적절히 파악하지 못한 점이 결과적으로 금융위기를 발생시켰습니다.

여기서 멈추지 않고 국내의 투자은행에 대해 알아보면서 KDB산업은행을 알게 되었습니다. **투자은행에 대해 색안경을 끼고 있던 저로서는 국내 최고의 투자은행인 KDB산업은행의 첫인상은 매력적이지 않았습니다.** 하지만 역시 KDB산업은행은 달랐습니다. 망해가던 현대건설을 지원하면서 경영정상화를 이끌었고 2008년 금융위기 이후 대주단협약을 통해 건설사의 집단 부도사태를 막고 Primary CBO를 활용해 중견, 중소기업에 자금의 물꼬를 터주었습니다.

이 또한, "산업은행을 지원하는 학생이 산업은행의 첫 인상이 매력적이지 않았다"라고 기술함. 이런 솔직함은 오히려 지원자를 어필할 뿐만 아니라, 글 자체의 힘이 되기도 함
지방소재 국립대학 지원자

국내 산업이 경쟁력을 가지고 기업인들이 신바람나는 경영을 하기 위해서는, 올바른 산업 발전의 방향을 기업과 함께 탐색하고, 안정적으로 자금을 지원함으로써윈-윈 전략을 실천하는 조력기관의 역할이 필요하다고 생각합니다. 단순한 자금지원을 넘어서 다양한 기업금융의 노하우를 바탕으로 산업기반의 육성과 발굴에 노력하는 산업은행에서 저의 투자금융에 대한 꿈을 이루고 싶습니다.

자기소개 자신에 대해 자유롭게 소개하되, 추상적인 표현은 지양하고 구체적으로 기술할 것

입암산 산행으로 이룬 30kg 감량보다 더 큰 자신감 획득

자수성가하신 아버지께서는 '가진 것도 없고 배운 것도 없는 내가 성공할 수 있었던 것은 근면성과 끈기였다'라고 말씀을 하셨습니다. 그럼에도 저는 **아버지의 말씀을 한 귀로 흘려듣고 불규칙적인 생활습관을 고수하며 힘든 일이 있으면 시도조차 해보지 않고 포기했습니다.** 이를 보시던 아버지께서는 저의 생활습관을 고쳐 주고자 중학교 시절부터 매일 아침 6시에 저를 끌고 입암산에 오르셨습니다.

처음에는 불규칙하던 생활습관으로 아침 6시 기상은 매일매일 곤혹이었고 고도비만이었던 저로서는 정상은커녕 100m도 못가서 포기하기 일쑤였습니다. 이런 저에게 아버지께서는 "단번에 정상을 오르기보다는 끈기를 가지고 한 단계씩 올라가보면 어느 순간 정상에 도달할거야"라고 말씀하셨고 아버지와의 3년간의 산행으로 이러한 불규칙하던 생활습관을 극복하였고 끈기를 가지고 도전해 정상의 기쁨을 맛볼 수 있었습니다. 이러한 근면성과 끈기는 아직까지도 저의 생활습관 중 큰 부분을 차지하고 있으며 30kg 이상의 감량을 통해 건강한 신체를 찾았으며 그 결과 고양시에서 주체하였던 5km 마라톤 완주도 이루어낼 수 있었습니다.

• 본인의 불규칙한 생활습관을 솔직히 표현함. 본인의 좋지 않았던 습관을 변화시킨 사례는 글의 효과를 극대화시킴

디테일에 강하지 않으면 큰일을 그르친다.

23살 여름 방학기간을 이용하여 대불산단에 위치한 '지원산업'에서 일을 하게 되었습니다.

완벽하게 일을 처리한다는 것을 어필하는 대다수 지원자들과는 사뭇 다름. 인간이기에 가질 수 있는 안일함을 기술함으로써 오히려 디테일함의 중요성을 강조함
지방소재 국립대학, 경제직렬 지원자

전문적 기술이 없던 저에게 맡겨진 일은 철근 부속품에 구멍을 뚫는 단순한 작업이었습니다. **난생 처음 해보는 작업이었기 때문에 긴장감을 가지고 하나씩 구멍을 뚫었습니다. 하지만 단순한 작업이라 이내 긴장감을 풀어버렸고 정확히 구멍이 나야 될 위치로부터 조금씩 벗어나기 시작했습니다. '조금 벗어난 건데 괜찮겠지'라는 생각과 '작은 부속품이 뭐 얼마나 중요하겠어'라는 생각을 가지고 작업을 계속하였고 맡겨진 철근부속품에 모두 구멍을 뚫었습니다.**

그러나 결과는 처참했습니다. 철근부속품은 철제빔과 철제빔을 연결해주는 역할을 했으며 빗나간 구멍으로 인해 구조물 사이의 연결이 불안정해 완성품을 만드는데 큰 차질이 발생하였습니다. 납품기일은 이틀 후여서 기일을 맞추기 위해 잔업과 특근을 실시하게 되었습니다. 이를 통해 저는 모든 일의 성공의 이면에는 무수히 작고 단순한 일들의 노력과 희생이 바탕이 되어야만 큰 성공을 이룬다는 것을 배울 수 있었습니다.

사례 3 2015 현대해상 최종합격

가치관 및 성격 형성에 있어 중요한 영향을 준 가족 및 성장과정에 대하여 작성 바랍니다. 800자

솔직함이 묻어있는 소제목

대중을 두려워하는 겁쟁이

아버지가 개인사업을 하셨기 때문에 저희 가족은 자주 이사를 다녔습니다. 형제 없이 성장한 저는 매번 새로운 환경 그리고 새로운 친구를 만나야 했습니다. **낯선 사람과 지내는 것이 힘들었고 항상 긴장감을 감추지 못하는 내성적인 성격이었습니다.**

고등학교 시절 캐나다로 유학길에 오르며 전혀 다른 환경과 언어의 장벽에 부딪히면서 현지 적응에 많은 어려움을 겪었습니다.

두려움을 극복한 인물 Yul Kwon

캐나다 고등학교 재학 당시 TV프로그램을 통해 Yul Kwon이라는 인물을 알게 되며 큰 변화가 생겼습니다. 그는 미국에서 선풍적인 인기를 끌었던 "Survivor"라는 리얼리티 프로그램의 우승자입니다. 미국 사회에서 보기 힘든 화려한 언변능력과 리더십을 갖춘 동양인인 그를 보며 많이 감탄했습니다. 사실 그는 어릴 때부터 폐쇄공포증을 앓았으며 극도로 내성적이었으며 처음부터 화려한 언변으로 상대방을 설득시키고 대중 앞에 나서기를 두려워하지 않는 인물은 아니었습니다.

변화를 다짐한 겁쟁이

본인의 주장을 설득력 있게 펼치며 어디서나 리더십을 발휘하는 사람이 되고 싶었습니다. 대학교 재학 당시 많은 사람들 앞에 나서 의견을 표현할 수 있는 남들이 잘 선택하지 않는 전공을 선택하였고 리더십을 발휘할 수 있는 한인 학생회 회장직을 역임하였습니다. 많은 대중 앞에 나서서 하는 발표 그리고 그들과의 끊임없는 만남을 통해 사교성을 기를 수 있었습니다. 또한 언어와 문화에 대한 높은 이해를 필요로 하는 통역장교의 경험 또한 글로벌 감각과 소통의 능력을 향상시킬 수 있었습니다.

- 오히려 겁쟁이의 발전이 극적인 효과를 볼 수 있음
서울소재 중위권 대학 지원자

사례4 2016 SGI 최종합격

성장과정가족, 학창시절, 사회경험 등을 통하여 본인을 소개하여 주시고, 그 중 가장 의미 있다고 생각되는 경험과 이에 따른 영향이 무엇이었는지 기술하여 주십시오.

평범함의 극치였습니다. 평범한 집안에서 태어나 평범한 교육을 받고, 남들처럼 대학에 진학해서 평범한 직장인이 될 예정이었습니다. 그러던 중, 군대에서 겪은 사고는 제 마음가짐을 바꾸어놓았습니다. 군 복무 시절, 지게차에 발이 깔리는 사고를 당했고, 다시 걸을 수 없을지도 모른다는 통보를 받았습니다. 매일 밤 지게차가 제 발을 밟는 악몽에 시달렸습니다. 군의관은 지금의 통증은 정신적인 문제가 크기 때문에 긍정적인 마음을 갖지 못하면 고통은 더 심해질 것이라 했습니다. 지나가는 시련에 좌절할 수 없다는 마음에 늘 밝은 모습을 보이고자 했습니다. 그 덕분인지 2번에 걸친 수술이 훌륭히 이루어졌고 다시 걸을 수 있게 되었습니다. 새로운 태도는 복학 후에도 영향을 주었습니다. **사고 이전에는 조금만 힘들어도 불평하고 그만두기 일쑤였습니다. 그러나 사고 이후에는 무엇이든지 할 수 있다는 마음으로 포기하지 않았습니다.** 한 과목을 제외하고 모두 A+를 받았으며 친구들 역시 변한 모습에 놀라워했습니다. 현재의 저는 언제나 미소를 잃지 않는 사람이라고 자신합니다.

평범함이라는 약점을 솔직히 언급함

변화가 좀 더 극적으로 느껴짐

서울소재 상위권 대학 지원자

사례 5 / 2014 신용보증기금 최종합격

지금까지 살아오면서 가장 후회하는 선택과 그 이유 및 다시 선택의 기회가 있다면 어떠한 선택을 할지 기술하시오.

"응답하라 2007, 사범대생의 상경대생 되기"

저는 부모님의 뜻을 따라 사범대에 진학했습니다. 교사가 되겠다는 같은 꿈을 가진 친구들과 시간을 보내다 보니 분위기에 익숙해지면서 다른 것을 생각한다는 것 자체가 두려워졌습니다. 그래서 대학을 다니면서도 진로탐색을 진지하지 못했습니다. 그러다 졸업할 때가 되어서야 경제 분야에 흥미를 갖게 되면서 진로를 과감히 변경하게 되었습니다. 이미 졸업한 뒤에는 들어보고 싶은 과목들을 수강할 수 없고, 배움의 기회가 많이 줄었기 때문에 그 점이 많이 아쉬웠습니다. 그리고 '좀 더 인찌 적극적으로 진로를 찾았더라면 좋았을 걸'하는 생각을 했습니다. 하지만 저는 한국은행 경제교육과 금융감독원 FSS 아카데미 수업, 각종 서적들을 통해 관심을 꾸준히 키워 왔습니다.

지금 2006년 고3으로 돌아갈 수 있다면, 지금의 흥미를 토대로 경제학과에 진학해서 경영학을 복수전공 해보고 싶습니다. 그리고 사교무용, 대학합창과 같은 재미있는 교양을 쫓아다니기보다는 저의 식견을 넓혀주는 강의들을 더 많이 들어보고 싶습니다.

하지만, 저는 지금도 굉장히 만족하고 있습니다. 이 과정을 통해서 사람은 자기가 좋아해야 하는 일을 해야 그 일을 잘할 수 있다는 것을 깨닫게 되었고, 비전공자로서 부족한 부분이 많은 만큼 오히려 남들보다 더 열심히 공부할 유인을 갖게 되었기 때문입니다. 그래서 저는 후회하는 데 시간을 낭비하기보다는 부족한 부분을 더욱 열심히 채워나가는 사람이 될 것입니다.

- 금융권 취업에 약점이 될 수 있는 사범대 출신임을 오히려 소제목으로 당당히 밝혀서 더 큰 극적 효과가 가능해짐
- 서울소재 상위권 대학, 경제 직렬 지원자

사례 6 2016 KB국민은행 최종합격

귀하가 살아오면서 '목표를 정하고 노력한 경험실패 또는 성공'이 있다면 무엇인지 기술하십시오. 600자 이내

White lie를 True로

거짓말은 치명적인 약점이지만, 선의의 거짓말도 자기소개서의 소재로 활용함
해외대학 지원자

무모할 수 있지만 확실한 방법이 있었기 때문에 8만 달러였던 편입 예상 비용을 6만 달러로 낮추어 부모님께 편입을 허락 받았습니다. 나머지 2만 달러 자금마련의 계획은 STUDY - WORK - MONITOR 였습니다.

STUDY, 장학금을 타는 것이었습니다. 3.0 이상의 학점과 학교행사에 적극적으로 참여해야 지급되는 $2,500짜리 국제학생 장학금이 었습니다. 한인학생회장에 출마하여 학교행사를 주도적으로 진행함과 동시에 학업에도 성실한 결과 졸업할 때까지 장학금을 받을 수 있었습니다.

WORK, 레스토랑 아르바이트를 했습니다. 수업이 끝난 후 레스토랑으로 달려가 주방일과 서빙을 10개월간 하면서 $8,000을 모았고 덤으로 영어실력도 늘렸습니다.

MONITOR, 환율에 민감하게 반응했습니다. 최대한 환차익을 보기 위해 FOMC, 한국은행, 국제유가와 국제정세를 꾸준히 모니터링하면서 원화가 비교적 강세일 때 환전을 했습니다. 그 결과, 달러당 1,100원 이상으로 환전한 적이 없었고 환시장에 대한 이해도를 높일 수 있었습니다.

계획을 잘 실천한 결과 6만 달러 예산으로 졸업할 수 있었고 부모님께서 한국에서 학교를 다닌 것과 같은 금액이라고 할 때마다 혼자 미소를 짓습니다.

Chapter 11

성장과정과 인생관

성장과정이나 인생관을 물어보는 자소서 항목은 많다. 그리고 가장 쉽게 느껴지는 항목으로 보일 수도 있다.

하지만 오히려 차별화가 극대화되는 항목으로 보인다.

지원자의 삶의 깊이나 태도가 잘 보이며, 글에서의 성의가 드러날 수 있기 때문이다.

차별화는 이런 쉬운 항목에서부터 갈린다는 점을 명심하기 바란다.

피해야 할, 그리고 활용해야 할 성장 과정이나 인생관은 서술방식은 아래와 같다.

1. 가급적 대학 시절의 스토리는 삼가자. 일반적으로 대학 시절을 성장기로 보지는 않기 때문이다. 주로 유년시절 또는 초 · 중 · 고교 시절까지를 성장기로 보지 않는가. 자연스레 대학 시절의 스토리들은 설득력이 떨어진다.
2. 거대담론을 피하라. 큰 이야기는 오히려 현실성이 떨어진다. 거기에 더해 관념적인 단어들로써 채우는 것은 피하기 바란다. 모범적이기만 한 인생관은 그리 인상적이지 않음을 명심하라

3. 일대기적 성장 과정은 피하라. 시대순으로 일대기적 서사는 1990년대에나 활용하던 방법이다. 적절한 콘셉트와 목차로 가독성을 높일 필요성이 있다.
4. 인생관은 깊이가 중요하며, [어떻게] 형성되었는가 핵심이다. 형성의 과정에 방점을 찍어라.
5. 뻔한 인생관 1가지를 읊은 후, 뻔한 경험 1가지로 채우는 것은 피하라. 경험 활용도 나쁘지는 않지만, 경험보다는 이유와 고민의 비중을 높이는 것이 훨씬 유리하다.

사례 1 2018 금융감독원 최종합격

성장 과정 및 인생관을 기술해 보십시오. 400byte 이내

젊으셨을 적 부모님의 데이트는 '맛집 탐방' 또는 '여행가기'가 아니라 '집 보러 다니기'였습니다. 마당이 있는 집을 갖는 것이 꿈이셨고, 당시에는 불가능했지만 5년, 10년 뒤의 행복한 청사진을 그리시며 조금씩 준비해나가는 것이 부모님 삶의 원동력이셨습니다. 인생의 중 · 장기적인 목표를 세우고 실제로 꿈을 현실로 만드셨던 부모님을 바라보며, 저 또한 목표의식을 가지자라는 인생관을 형성하게 되었습니다.

인생관에 영향을 미친 인물, 사건 등은 어떤 것이 있습니까?

400 byte 이내 400 byte

그러나 수능입시란 인생의 첫 실패가 있었고, 우연히 **칼릴 지브란의 '예언자'**를 읽게 되었습니다. "마치 불사조가 스스로를 불사른 잿더미 속에서 다시 일어나는 것처럼, 그대들의 열정이 날마다 되살아날 수 있도록"을 읽는 순간, 제 가슴은 뛰었고 과연 이전의 저는 불사조 같았는지 돌이켜보았습니다. **바다를 항해하는 영혼의 방향타(이성)와 돛(열정) 중에 이성은 있었지만, 가슴 뛰는 열정은 없었음을 깨닫게 되었습니다.**

- 칼릴 지브란의 [예언자]라는 구체적 책을 통해 인생관 형성의 근거를 밝힘
- 경험이 아닌, 고민의 글이 부각됨

인생관을 현재 생활에 어떻게 적용하고 있는지 설명하십시오.

400 byte 이내 399 byte

첫 교양수업이었던 회계사 출신 교수님을 통해 자본시장의 파수꾼이라는 회계사를 알게 되면서 다시 가슴이 뛰었습니다. 금융전문가가 되기 위한 중 · 장기 목표를 설정하였습니다. 20대 전반의 목표였던 우수한 성적으로 졸업하며 회계사시험을 합격을 이루었고, 20대 후반의 목표였던 회계법인 경험을 바탕으로 저에게 적합한 전문분야 찾기를 통해, 대한민국 금융의 파수꾼인 금융감독원의 일원이 되겠다는 목표를 세웠습니다.

지금까지 달성한 본인의 수준은 어느 정도가 된다고 생각하는지 기술해 보십시오. 400 byte 이내 396 byte

저는 햇빛을 보기 위해 부서짐을 준비하는 과일의 씨앗입니다.

껍질이 부서지는 것과 같은 고통이 없으면 그에 따른 결실도 없습니다.

햇빛과 씨앗이라는 은유를 통해 달성의 정도를 묘사함

금융 · 자본시장의 전문가가 되겠다는 가슴이 뛰는 목표와 회계법인 경험을 통해 향상시킨 끈기, 책임감 및 전문성은 성장통이 되어 알찬 열매로 결실을 맺을 수 있는 튼튼한 씨앗이 되게 하였습니다.

금융감독원의 햇빛을 받아 그에 걸맞은 전문적인 역량을 갖춘 전문가로서 성장하겠습니다.

사례 2 2019 금융감독원 최종합격

✓ 인생관에 영향을 미친 인물, 사건 등은 어떤 것이 있습니까?

중학교 첫 생일에 아버지께 받은 에리히 프롬의「소유냐 존재냐」라는 책을 통해 존재양식의 목표는 '존재에 대하여 보다 깊이 아는 것'임을 배웠습니다.

이후 새로운 것을 배우거나 판례를 학습할 때에 포괄적이고 깊이 있게 이해하고자 노력하였고, 나아가 법과 경제 역시 살아있는 생명체와 같으므로 모든 주체를 깊이 있게 이해함으로써 소외되는 주체 없이 존재 자체로 존중받는 국가를 만들고 싶다는 바람이 생겼습니다.

• 철학자 에리히 프롬에 의해 형성된 깊이 있는 인생관을 간결하게 표현함

사례 3 2019 금융감독원 최종합격

✓ 성장과정 및 인생관을 기술해보십시오.

현상액에서 2분, 정지액에서 30초, 픽서에서 30분, 건조대에서 하루. 암실에서 하나의 필름이 흑백사진으로 인화되는데 소요되는 시간입니다. 미국에서 교환학생 시절 수강한 사진 수업에서 7장짜리 사진 프로젝트를 완성하는데 167장의 사진을 인화한 적이 있습니다. 한 장 한 장 진행되는 작업이 지루하게 느껴졌지만, 끈기를 가지고 계속한 이유는 인고의 노력만이 최선의 성과를 얻어낼 수 있다고 믿기 때문입니다. (389/400)

• 인화라는 과정을 접목해 끈기라는 인생관의 형성을 근거를 경험으로 밝힘

✓ 인생관에 영향을 미친 인물, 사건 등은 어떤 것이 있습니까?

고등학교 시절 국악 오케스트라를 통해 꾸준한 노력의 가치를 알게 되었습니다. 해금 동아리장으로서 가야금 동아리와 협주를 제안했으나, 초보자의 실력으로 두 악기를 함께 맞추기는 쉽지 않았습니다. 하지만 '연말 발표회'라는 목표를 세운 뒤, 6개월간 꾸준히 연습하고, 좋은 협주가 무엇인지에 대해 깊이 고민하며 피드백 과정을 통해 음악을 다듬어간 결과, 불가능할 것만 같던 협주를 성공적으로 마칠 수 있었습니다. (396/400)

✓ 인생관을 현재 생활에 어떻게 적용하고 있는지 설명하십시오.

대학 시절 '학업'이라는 목표 아래, 전공인 소비자학을 누구보다 깊이 아는 학부생으로 졸업하겠다는 마음으로 학문에 꾸준히 정진해왔습니다. 소비자학의 뿌리인 경제학을 복수전공하며 미시각론 과목을 집중적으로 수강했고, '소비자 재무설계' 수업을 수강할 때에는 시나리오에 대한 재무설계를 제시하는 대회에 참가해 수상하는 등 이론의 적용에 대한 노력도 병행했습니다. 그 결과 7학기 연속 성적장학금을 받았습니다. (399/400)

사례 4 / 2019 한국은행 최종합격

자신의 인생관이나 진로에 가장 큰 영향을 미친 요인경험, 인물, 책 등을 한 가지 소개하고, 그로 인해 자신이 어떻게 변화하였는지 기술하시오.

업(業)을 즐기는 사람이 되자

다나카 고이치, 그에게 따라붙는 수식어는 많지만, 그 중 가장 대표적인 것은 푸른 작업복을 입은 노벨상 수상자입니다. 여느 대학의 박사나 교수가 아닌 시마즈 제작소라는 제조업체의 엔지니어였던 그는, 질량분석에 관한 연구로 2002년 노벨화학상을 거머쥡니다. 그의 성공 요인은 그의 저서 제목처럼 일의 즐거움 그 자체를 추구하였기 때문입니다. 그는 제게 스스로 원하는 일을 하라고 외치는 듯 했습니다.

그 교훈에 따라 저는 경제학을 평생의 업으로 삼기로 결심했습니다. 제게 즐기면서 할 수 있는 일이 무엇인지 묻는다면 1초 안에 답할 수 있는 것이 바로 경제학이기 때문입니다. 자연스레 경제학에 있어 최고 권위를 지닌 한국은행을 택한 것도 바로 이 때문입니다. 그 이후로부터 만약 제 인생의 두 가지 행운이 있다면 첫 번째는 제가 좋아하는 일을 찾은 것이고, 두 번째는 이를 가장 효율적으로 활용할 수 있는 곳에서 일할 수 있게 되는 것이기를 항상 바래왔습니다

• 인생관의 근거로 다나카 고이치 라는 인물을 접목함

사례 5 2023 무역협회 자소서 - 2023 수출입은행 최종합격

본인이 살아오면서 가장 기억에 남는 순간 3개를 소개하고, 각각의 순간들이 본인의 인생에서 어떤 의미를 지니고 어떤 영향을 미쳤는지를 기술해 주십시오. 최대 600자 입력가능 596자

현재 제 삶의 태도를 정립시켜준 세 순간이 기억에 남습니다.

'무엇이든'

첫째, 1년 간 지도했던 삼성 드림클래스 멘티로부터 대학 입학 소식과 함께, 진심으로 감사했다는 연락을 받은 순간입니다. 그저 선생님으로 최선을 다했을 뿐인데, 타인에게 오래도록 좋은 기억으로 남았다는 사실이 큰 보람이었습니다. 그 후, '무엇이든' 최선을 다하자는 태도를 가지게 되었습니다.

'자신 있게'

둘째, SNUBUDDY 그룹 리더로서 베스트 그룹 상을 수상한 순간입니다. 리더십에 대한 자신감을 얻었기 때문입니다. 활동 초기에는 차분한 성격을 억지로 활발하게 바꾸려 했으나, 부자연스럽기만 했습니다. 하지만 차분한 리더십을 발휘하여 성실하게 각종 소모임을 주도했고, 친밀함과 소속감부터 형성한 결과, 베스트 그룹이 되었습니다. 도전에 '자신 있게' 임하는 태도를 가지게 된 계기입니다.

'겸허하게'

셋째, 3년의 CPA 수험 생활을 그만두기로 결정한 순간입니다. 불합격이라는 명백한 결과를 수용하고 그간의 잘잘못을 분석하며, 부족한 부분을 인정하는 '겸허함'을 배웠습니다. 꾸준한 체력관리, 계획에 대한 지속적 체크 등 과거와 달라진 지금의 모습은 이 겸허함 덕입니다.

사례 6 2019년 한국은행 최종합격

자신의 인생관이나 진로에 가장 큰 영향을 미친 요인경험, 인물, 책 등을 한 가지 소개하고, 그로 인해 자신이 어떻게 변화 하였는지 기술하시오.

무한 긍정의 자세

2015년 공인회계사 2차 시험을 3일 앞두고 크게 화상을 입어 응급실에 실려 갔었습니다. 아침에 요리를 하려다가 허벅지에 뜨거운 물을 부어버렸던 것입니다. 눈앞이 깜깜해졌습니다. 곧 시험인데 왜 갑자기 이런 일이 닥쳐왔을까 속상해서 눈물이 났습니다. 응급실에 누워 있는데 어머님이 오셔서 하신 말씀을 지금도 잊을 수 없습니다. ”손이 아니어서 정말 다행이다.” 어머니의 말씀을 듣는 순간 저는 ‘정말 다행이다.’라는 생각을 하게 되었고, 더 힘을 내서 공부를 끝까지 이어 갈 수 있었습니다. 그 결과 시험에 합격하여 회계사로서 값진 경험을 할 수 있었습니다.

어머니의 말씀으로 인해 **가장 힘들고 절망적인 순간에도 가장 밝은 면을 볼 수 있는 자세**를 갖게 되었습니다. 또한 이일을 계기로 아무리 힘든 고난이 닥쳐도 어떤 마음가짐을 가지느냐에 따라 위기가 기회가 될 수도 있다고 생각합니다. 긍정적 마인드는 스스로는 물론 주변까지 밝힐 수 있는 힘을 줍니다.

• 생각의 작은 차이가 큰 변화를 이끌 수 있음

Chapter 12

역량개발 노력

역량개발 노력에 대한 자소서 항목이 증가하였다. 금융권 입사를 위해 구체적으로 어떤 것들을 준비했는지 알고 싶기 때문이다.

특히 최근에는 금융권 합격을 위해 좀 더 전문적인 준비나 체계적인 준비를 하는 지원자들이 많아졌기 때문에, 이제는 이 질문을 어떻게 답을 해야 하는지 꽤 중요해졌다.

1. 병렬식으로 기술하라.

열거식이나 점증식의 글보다는 병렬식으로 1, 2, 3 의 목차를 설정하는 것이 좋다

2. 컨셉도 가급적 접목시켜라.

병렬식 글에도 각 항목별로의 관계성을 설정하면 좋다. 좋은 컨셉은 가독성을 확실히 높이는 수단이 되기 때문이다.

3. 최대한 끌어서 채워야 한다.

금융기관이 가장 싫어하는 것 중의 한 가지가 비우는 것이다. 특히 최근에는 디지털 역량을 많이 묻는데, 이러한 역량을 준비 못한 지원자들은 성의 없는 내용으로 때우거나 비우는 경우도 있었다. 금융기관 자소서는 그 어떤 항목도 비워 두면 좋지 않다는 것을 명심하라.

사례 1 2022 산업은행 합격자 - 2022 산업은행 자소서

금융권 역량개발을 위한 본인의 노력을 구체적으로 서술하시오.

V + V = W

한국산업은행에서 일하기(Work) 위해 다음의 2가지 V를 준비하였습니다.

"Variety : 다양한 업무수행을 위한 기초"

중、고급회계, 투자론, 재무관리 등 수업을 통해 주식, 채권, 메자닌상품의 기초를 닦았고, 재무제표 해석역량을 키웠습니다. 또한, 재무위험관리사 취득을 통해 KMV모형 등 신용리스크 관리기법에 대해서도 학습하였습니다. 이는 순환업무 수행 시 기업금융, 자본시장금융, 혁신성장금융 등의 다양한 업무에 빠르게 적응하는 데 도움이 될 것입니다.

"Value : 기업가치평가 경험"

삼일회계법인이 주최한 사내 기업가치평가 교육에 참가하여 DCF, RIM 등의 평가모형을 학습하였습니다. 이 과정에서 실무에서는 매출의 추정이 중요함을 배웠고, 사업모델에 적합한 추정방식을 연습하였습니다. 또한 (주)이수 인턴으로서 마스터리스 신사업기획 업무를 수행하였습니다. DCF모형을 기반으로 NPV를 추정했고, 동종업계 주식베타 및 하마다모형을 활용하여 자기자본비용을 산출했습니다. 이러한 경험은 담보가 부족한 아기유니콘 및 예비유니콘 기업의 가치평가업무를 수행하는 데 도움이 될 것입니다.

사례 2 2022 산업은행 합격자 - 2022 산업은행 자소서

역량개발 노력 지원분야에 필요한 역량과 관련된 프로젝트/공모전/논문/연구/학습 및 기타 활동에 참여한 경험을 구체적으로 서술하고, 지원분야 역량개발을 위한 본인의 노력을 구체적으로 기술하시오. *지원분야와 관련 업무경력, 교육사항, 단체활동, 자격증 등을 포함하여 기술

3가지 방면에서 융합적 인재가 되기 위해 노력하였습니다.

DIGITAL : 기획과 개발 역량의 융합

디지털 전환을 위해서는 디지털 서비스의 운영 방식부터 이해해야 한다고 생각합니다. 이를 위해 데이터베이스, 운영체제, 네트워크에 관해 공부하였습니다. 특히 베타 버전 출시를 목표로 하는 개발팀에서 기획자 겸 백엔드 개발자로 활동하였습니다.

기획자로서 1) 플로우 차트를 고안함으로써 사용자의 서비스 사용 순서를 분석하였고 2) 데이터베이스 구조를 설계하였습니다.

백엔드 개발자로서 1) AWS, Vultr 등 호스팅 서비스를 분석하였고 2) AWS를 활용하여 서버를 구축하고 3) 회원가입, 로그인, 게시판, 메일 API 등을 직접 구현하였습니다. 또한 4) 카카오, 구글, Github API를 사용하여 소셜 로그인 기능도 도입하였습니다.

ESG : 국제 – 정부 – 기업 정책의 융합

지속가능성장은 글로벌 트렌드로서 정부와 기업 모두 ESG 환경 구축을 위해 노력하고 있습니다. 이러한 트랜드에 맞춰 지속가능성장에 대해 심도 있게 학습하였습니다. 1) 교토 협약과 파리 협약의 차이점, UN의 지속가능발전목표(SDGs)와 그 배경을 분석하는 스터디를 진행하였고 2) 세계 각국 정부의 NDC 목표 및 탄소시장 활용 계획을 조사하였습니다. 3) 실 산업에서는 SK의 ESG 경영, 한진택배의 실버 택배 등 국내 기업들의 ESG 정책을 학습하였습니다.

ECONOMIC : 학문의 융합

거시 경제를 이해하기 위해서는 경제이론을 이해하는 것을 넘어 정책의 방향을 이해하고, 법령들도 해석할 수 있어야 한다고 생각합니다. 저는 이를 위해 경제학 수업뿐만 아니라 행정학, 정치학, 법학 수업까지 수강하였습니다. 또한 5급 공채 시험을 준비하며 제도와 정책을 분석하고, 문제해결을 위한 개별 학문의 이론을 융합해 나가는 방법도 배울 수 있었습니다.

사례 3

지원분야에 필요한 역량과 관련된 프로젝트/공모전/논문/연구/학습 및 기타 활동에 참여한 경험을 구체적으로 서술하고, 지원분야 역량개발을 위한 본인의 노력을 구체적으로 기술하시오.

케인즈 학파의 IS-LM 모형에서는 생산물 시장과 화폐 시장에 대한 종합적 분석을 통해, 거시변수의 움직임을 파악합니다. 저 또한 산은인으로서 실물시장 및 금융시장 대한 종합적인 이해를 바탕으로 은행의 자금흐름을 읽고 시장 동향을 파악하기 위해 다음과 같이 노력했습니다.

IS : 실물시장에서의 '유효수요' 분석

중소기업 수출지원 실무 경험을 통해, 해외 시장 및 현지수요 분석력을 함양했습니다.

oo사의 수출기업화팀에서 인턴으로 근무하며, 코로나로 인해 수출이 중단되거나 감소한 기업들의 해외시장개척을 돕는 사업을 지원 했습니다. 당시 저는 수출에 성공한 87개 기업의 사례를 검토하고, 수출품 항목, 수출액, 수출 성공요인을 바탕으로 16개의 성공사례를 선별했습니다. 이를 통해 시장 여건에 따른 수출 성공 요인에 대해 이해할 수 있었습니다.

LM : 금융시장에서의 '유동성' 흐름 파악

첫째, 금융시장의 구조를 이해하기 위한 기초 전공지식부터 쌓았습니다. 화폐금융론 수업에서 금리와 인플레이션 엑셀 데이터를 바탕으로 장기 이자율의 움직임을 분석하고 'Taylor 준칙'에 부합하는지에 대한 실증 분석을 한 경험이 있습니다. 또한 투자자산운용사 자격증을 취득하며 파생금융상품 구조와 투자분석기법 등 자본시장에 대한 이해도를 높였습니다.

둘째, 학회 활동을 통해 전공지식을 실제 현상에 접목했습니다. 기억에 남는 분석은 이자율과 채권가격 데이터를 바탕으로 수익률 곡선의 기울기를 측정하고, Operation Twist 등 중앙은행의 통화정책과 경제주체의 인플레이션 예상 등의 요인이 수익률 곡선 기울기 변화에 미치는 영향을 예측한 것입니다. 또한 무역, 환율 등 국제적 이슈에 대해 토론하고 발표하는 과제를 수행하며, 사안에 대해 다각도로 접근하는 습관을 길렀습니다.

셋째, 1년 6개월간 한국은행 금요강좌를 수강하며 거시지표와 시장흐름에 대한 이해를 넓혔습니다.

개인적으로는 산업은행을 비롯한 금융기관의 연구보고서를 꾸준히 구독하며 금융현안들을 챙겼습니다.

사례 4 2023 예금보험공사 합격자 - 2023 예금보험공사 자소서

공사의 업무와 관련하여 발전이 필요하다고 생각되는 부분을 쓰고, 그것을 위하여 지원자의 역량을 활용하여 기여할 수 있는 방법에 대하여 기술해 주십시오. 500자 이내

차등모형 평가지표에 '비보호예금'을 추가하고 싶습니다.

은행의 지급능력이 악화되면, 비보호예금자는 서둘러 예금을 인출하려고 할 것입니다. 만일 비보호예금자가 소수이고 비보호예금의 비중이 높다면, 이는 가속화되어 순식간에 뱅크런을 초래할 수 있습니다.

금융회사의 비보호예금 의존도 완화, 위험에 상응하는 보험료 산정을 목표로 평가 지표를 개선하겠습니다. 구체적인 방안은 다음과 같습니다. 첫째, SVB 파산, 실버게이트 사태 등 과도한 비보호예금이 문제가 된 사례를 참고하고, 금융 사고 발생 시 공사가 떠안게 될 부채의 위험성을 고려해 안전한 비보호예금 비중, 비보호예금 집중도에 대한 보수적인 기준점을 설정할 것입니다. 둘째, 해당 기준점에 따라 등급을 산정하여 부보금융회사를 평가할 것입니다. 다만, 명확한 보험료 산정이 어렵고, 차등보험료의 증가로 인해 금융소비자 부담이 증가할 수 있다는 문제점도 있습니다. 따라서, 비보호예금에 대한 감독 기능을 강화하는 공사의 움직임도 필요할 것입니다.

사례 5 2023 한국은행 인턴자소서 - 2023 신용보증기금 합격

본인이 갖춘 강점이 무엇인지 직무경험, 학업수행 경험 등을 바탕으로 기술하시오. 503 / 500자

분석력(insight)

문제 파악 능력. 즉, 분석력이 저의 강점입니다. 분석력은 두 가지 조건이 갖춰져야 가장 심층적입니다.

1. 내적 지식(in)

경영학 과목을 CPA 1차 수준으로 공부하며 깊이를 더했고, 증권투자 동아리에서 모의투자 대회에 참가해 산업분석 및 다양한 파생상품을 공부했습니다. 실물경제 파악을 위해 한국은행, 대한상공회의소 보고서를 꾸준히 읽었습니다. 스터디에서 거시경제환경 변화가 한국에 미치는 영향을 토론하며 심화 지식을 적용했습니다.

2. 자료탐색(sight)

국제경영사례 과목에서 탐색조사, 인과 조사, 기술조사 방법론을 습득했습니다. 실무에 적용하고자 공공기관 컨설팅 업체에서 국립축산원 조직구조 컨설팅 업무를 수행하면서 외부탐색과 기술조사를 시행했습니다. 수집된 자료 해석을 위해 소비자행동론 과목을 수강했고 SPSS 타당성 검증 방법을 학습했습니다.

적절한 자료를 깊이 있게 이해하는 능력은 한국은행에서 주어진 업무를 실수 없이 이행하는 데 도움이 될 것입니다.

사례 6 산업은행 2022년 자소서 - 산업은행 2023년 합격자

✓ 지원분야에 필요한 역량과 관련된 프로젝트/공모전/논문/연구/학습 및 기타 활동에 참여한 경험을 구체적으로 서술하고, 지원분야 역량개발을 위한 본인의 노력을 구체적으로 기술하시오.

실무 지식으로 한 걸음

CPA 경영학 공부 후 심화 학습으로, 한국금융연수원에서 산업분석기초와 기업구조조정 기초 연수를 수료했습니다.

첫째, 산업별 경기변동과 산업구조의 변화추세, 외생변수와 정책변수의 변동에 따른 산업별 영향을 학습하며, 거시적으로 산업을 바라보는 관점을 키웠습니다. 더하여 철강, 자동차, 조선 등 총 8개 주요 산업별 산업위험분석과 평가방법론을 학습하며, 업계 구조와 최근 동향, 위험요소에 대해 파악하고, 시장 상황을 볼 수 있는 시각을 길렀습니다.

둘째, 기업구조조정 제도의 역사와 절차, 기업구조조정 촉진법 등을 공부하며, 손실 최소화 수단으로서 기업구조조정의 필요성을 이해했습니다. 더하여 기업신용위험 평가 및 기업가치평가의 방법론과 실제 사례를 분석하며, 주채권은행의 업무 프로세스를 공부했습니다.

실무 역량으로 두 걸음

셋째, 기술신용평가 2급을 취득하며 기술금융과 기술평가 지식을 함양했습니다. 평점모형 등 은행의 신용평가모형과 투자용 기술평가모형의 구성을 이해하며, 은행의 기술신용대출 프로세스를 공부했습니다. 더하여 전공으로 콘텐츠를 선택하여, 우리나라 문화콘텐츠의 최근 트렌드와 현황, 문제점을 공부하며 혁신성장산업을 심도 있게 학습했습니다.

실무 경험으로 세 걸음

넷째, 주택도시보증공사의 채권관리 및 보증이행 부서 인턴을 통해 실무 경험을 쌓았습니다. 채권 관리를 위해 대법원 인터넷 등기소에서 등기부등본을 발급하여, 갑구의 소유자와 경매 개시결정, 주택 임차권을 확인해 보고했습니다. 그리고 경매 시 재산 실익 분석을 위해, 채무자가 소유한 부동산 시세를 조회해, 평균 매매가와 공시가격을 정리했습니다. 마지막으로 채무자의 신용조사보고서를 정리했습니다. 채무자의 전세목적물과 현 거주 주소의 일치 여부를 확인하고, 부동산이나 차량과 같은 기타 재산의 소유 여부를 엑셀로 데이터화 했습니다.

사례 7 2022 SGI서울보증 합격자 - 2022 한국거래소 자소서

✓ 한국거래소 내 어느 본부에서 업무를 수행하고 싶은지 기술하고, 업무 수행을 위해 자신이 어떠한 역량을 갖추고 있는지 기술하시오.

데이터 = 의사결정의 열쇠

경영전략본부에서 데이터 분석으로 올바른 의사결정에 기여하고 싶습니다. 데이터톤에서 교내 동아리를 분석한 결과, 특히 자기계발 동아리의 소속감이 '낮음'으로 나왔습니다. 원인을 알고자 자연어처리로 시각화했을 때, 자기계발 동아리는 '스터디'의 단어 빈도가 높았으며, 반대로 소속감이 '높음'인 공연 동아리는 '합주, 뒤풀이'의 빈도가 높았습니다. 이를 통해 소속감을 높이기 위한 방안으로 함께하는 활동을 제안했으며, 이는 데이터 분석 결과에 기반한 의사결정의 역량을 보여준 사례입니다.

Fast Follower → First Mover

데이터 분석을 위한 AI 역량을 토대로 정보사업부에서 데이터 수집과 분석 업무에 임하고 싶습니다. 빅데이터 학회에서 VGG16, ResNet 등의 이미지 분류기를 구현하고 트랜스포머 등의 신기술 논문을 학습하며, AI 기술의 빠른 발전 속도를 체감했습니다. 또한, 현대자동차의 인턴연수 경험은 디지털 트윈과 스마트팩토리 등, AI 기술의 현장 적용을 접한 값진 체험이었습니다. 이러한 경험을 토대로 빠르게 발전하는 AI 기술을 따라잡는 것을 넘어, KRX의 선도적 디지털 혁신을 이뤄내겠습니다.

사례 8 2022 산업은행 합격자 - 2022 산업은행 자소서

디지털 분야의 역량 확보를 위해 본인이 어떠한 노력을 했는지 기술하고, 본인의 디지털 역량을 활용하여 문제를 해결한 경험을 서술하시오.

104번의 클릭을 1번의 클릭으로

프로그래밍 언어인 파이썬을 활용하여, 26개 발전사의 재무제표를 일일이 다운받는 업무를 1번의 클릭으로 자동화하였습니다.

Step1 : 문제인식

현 직장에서 발전사 재무건전성 평가업무를 수행하고 있습니다. 주요업무는 부채비율, 이자보상비율 등의 재무비율 산정이며, 이를 위해선 26개 발전사의 재무상태표 및 손익계산서가 필요합니다. dart에서 수작업으로 재무제표를 다운받는 일이 비효율적이었기에, 파이썬을 활용하여 한 번에 재무제표를 다운받는 코드를 짜보기로 했습니다.

Step2 : 전체 프로세스 개발

먼저 API 데이터 요청부터 저장까지의 전 과정을 경로화 하였습니다. 분석 결과, 해당 과정은 '기업코드 확인 → rcept_no 및 dcm_no 추출 → 자료변환 및 저장'의 3단계로 나눌 수 있었습니다.

Step3 : 세부 프로세스 개발

먼저 기업코드의 경우, zip file의 형태로 다운받은 데이터를 변환 후, 발전사명 검색을 통해 확보하였습니다. 다음으로 rcept_no 및 dcm_no는 여러 데이터와 혼재되어 있어 추출과정이 필요했고, re.findall 함수를 통해 이를 해결했습니다. 마지막으로 BytesIO 및 pandas를 이용해 해당 데이터를 csv엑셀형식으로 변환 및 저장하게 하였고, 이를 통해 1번의 클릭으로 26개 발전사의 재무제표를 자동으로 다운받는데 성공하였습니다.

사례 9 2022 산업은행 합격자 - 2022 산업은행 자소서

디지털 분야의 역량 확보를 위해 본인이 어떠한 노력을 했는지 기술하고, 본인의 디지털 역량을 활용하여 문제를 해결한 경험을 서술하시오.

공부하고

데이터가 자원인 시대를 맞아, 필요한 디지털 역량은 데이터의 이해 및 활용 역량이라고 생각합니다.

이를 위해 첫째, 계량경제학을 통해 귀무가설, P-VALUE, 고전적 가정, 시계열분석 등을 학습함으로써 통계지식을 함양했습니다.

둘째, 재무학회에서는 기업의 부도확률에 관한 논문 등을 검토함으로써 개별 재무지표가 부도확률에 미치는 영향에 대해 학습하고, 재무지표를 통계적으로 접목했습니다. 이를 통해 업종별로 특정 재무지표가 부도확률에 미치는 영향이 다르다는 점을 알 수 있었습니다.

셋째, 표준과학연구원에서 논문 데이터를 AI의 학습에 적합하게 가공하는 업무를 수행함으로써 AI와 데이터 활용에 대한 이해도를 높였습니다. 예를 들어, AI의 편향된 데이터 학습의 위험성, 블랙박스와 같은 결정 과정 등에 대해 배웠습니다.

활용하고

키워온 역량을 바탕으로 재무학회에서 ESG와 투자수익률의 상관관계에 대한 분석을 진행했습니다.

첫째, 기존 다양한 선행연구에서 사용한 데이터와 모형을 조사함으로써 사용할 데이터와 모형을 선정했습니다.

둘째, 학회원들과 함께 CAPM 모형을 활용하여 주가지수와 ESG ETF를 회귀 분석했습니다.

그 결과, 국내에서는 둘 간의 인과관계가 발견되지 않았지만, 미국 시장 분석에서는 P-VALUE가 0.07, 일당 0.02%의 수익률 증가라는 유의미한 인과관계를 찾았고, 이는 ETF의 편입방식의 차이에 따른 결과라는 것을 확인했습니다.

사례 10 2023 산업은행 자소서 - 2023 산업은행 합격자

디지털 역량개발 노력 디지털 분야의 역량 확보를 위해 본인이 어떠한 노력을 했는지 기술하고, 본인의 디지털 역량을 활용하여 문제를 해결한 경험을 서술하시오.

데이터 분석 역량

사회 문제를 다루는 수업에서 R을 활용하여 디지털 격차에 대해 분석하였습니다.

기존 데이터는 기기 보유 여부를 역량 측정 요인에 포함하였지만, 저는 기기 보유보단 기기를 활용할 수 있는지가 더 중요하다고 생각하였습니다. 이에 따라 원데이터부터 새롭게 분석할 필요가 있었습니다. 관련 기관에 21년 디지털 격차 실태조사 원데이터 정보공개를 청구하였고, R을 활용하여 데이터분석을 실시하였습니다.

1) 원데이터 파일에서 기기 활용 문항을 구분하여 해당 항목만을 호출하였습니다. 2) 디지털 능력과 삶의 만족도 간 회귀분석을 실시하였습니다. 3) 디지털 역량에 영향을 미치는 요인을 찾기 위해 성별(T test), 지역(ANOVA), 학력(ANOVA), 연령(회귀분석), 소득(회귀분석) 등 다양한 변수로 분석을 실시하였습니다. 4) 특히 연령을 독립변수, 소득을 조절변수로 설정하여 연령이 높아질수록 소득에 따른 디지털 격차가 더욱 커진다는 유의미한 결론을 도출할 수 있었습니다.

사례 11 산업은행 2022년 자소서 - 산업은행 2023년 합격자

✅ 디지털 분야의 역량 확보를 위해 본인이 어떠한 노력을 했는지 기술하고, 본인의 디지털 역량을 활용하여 문제를 해결한 경험을 서술하시오.

Digital Tool

첫째, 데이터 분석과 통계적 역량을 길렀습니다. 확률과 통계 수업에서 명령어를 통해 R 스크립트를 생성해보며 데이터 분석 방법을 학습했습니다. 그리고 데이터분석 준전문가(ADsP)를 취득하며 데이터 분석기획, R기초, 통계분석, 데이터 마이닝에 대해 학습했습니다. 실무적으로 컴퓨터활용능력 2급을 취득하며, 실무에서 자주 쓰이는 함수와 피벗 테이블을 활용하는 역량도 길렀습니다.

Digital Experience

인턴으로 근무하며, 급히 엑셀 데이터 조건에 맞는 고객의 서류를 인쇄해야 했습니다. 직원의 실수로 공지되지 않았는데, 오후 제출이어서 모두 하던 일을 멈추고 매달리기 시작했습니다.
데이터가 a부터 z를 넘어 가로로 방대해, 검색 시트를 새로 만들었습니다. 고급 필터로 목록 범위와 조건 범위를 설정한 후, 검색 매크로를 만들어 부서에 공유했습니다. 그 결과 2시간 후 업무를 모두 처리할 수 있었고, 부재중이신 분들의 업무도 처리해 신뢰를 얻었습니다.

사례 12 2022 한국증권금융 합격자 - 2022 산업은행 자소서

디지털 분야의 역량 확보를 위해 본인이 어떠한 노력을 했는지 기술하고, 본인의 디지털 역량을 활용하여 문제를 해결한 경험을 서술하시오.

물밀듯이 밀려오는 4차 산업의 홍수 속에서, 물결을 타기 위해 차근차근 수영을 준비했습니다.

1단계: 수온 측정

'ZDNET KOREA'와 '전자신문'의 경제&금융 부문 기사를 읽으며, 일주일 단위로 BEST 3기사를 채택해 요약했습니다. 이를 통해 각종 시중은행과 토스, 카카오뱅크 등 모바일 뱅크의 혁신금융상품의 현황과 흐름을 파악했습니다.

2단계: 준비 운동

"메타버스"와 "블록체인 트렌드" 책을 읽으며, 메타버스의 종류와 기업의 활용방안, 블록체인과 CBDC, NFT 등의 연계방안 등에 대한 지식을 쌓았습니다. 특히, '인문학적 감수성과 철학이 담겨있지 않다면, 메타버스는 단순히 신기술의 전시장이 될 뿐이다.'라는 대목을 읽고 인문학도로서의 책임감과 역할을 인지하기도 했습니다.

3단계: 뛰어들기

'중소벤처기업 지원정책 아이디어 공모전'에 참여했습니다. 기술력과 자본 부족으로 신기술 활용이 미흡한 중소기업의 문제를 해결하기 위해, 메타버스에 기반한 마케팅과 상생연계 구축을 통한 지원 방안을 제시했습니다. 특히, 정부주도 하의 중기 전용 메타버스 플랫폼 구축을 제안하고, 'K-비대면 바우처'에 메타버스를 추가해 공급자인 IT 스타트업과 수요자인 중소기업의 연계를 제안했습니다. 이외에도 '국민은행 디지털 서포터즈'로 활동하며 비대면 통장개설, 바이오출금 등 디지털 금융상품 및 서비스 이용을 직접 배우고 이용을 도왔습니다.

PART 02

HOW
어떻게 작성할 것인가

Chapter 01 글은 써 내려가는 것이 아니라 조립하는 것이다.

Chapter 02 자기소개서 질문부터 분석하라.
논술형 질문에는 미리 대비하라.

Chapter 03 소제목 작성법

Chapter 04 Concept을 활용하라

Chapter 05 인문학을 활용하라

Chapter 06 원칙, 이론, 학설, 명언을 인용하라

Chapter 07 경험작성법

Chapter 08 숫자와 영어, 그리고 여백도 활용하라

Chapter 09 세밀하게 작성하라

Chapter 10 단어를 선별하라 (형상화, 차별화)

Chapter 11 두괄식으로 표현하라

Chapter 12 간결체를 활용하라

Chapter 13 명심해야 할 것들

Chapter 01

글은 써 내려가는 것이 아니라 조립하는 것이다.

많은 지원자는 자기소개서를 써 내려가려 한다. 즉, 자기소개서 항목들의 질문들을 읽자마자 사전 개요작업 없이 1번 항목부터 글을 쓰기 시작하는 것이다. 연역적으로 글의 구성을 어떻게 설정할 것인가에 대한 고민도 없다. 그냥 닥치는 대로, 생각나는 대로 적어나간다. 그러다가 더 이상 글이 나오지 않고 막힌다. 그러면 1번 항목을 중단하고 슬그머니 2번 항목부터 써 내려가기로 마음을 먹는다. 또 닥치는 대로 글을 채워나간다. 또 막힌다. 이제는 3번 항목부터 작성해 보리라 마음먹는다.

이러한 글쓰기 방법은 무모해 보이기까지 한다. 최대 글자 수 근처까지 쓰기 위하여 안간힘을 다해 작성한다. 생각나는 대로 글을 쓰다 보니, 스토리 라인도 갈지자之 행보이다. 일관성이나 치밀함은 보이지 않는다. 이런 방식으로 작성된 자기소개서는 읽는 사람도 힘들지만, 무엇보다 작성하는 사람의 고역은 이루 말할 수 없다.

연역적인 방법으로 글을 작성하는 방식을 체질화하면 좋다.

다음의 사례는 2013년 산업은행 서류 합격 자기소개서이다. 필자는 개인적으로 이렇게 작성된 자기소개서를 선호한다. 글을 조립한 흔적이 역력하며, 이 외에도 이 자기소개서는 여러 가지 기법이 녹아 있음을 알 수 있다. 이 자기소개서를 읽다 보면, 그냥 써 내려간 것이 아니라, 철저히 아래의 절차를 거쳤음이 보인다.

자기소개서를 쓰기 전에 개요작업부터 하는 습관을 들이면 오히려 자기소개서 작성도 쉬워지고, 가독성도 높아지게 된다.

STEP 1 작성하고자 하는 소재 선정하기	화폐금융론수업, KDB50년사, 함께 극복할 때, 시련은 아름답다, 정책금융포럼, KREI논문경진대회, 한국은행통화정책 경시대회, 하이얼 세탁기 기사, 의무소방, 선거운동활동, PF금융, 인문학, 축구부와 낚시부 등
STEP 2 개요(목차)작업	• 지원동기 - Introduce 화폐금융론 수업 - Body - KDB50년사, 함께 극복할 때, 시련은 아름답다 - 정책금융포럼 - Conclusion 창조금융 • 나의 경험 - KREI논문경진대회 - 한국은행통화정책 경시대회 - 하이얼 세탁기 기사 • 나의 활동 - 의무소방 - 선거운동활동 • 향후 계획 - Work PF금융 - Life 축구와 낚시부 - Thinking 인문학
STEP 3 자기소개서 작성	작성 후 연결하기

사례 1 2013 산업은행 서류합격

지원동기 1,000자 이내

여러 직업 중에서 은행을 선택한 동기, 여러 은행 중에서 산업은행을 선택한 이유 등

Introduce

화폐금융론을 공부하며, 은행업은 사실상 우리사회의 물질적 흐름을 만들어 내고 원활하게 만들어주는 가장 큰 원동력이라는 점에서 매력을 느꼈습니다. 하지만 정보의 비대칭성 등으로 인해 은행업의 시장 실패는 항상 존재해왔고, 이를 보완하는 역할을 하는 정책금융의 중요함을 알게 되었습니다. 그래서 전문성과 공공성을 추구하는 정책금융기관의 맏형, 산업은행에 관심을 가지게 되었습니다.

Body

저는 산은에 대해 잘 알기 위해, 산은의 역사를 알고자 하였습니다. 그래서, **KDB 50년사와 산은인이 엮는 산전수전기, [함께 극복할 때 시련은 아름답다] 두 권의 책을 읽어 보았습니다.** 특히 1999년, IMF 위기를 극복하는 수기형식의 두 번째 책을 읽으며, 산은이 말하는 도전 정신이 무엇인가를 간접적으로 체험할 수 있었습니다. 암울한 시기에, 무에서 유를 창조한 일련의 업적들(Moody's의 신용등급 투자적격 획득, Kfw 차관 도입, 기업의 성공적인 워크아웃 실시 등)을 해내신 선배님들의 도전과 열정이 대단해 보였습니다. 또한 이 모든 것을 가능케 한 산은의 강한 자부심을 저도 느껴보고 싶은 마음이 들었습니다. 이 수기의 주인공 분들이 궁금한 마음에 검색을 하여보니 아직 현직에 계시거나 최근까지 산은의 일원으로 활약하신 것을 보고, KDB는 강한 애사심이 있으신 선배님들이 만들어온 최고의 은행이라는 확신이 더욱 들었습니다.

책을 통해서 얻은 데이터를 활용함

2013년 6월 20일 조선비즈가 개최한 정책금융포럼에 참가하였습니다. 정책금융에 대한 여러 교수님들의 고견과 정책금융 현직자 분들의 의견을 들으며, KDB의 높은 위상과 역할을 느꼈습니다. 특히 저에게 화두를 던진 것은 산업은행 현직자 분께서 질문하신 정책금융의 '지속가능함'이었습니다. 이에 대해 더 알고 싶었지만, 연구나 관련 자료가 국내에는 아직 없어 보였습니다. 그래서 포럼에 참가했던 한 교수님께 메일을 드려 자문을 구한 결과, 캐나다 정책금융기관은 공식용어로 이를 사용하고 있다는 말씀을 들었습니다. 캐나다 수출개발공사홈페이지를 훑어보니 self financing, Crown corporate로 은행을 소개하고 있었습니다. **정책금융기관의 공공성에 대한 책임이 막중하지만, 이것이 지속가능하려면 수익사업확장을 통한 재원 획득이 균형을 이루어야 함을 알게 되었습니다.**

- 경험을 작성할 시에는 첫 문장에 가급적 육하원칙을 접목하는 것이 좋음. 특히 시점(언제)은 명확히 밝히는 것이 좋음
- 금융공기업의 수익성과 공공성에 대한 본인의 의견을 피력

Conclusion

산은을 조사하고 알아가면서 오히려 우리나라 금융, 경제의 역사에 대해 많이 배웠습니다. 이는 산은이 국가경제의 중추적인 역할을 하였다는 것을 방증합니다. 현재 저성장으로 국가경제는 위기상황을 겪고 있습니다. 과거 선배님들의 개척정신을 이어받아, 창조금융을 선도하고 한국경제가 한 단계 도약하는데 보탬이 되겠습니다.

나의경험 1,000자 이내

자신만의 특별한 경험, 성공이나 실패 사례 등

농산물 가격 위험을 헷지하라.

- 명령형 소제목

2010년 가을은 배추 한 포기의 가격이 10,000원으로 치솟아 일명 '배추대란'이 있던 해입니다. 이 때 알게 된 사실은 기후변화 등으로 인해 농산물의 가격 변동성이 굉장히 크다는 점입니다.

성과는 최대한 구체적이고 계량적으로 표현

공식형 소제목

하지만 가격변동을 헷지(hedge)할 수 있는 적절한 위험관리 수단이 없기 때문에, 농가들은 안정적으로 수익을 창출하는데 어려움을 겪고 있었습니다. 해결책을 모색하던 중, '만약 농가들이 선물시장의 가격 헷지기능을 활용한다면, 안정적인 수익을 실현할 수 있지 않을까'하는 의문을 가졌습니다. 저와 동기 2명은 이를 파고들어, 선행 연구자료를 분석하고 고민한 끝에 '배추 상품선물 상장'에 대한 아이디어를 한국농촌경제연구원에 제시하였습니다. 그 결과, **2010 KREI 논문 경진대회 대상을 수상하였고, 관계자분들로부터 참신성이 돋보인다는 칭찬을 받았습니다.**

환경+통화정책 = Green taylor rule

금융경제 현상에 대한 시각을 넓히고자 '2011 한국은행 통화정책 경시대회'에 참가하였습니다. 그런데 동아리로 참가하는 다른 팀들과 달리, 선배들의 조언이나 축적된 데이터가 없었기 때문에 출발선이 불리하였습니다. 하지만 우리 팀만의 독특한 색깔을 선보이면 된다고 생각하고, 통화정책과 환경을 연결시키기 위해 수많은 고민을 하였습니다. 8개월 동안 교과서, 논문, 보고서 등을 공부하며 기초를 쌓았고, 새로운 아이디어를 위해 여러 교수님들을 방문하고 피드백을 받았습니다. 결국 인도네시아 중앙은행에서 발간한 보고서에서 실마리를 잡고, 녹색성장을 위한 통화정책을 발표하여 서울 예선 최우수상, 전국 결선 동상을 수상하였습니다. 새로운 통화정책을 만들어보자는 개척정신이 가져온 큰 수확이었습니다.

현직 산은 부장님께서 신문에 기고하신 칼럼 '하이얼 세탁기 사례'를 보고 많은 공감을 하였습니다. 창조경제는 새로운 것을 만드는 것이 아니라, 있는 것을 새롭게 그리고 다르게 쓰는 것이다. 기존의 것들을 착실하게 습득하고 새로운 아이디어를 제시하여, 산은의 미래가치를 창출해내는 행원이 되겠습니다.

나의활동 1,000자 이내

봉사활동, 동아리활동, 예체능 활동 등

2년 2개월

저는 의무소방으로 군 복무를 하면서 봉사심과 자부심을 느꼈습니다.

강원도 양양은 주변에 산이 많아 가을철이면 산행 중 부상을 입거나 실종된 사람들이 많았습니다. 그래서 구조견을 데리고 실종자를 수색하거나 들것으로 부상당한 환자를 이송하는 업무를 주로 하였습니다. 산을 오르내리는 것이 힘든 적이 많았지만, 구조 후 굉장히 고마워하시고 가족들이 안심하시는 모습을 보면서 많은 보람을 느꼈습니다. 이 때, 제 직업을 통해 사회적 보람을 얻고 싶다는 생각을 하게 된 계기가 되었습니다.

저는 강원소방항공대 소속의 최초이자 최후의 의무소방이었습니다. 의무소방은 일정기간 복무 후 자신의 연고지에 공석이 생기면, 옮길 수 있는 기회가 주어졌습니다. 제 선배들은 연고지로 부대를 옮겼기 때문에, 강원소방항공대 소속으로 전역한 사람이 한 명도 없었습니다. 저 역시 본부로부터 우리 부대는 앞으로 의무소방을 배치하지 않을 거라며, 원주소방서로 가지 않겠냐는 제안을 받았을 때 많은 갈등을 하였습니다. 고향인 원주로 가면, 최고참이고 친한 동기들이 있었기 때문입니다. 하지만, 미우나 고우나 정이 들었던 반장님들을 배신하고 싶지 않았고, 제가 가면 발생하게 될 많은 구멍들을 생각하며 혼자이지만 끝까지 남아있기로 결정하였습니다. 전역 날, 간부분들이 축하한다고 최초이자 마지막 의무소방이라고 말씀하실 때 큰 자부심을 느꼈습니다. 어려운 난관이 있더라도 한눈팔지 않고 산은인으로서 자랑스럽게 졸업하겠습니다. 퇴직 후에도 동우회에 가입하여 후배님들의 든든한 버팀목이 되겠습니다.

후회 없는 열정

2010년 강원도 도의원에 출마하신, 친구 아버님을 도와 선거운동 활동을 한 적이 있습니다. 선거홍보 율동을 추고 하루 종일 유세를 하면, 온몸이 쑤시고 목이 아팠지만 밤에는 친구와 함께 SNS를 이용하여 선거활동을 펼치며 열정을 쏟았습니다. 비록 선거 결과 근소한 차이로 지셨지만, 아쉬움보다는 후련한 기분이 들었습니다. 정말 열정을 다했다면 후회가 남지 않는다는 것을 느꼈습니다.

향후계획 1,000자 이내

Work

저의 목표는 프로젝트 금융분야의 전문가가 되는 것입니다.

일단, KDB의 구성원이 된 것만으로 프로젝트 금융 전문가의 꿈에 한 발짝 다가섰다고 생각합니다. KDB는 95년 최초로 PF를 국내에 도입하였고 99년에는 SOC채권을 최초로 발행하는 등의 수많은 노하우들을 축적해온 PF 선도기관이기 때문입니다. 앞으로 PF 금융의 경쟁력은 우리나라의 수출경쟁력을 좌우하고, 미래 먹거리를 발굴하는 데 큰 영향을 미칠 것입니다. 또한 민간금융의 참여 유도를 통해 공적자금의 부담을 줄일 수 있으며, 자문 또는 주선은행으로서 수수료 수입도 가져다주므로 지속가능한 정책금융을 가능하게 할 것이라고 생각합니다. 미래 금융분야의 전문가로서 KDB의 지속가능한 성장과 나아가 국가경제 발전에 보탬이 되겠습니다.

신입행원으로서 저는 지점 근무를 통해 여신업무 등을 착실히 배우며 은행업 전반의 기본기를 쌓겠습니다. 여신업무 등을 통해 배우는 균형적인 사고와 다양한 업무 경험은 PF금융전문가가 되기 위해 튼튼한 기초가 될 것으로 생각합니다. 이와 더불어 국제금융역 자격증을 취득하는 한편 외국어 공부에도 충실하여, 확대되고 있는 해외 PF 금융에 대비하겠습니다. 그리고 신재생에너지, 환경 분야에 항상 관심을 기울여, 발전, 에너지 PF팀에서 능력을 발휘하겠습니다.

입사 후 포부에 대해 최대한 정량적이고 구체적인 목표점을 제시함

Life

체력이 없으면 어떤 일도 불가능하다고 생각합니다. 꾸준한 웨이트트레이닝으로 건강한 몸을 만들겠습니다. 그리고 **금융권 명문 축구팀인 산은 축구 동호회에 가입하여 많은 선배님들과 친목도 다지고, 축구연습도 열심히 하여 금융위원장배 축구대회 등을 우승하는데 보탬이 되겠습니다.**

어렸을 적, 아버지를 따라 낚시를 많이 다녔습니다. 초등학생 때, 큰 잉어를 낚았을 때의 짜릿한 손맛이 아직도 기억이 납니다. 평소 민물낚시만 하였기 때문에, 바다낚시를 해보고 싶었습니다. 산은 낚시부의 일원이 되어 바다낚시에 도전해 보고 싶습니다.

Thinking

금융시장의 거물, 레온 블랙은 자신의 성공비결로 셰익스피어 작품을 꼽았습니다. 그의 작품을 통해 배운 인간의 본성이, 금융업을 하는데 가장 큰 도움을 주었다고 합니다. 저도 평소에 인문, 고전 등을 꾸준히 읽으며 넓은 시야를 가진 사람이 되도록 노력할 것입니다.

• 금융위원장배 축구대회가 존재한다는 데이터를 미리 수집 후 자기소개서에 삽입

• 2013년 당시 금융권에서는 인문학이 상당히 강조된 시대임을 고려하여 인문학도 삽입
서울소재 상위권 대학 지원자

Chapter 02

자기소개서 질문부터 분석하라. 논술형 질문에는 미리 대비하라.

최근 자기소개서 질문의 경향은, 두 가지로 요약될 수 있다.

첫째, 한 가지 항목에 몇 가지의 질문으로 구성된 경우가 많다. 예전의 전통적인 자기소개서 항목은 질문이 간단했지만 지금은 다르다. **질문 자체부터 복잡해졌다. 자칫 질문을 제대로 정독하지 않으면 동문서답의 자기소개서를 작성할 가능성이 높아진 것이다.**

둘째, 자기소개서임에도 불구하고 논술형 자기소개서 항목이 늘어나기 시작했다. 단순히 자기소개를 할 것만을 요구하지 않고 **최근 경제, 시사, 사회 이슈에 대하여 다양한 질문을 하며, 지원자의 생각을 묻는 자기소개서 항목이 늘어났다.**

다음의 표를 보자. 예전의 전통적인 자기소개서 항목과 2017년 신용보증기금 신입직원, 2017년 농협은행 신입직원 자기소개서 항목을 비교해 보면, 그 차이를 확연히 알게 될 것이다.

과거 자기소개서 항목 < 질문이 간단함 >			
	• 성장과정	• 장단점	• 지원동기
	• 입사 후 포부	• 경험	• 기타

현재 자기소개서 항목
< 질문이 복잡하고, 논술형 자기소개서를 요구함 >

2017년 신용보증기금 신입직원

1. 본인의 성장과정에서 **가장 큰 성공과 실패의 경험 및 그러한 경험을 통해 깨닫게 된 점 혹은 변화하게 된 점**에 대하여 구체적으로 기술하시오.
2. 신용보증기금 지원 동기 및 입사 후 직무 수행과 관련하여 자신의 전문성 향상을 위해 지금까지 해 온 노력에 대하여 구체적으로 기술하시오.
3. 신용보증기금은 보증 신청기업에 대하여 현장조사를 필수적으로 실시하며, 보증심사 시 자체 개발한 중소기업 맞춤형 신용평가 체계를 활용합니다. 중소기업에 특화된 신용평가 방법이 필요한 이유가 무엇인지에 대하여 본인의 생각을 기술하시오.
4. 독창적인 사업 아이템을 가지고 창업한 기업이 창업 1년 후 회사 경영과 관련하여 한 가지 애로사항을 겪고 있다고 가정합니다. 그 애로사항이 무엇일지 설명하고 신용보증기금이 애로사항 해소를 위해 할 수 있는 역할에 대하여 본인의 생각을 기술하시오.
5. 신용보증기금은 제 1순위 국정과제인 '일자리 창출'을 선사적으로 추진하기 위해 '일자리창출추진단'을 출범하였습니다. **신용보증기금이 기관 고유의 사업을 통해 양질의 일자리를 창출할 수 있는 방안에 대하여 본인의 생각을 기술하시오.**
6. 한정된 재원으로 창업기업에 대해 보증 지원을 해야 한다면, 지원자는 청년창업기업과 장년창업기업 중 어디를 중점적으로 보증 지원할 것인지, 그 이유는 무엇인지 본인의 생각을 기술하시오.

• 한 가지 질문에 세 가지 이상의 답변을 하여야 함

• 일자리 창출과 관련 신용보증기금의 방향성을 묻는 논술형 질문

2017 농협은행 신입행원

1. 본인이 은행을 지원하는 이유와 이를 위해 준비해 온 노력을 구체적 경험을 바탕으로 두 가지만 기술하시오.
2. 농협은행의 인재상 중 본인에게 가장 어울리는 인재상은 무엇인지 선택하고, 선택한 이유를 본인의 구체적 경험을 바탕으로 설명하시오. (농협은행의 인재상 - 최고의 금융전문가, 소통하고 협력하는 사람, 고객을 먼저 생각하는 사람, 사회적 책임을 실천하는 사람, 변화를 선도하는 사람)

질문에 대해서 형식적인 요건까지 구체적으로 제시

4차 산업혁명과 관련해 묻는 논술형 질문

현재 자기소개서 항목 < 질문이 복잡하고, 논술형 자기소개서를 요구함 >	3. 본인의 삶에서 가장 큰 영향을 끼쳤던 일에 대해 아래와 같이 기술하시오.(최근 5년 이내의 경험) • 그 경험을 하게 된 이유와 구체적인 상황 • 그 경험을 통해 얻은 역량과 이를 실제 적용해본 사례 또는 앞으로의 활용방법 • 그 과정에서 느낀 점 또는 본인의 변화 4. 최근 4차 산업혁명으로 인해 금융환경이 급변하고 있습니다. 흔히 언급되고 있는 AI, 빅데이터, 사물인터넷, 블록체인 또는 그 이외에 본인이 생각하는 4차 산업혁명 시대에 일어날 금융업의 변화에 대해 설명하고 이에 대응하기 위해 본인이 갖추어야 할 역량에 대해 기술하시오. 5. 현재 농협은 '농가소득 5천만 원 달성'이라는 목표를 위해 전사적으로 역량을 집중하고 있습니다. NH농협은행에서 농가소득 5천만 원을 달성할 수 있는 현실적인 방안을 설명하고 본인이 할 수 있는 역할을 구체적인 근거를 들어 기술하시오. 6. 상기 문항 외에 자신을 PR할 수 있는 내용을 자유롭게 기술하시오.

질문이 확실히 복잡해졌고, 논술형 자기소개서 항목의 증가도 두드러진다. 따라서 이제는 자기소개서 작성 전에 **질문에 대한 분류 작업도 선행해야 질문에 적합한 명쾌한 답변이 가능해 질 것이다. 또한, 경제, 사회, 국제 이슈에 대한 선행 학습이 필요하다. 논술준비도 미리 미리 시작할 것을 권한다.**

자기소개서의 질문을 구조화하는 첫 번째 방법은, 다음과 같다. 첨부한 메모처럼 각각의 질문에 대하여 넘버링을 함으로써 작성해야 하는 질문을 명확히 분류하는 것이다. 그러다보면, 질문의 워딩에 따라 충실하게 답을 작성할 수 있게 된다. 2017 신용보증기금 신입직원 자기소개서를 구조화 해 보았다.

【 2017 신용보증기금 신입직원 자기소개서 】

① 본인의 성장과정에서 가장 큰 성공과 실패의 경험 및 그러한 경험을 통해 깨닫게 된 점 혹은 변화하게 된 점에 대하여 구체적으로 기술하시오.

- 본인의 성장과정
- 가장 큰 성공의 경험
- 가장 큰 실패의 경험
- 그러한 경험을 통해 깨닫게 된 점 또는 변화하게 된 점
- 구체적으로 기술

② 신용보증기금 지원 동기 및 입사 후 직무 수행과 관련하여 자신의 전문성 향상을 위해 지금까지 해 온 노력에 대하여 구체적으로 기술하시오.

- 신보 지원 동기
- 입사 후 집무수행과 관련하여 본인의 전문성 향성을 위해 지금까지 해 온 노력
- 구체적으로 기술

③ 신용보증기금은 보증 신청기업에 대하여 현장조사를 필수적으로 실시하며, 보증심사 시 자체 개발한 중소기업 맞춤형 신용평가 체계를 활용합니다. 중소기업에 특화된 신용평가 방법이 필요한 이유가 무엇인지에 대하여 본인의 생각을 기술하시오.

- 중소기업에 특화된 신용평가 방법이 필요한 이유
- 본인의 생각을 기술

④ 독창적인 사업 아이템을 가지고 창업한 기업이 창업 1년 후 회사 경영과 관련하여 한 가지 애로사항을 겪고 있다고 가정합니다. 그 애로사항이 무엇일지 설명하고 신용보증기금이 애로사항 해소를 위해 할 수 있는 역할에 대하여 본인의 생각을 기술하시오.

- 독창적인 사업 아이템을 가지고 창업한 기업이 창업 1년 후 회사경영과 관련하여 한 가지 애로사항을 겪고 있다고 가정
- 그 애로사항이 무엇인지 설명
- 신용보증기금이 애로사항을 위해 할 수 있는 역할
- 본인의 생각을 기술

⑤ 신용보증기금은 제 1순위 국정과제인 '일자리 창출'을 전사적으로 추진하기 위해 '일자리창출 추진단'을 출범하였습니다. 신용보증기금이 기관 고유의 사업을 통해 양질의 일자리를 창출할 수 있는 방안에 대하여 본인의 생각을 기술하시오.

– 신용보증기금이 기관 고유의 사업
– 양질의 일자리를 창출할 수 있는 방안
– 본인의 생각을 기술

⑥ 한정된 재원으로 창업기업에 대해 보증 지원을 해야 한다면, 지원자는 청년창업기업과 장년창업기업 중 어디를 중점적으로 보증 지원할 것인지, 그 이유는 무엇인지 본인의 생각을 기술하시오.

– 한정된 재원으로 창업기업에 대해 보증 지원을 해야 한다는 가정
– 지원자는 청년창업기업과 장년창업기업 중 어디를 중점적으로 보증 지원할 것인지
– 그 이유
– 본인의 생각을 기술

자기소개서의 질문을 구조화하는 두 번째 방법은, **색깔이나 밑줄로 질문의 핵심을 표시해 두는 방법이다.** 다음의 금융감독원 자기소개서를 참조하라.

자기소개 1

1. 지원동기

금융업은 무섭게 진화하고 있습니다. 시장이 고도화, 복잡화될수록 더불어 책임이 무거워진 것이 금융시장의 관리자, 금융감독원의 역할입니다. 금감원의 이야기 <변화로 통하다>를 통해, 금융감독원 역시 익숙함에서 벗어나 보다 좋은 규제기구가 되기 위해 노력하는 과정을 보았습니다. 국민이 진심으로 신뢰하고 존경하는 기관이 되기 위하여, 우리 금융시장의 기형적인 파행을 잡아내고 금융의 기본역할을 잘 수행할 수 있도록 하는 금융감독원 업무의 방향성이 제가 이루고 싶은 직업관과 부합한다고 생각하여 지원하였습니다.

2. 성장과정 및 인생관

30년간 공공기관에서 수백억 단위의 예산 집행을 담당하시면서, 당신이 다루는 돈을 '돈'으로 보지 않는 아버지를 보며 자랐습니다. 남의 눈이 보이는 곳과 보이지 않는 곳 그 어느 곳에서나 한결 같은 모습을 통해 당신 인생으로써 정직함을 가르쳐주신 아버지는 "자존심이란 타인 앞에서 콧대 세우며 까탈스럽게 구는 그런 것이 아니라, 하루하루 자기 스스로에게 부끄럽지 않을 수 있는 것이다"라며, 제게 "그 자존심을 절대로 잃지 말라"라고 강조하셨습니다. 자존심 있는 삶, 매 순간 살아나가겠다 다짐하는 제 인생관입니다.

3. 자신의 강약점

저의 약점은 겁이 많다는 것입니다. 신 기종의 핸드폰을 가진 얼리어답터가 되려고 해도, 해당 기종의 결점은 무엇인지, 어느 시기 생산품에서 불량품이 많이 나오는지, 어떻게 개선이 되었는지, A/S는 어떻게 되는지 생각하다 늦은어답터가 되곤 합니다. 그러나 저의 강점은 하나를 볼 때 여러 가지를 복합적으로 한 번 더 생각하며 갖게 된 넓은 시야입니다. 다양한 요소에 대해 아울러 미리 살펴본 만큼, 문제가 터졌을 때 상황에 대한 포용력과 이에 유연하게 대처할 수 있는 마음가짐을 기를 수 있었다고 생각합니다.

4. 학업, 교내외 활동 및 기타경력

2년간의 CPA 공부를 접기로 결정한 것을 돌이켜보면, 이는 저의 가치관과 사고에 있어 커다란 전환점이었습니다. 불합격이라는 명백한 결과에 대해 결과를 수용하고, 미래 계획을 다시 설정해야 했습니다. 수험기간 730일을 되돌아보며 원하지 않은 결과를 만든 제 잘못된 방법과 태도, 앞으로 살아나가면서 절대로 번복하지 말아야 할 것들에 대해 정리할 수 있었습니다. 목적에 적합한 방법의 탐구와 행동, 사회와의 지속적 접촉 그리고 체력관리의 중요성은 해당 경험을 통해 갖춘 저의 새로운 '기본요소'입니다.

5. 10년 뒤 자신의 모습

ICT업체의 금융업 진입에 대한 규제가 풀리고 산업장벽의 와해 속에 새로운 경쟁이 시작되어 더욱 복잡해진 한국 금융시장에서, 팀원들과 더불어 감독업무를 수행하고 배우며 금융감독원의 핀테크Fintech = Financial + technique 전문가로서 성장하고 있을 것입니다. 기업들보다 시장을 더 잘아야 이들을 지도할 수 있다는 신념으로 빠르게 변화하는 해당 분야 지식은 물론, 이를 어떻게 적절하게 관리 감독할 수 있을지를 위해 법과 규칙, 그리고 조직활동을 위한 팀워크라는 방법론적 재능도 겸비하기 위해 노력하고 있을 것입니다.

자기소개 2

다음의 주제와 관련되어 경험한 사례에 대하여 기술해 보십시오.

6. 자신의 인생관은 무엇입니까? 간략하게 설명하십시오.

'자존심 있는 사람이 되어라'는 아버지의 말씀이 저의 줄기라면, '매일 아침은 꼭 먹어라' 하시던 외증조할머니의 말씀은 제 뿌리입니다. 이 9개의 글자는 첫째, 하루를 시작하는 기본인 아침식사를 챙기듯, 모든 일에 앞서 기본을 갖춘 사람이 되어라. 둘째, 식사를 거르지 않기 위한 매일 아침의 성실함은 기본이다. 셋째, 꾸준히 식사를 챙기듯 행동이란 꾸준해야 한다는 제 생활과 인생의 기본지침입니다.

7. 자신의 인생관에 영향을 미친 주요인물, 사건 등에는 어떤 것이 있습니까? 본인이 경험한 과정을 가능한 구체적으로 기술하세요.

외증조할머니, 외조부모, 소위 '어른을 모시는' 대가족에서 자랐습니다. 제 나이 17살 외증조할머니가 돌아가시기까지, 7명의 가족구성원 간 암묵적 철칙은 외증조할머니의 '7시 아침식사 준수'였습니다. 간단한 이 약속은 매일 아침 기상시간을 지키게 만들었고, 이로써 하루 생활이 흐트러지지 않도록 하는 시작점이었으며, 가족 간 다투더라도 얼굴을 보고 풀어지게 하는 조율의 자리가 되었습니다. 꾸준히 지킬 수 있는 규칙이 반듯한 일상을 만들고, 결국 이는 제 생각과 태도를 이루는 근간이 됨을 배울 수 있었습니다.

8. 본인의 가치관을 현재 생활에 어떻게 적용하고 있는지 구체적인 예를 들어 설명하여 주십시오.

내가 갖추어야 할 '기본'이 무엇인가에 대한 고민은 이십대 전반의 화두였습니다. 하겠다고 한 번 마음먹은 이상 끝까지 하겠다는 '근성'은 그 과정에서 찾아낸 가치 중 하나입니다. 2011년으로 넘어가던 겨울, 앞으로 절대 체력관리를 소홀히 하지 않겠다고 다짐했습니다. 그 이후로 4년, 이제는 1시간의 근력운동과 4km의 조깅, 또는 20km의 사이클을 가뿐히 소화해내는 건강과 양 손바닥의 굳은살이란 훈장을 얻었습니다. 더디더라도 조금씩 나아지고, 꾸준히 성장하고 있다는 자기 성취감은 근성이 가져다 준 성과였습니다.

9. 기타 자신만의 특별한 세계관이 있다면 기술하여 주십시오.

어른들 말씀 중에 "기운이 옮는다"라는 말이 있습니다. 저는 개개인의 사이뿐 아니라, 사회와 국가, 세계에도 이 말이 적용될 수 있다고 생각합니다. 그렇기에 개인의 실천이 결국 그 사회의 정신을 이루는 핵심이 된다는 것이 저의 세계관이며, 따라서 준법, 질서, 양심, 윤리 등 다른 사람들에게서 바라는 모습을 내가 먼저 실천하여 그 생각과 행동을 옮기는 '숙주'가 되겠다는 것이 사회구성원으로서의 제 자세입니다.

자기소개 3

학교생활 또는 교내외 사회활동, 봉사활동 경험 중에서 본인에게 닥친 어려움이나 난관을 극복하기 위해 노력했던 경험을 기술하십시오.

10. 본인에게 닥친 임무난관는 무엇이며 어떤 내용인지 구체적인 장소, 인물, 시간 등을 기록하십시오.

2011년 여름학기, 경영전략을 수강하며 1개월에 걸쳐 기업전략 제시를 위한 팀 프로젝트를 진행하였습니다. 외국자료와 재무분석을 전담했던 조장과 그 친구, 직접 기업과 매장을 방문하며 직접분석을 전담했던 고학번 2명, 그리고 이중전공생 1명으로 구성된 팀에서 1주차에 문제가 터졌습니다. 각자의 리서치 자료를 주고받는 과정에서 조장파와 고학번파 간에 서로 기한을 조금씩 어기다 감정이 틀어지며 문제가 심각해졌고, 막내이자 유일한 여학우였던 저는 냉랭해진 팀원 관계를 조율해야 하는 상황에 놓이게 되었습니다.

11. 원인을 파악하고 난관을 해결하기 위하여 본인이 취했던 행동은 무엇입니까?

임의로 짜진 조원들 사이가 시작부터 불안했던 것은 취업이 확정된 조장파와 그렇지 않은 고학번파 사이의 입장 차 때문이었습니다. 일방의 진행을 위해선 다른쪽이 이에 맞춰 자료를 보내줘야 하는데 서로의 진행속도가 다른 것이 직접적 원인이었습니다. 이에 저는 정보의 허브를 자청했습니다. 팀원 간 자료를 직접 교환할 것이 아니라 우선 모든 정보를 저에게 모아주면 각자 필요한 정보를 요구할 때 찾아 보내주는 역할로, 또한 시간의 효율성을 위해 최종보고서 작성을 조장이 아닌 모든 정보를 가진 제가 함께 맡게 되었습니다.

12. 그 노력의 결과로 문제는 해결되었습니까? 결과(성공, 실패)의 이유와 개인적으로 습득한 교훈 등에 대하여 기술해 보십시오.

정보 순환 문제가 해결되자 프로젝트는 급속도로 진행되었습니다. 3주 뒤 최종발표 후, 총 11개의 조 중 최다득점을 얻었고 담당교수와 자리에 참석했던 기업관계자들로부터도 좋은 피드백을 받았습니다. 공동 과제를 해결해야 하는 조직구성원이 첨예하게 대립하고 있을 때, 저의 양보는 손해가 아니라 목표 달성을 위한 열쇠가 됨을 보았습니다. 밤낮으로 모든 팀원들과 연락을 주고받아야 하는 정보의 허브 역할과 20장의 보고서 작성에 자진한 결과, 작은 것을 포기하고 큰 것을 얻는 법을 배울 수 있었습니다.

자기소개 4

지금까지 이룬 업적 중에서 본인이 가장 보람을 느꼈던 일은 무엇이었습니까?

13. 어떤 상황이었는지 구체적인 예를 들어 설명해 주십시오.

대학에 갓 진학 후, 어릴 때부터 다니던 성당에서 중고등부 교리반 교사로 2년간 활동했었습니다. 일요일 청소년부 미사가 끝나면 성당에서 점심을 제공했었는데, 일반아파트와 임대아파트 단지의 경계에 있던 성당의 입지 때문인지 주말에는 그 한 끼 때문에 미사에 참석하는 학생들이 많았습니다. 도저히 사교육을 받을 여건이 안 되던 학생들 중 '의지는 있지만 방법이 없었던' 지원자를 받아 참여 인원 12명의 '중산성당 공부방' 모임을 결성하여 해당 공부방의 문과 교사이자 도우미로서 1년 반의 여정에 참여하게 되었습니다.

14. 그때 본인에게 주어졌던 책임이나 역할은 무엇이었으며 그 역할을 잘 수행하기 위해서 어떤 행동이나 활동을 했는지 구체적으로 설명해 주십시오.

2007년 7월 15일, 교리 시간이 끝나고 '안 풀리는 문제가 하나 있는데 혹시 가르쳐줄 수 있겠냐'며 제게 찾아온 한 고등부 학생의 질문이 본 공부방의 시작점이었습니다. 공부방을 만든 주관자로서 모임이 자리잡기까지의 많은 것들이 제 과제였습니다. 성당의 방을 공부방 교실로 고정적으로 빌려야 했고, 이과 학생들의 수업을 담당해 줄 다른 봉사자를 찾아야 했으며, 참가한 학생들이 각자 목표를 세우고 추진할 수 있게 독려하는 시스템을 고안하는 등 공부방이 운영되는 데 필요한 과정 전반을 설계해야 했습니다.

15. 이러한 노력과 행동을 통해서 나타난 결과는 무엇이었으며 왜 본인에게 의미있는 일이었습니까? 그 결과를 통해 개인적으로 습득한 것은 무엇입니까?

공부방 1기 전원의 내신 성적이 평균 6점 내외, 많게는 15점까지 올랐으며, 2008년 입시에서는 7명의 고3 학생 중 5명이 각자 희망하던 대학에 진학하였습니다. 저를 믿고 따라오는 학생들과 다른 분들의 도움과 관심 속에서 '중산성당 공부방'은 제게 부담이자 모험이었고 또한 책임이었습니다. 학생들이 공부에 재미를 느끼며 변하는 과정에서 누구보다도 얻은 것이 많은 사람은 저였다고 생각합니다. 받아서 느끼는 기쁨보다 훨씬 큰 주는 기쁨과 보람을 느꼈습니다. '내'가 아닌 '너'를 통해 얻는 성취를 경험했습니다.

자기소개 5

본인이 희망하는 분야의 전문가가 되기 위해 어떤 노력을 하였습니까? 남들과 차별화되는 본인만의 경험 또는 노하우가 있다면 무엇입니까?

16. 구체적으로 어느 분야에서 어떤 전문가로 활동하고 싶습니까?

역사의 어느 산업보다도 빠른 속도로 성장하고 있는 ICT산업은 거대한 '제4의 물결'이 되어 산업 간의 장벽을 허물고 있습니다. 과거 기간산업을 보조했던 금융업이 어느 순간 스스로 수익을 창출하는 하나의 독자적 산업이 되었듯, 제조업, 서비스업 등의 여타산업의 보조산업으로서 역할을 하던 ICT산업이 그러한 모습을 보이는 바, 국내 금융시장에서 이를 보여주는 사례가 'Messenger banking의 등장'이라고 생각합니다. 저는 금융감독원에서 이러한 새로운 금융의 등장과 빠른 변화를 관찰하고 대응하는 전문가가 되겠습니다.

17. 본인이 그 동안 전문가가 되기 위해 어떤 노력을 기울였습니까?

전문가란, 시대 변화 속에서 특정 분야를 읽고 집어내어 이를 본인의 경쟁력으로 내재화한 사람입니다. 2013년 7월, 같은 대학교의 기술경영대학원에서 IT업계 출신으로 금융을 연구하는 교수를 찾아가 학부연구생으로 1년간 4개의 프로젝트에 참여하였습니다. 무섭게 성장하는 해외의 핀테크를 보며, 국내 시장에도 곧 등장할 변화를 앞서 공부하여 제 경쟁력으로 삼고 싶었고, 이를 위해 해당 분야의 교수 밑에서 연구에 참여하며 시장을 읽고 문제를 찾아내는 눈을 기르기 위해 노력하였습니다.

18. 전문가가 되기 위한 자신의 노력을 평가해 봅시다. 지금까지 달성한 본인의 수준은 어느 정도가 된다고 생각하는지 기술하십시오.

금융시장 일대의 변화를 경영학의 눈이 아닌, 공격자인 IT의 눈에서 접근하기 위해 고민하고 투자한 1년이었습니다. 생각을 머리에서 멈춘 것이 아니라 방법을 찾고 부딪치며 행동으로 실천했다는 점에서, 시작이 반이라는 말처럼 50%는 달성하였다고 생각합니다. 그러나 금융감독원의 일원을 목표하는 제게는 감독 업무를 수행할 수 있는 한 사람의 감독원 직원이 되기 위해 익혀야 할 50%의 과제가 남아있습니다. '금융감독원의' 전문가가 되기 위해, 전문가인 '금융감독원 직원'이 되기 위해 더욱 노력하겠습니다.

19. 기타 추가로 하고 싶은 말

언제부터인가 한국은 해야 할 일은 하고, 하지 말아야 할 일은 하지 않으려 노력하는 가장 평범한 사람들이 바보 취급받는 사회가 되어가는 것 같다고 느꼈습니다. 우리의 금융시장도 다르지 않습니다. 건실한 활동을 통해 수익을 창출하려는 금융은 무능력한 것이 되어버리고, 사기와 분식으로 뒤덮은 금융이 고수익 상품이라 각광받으며 소비자들을 기만하는 일이 태연하게 행해집니다. 옳은 방향으로 우리 금융시장의 기본을 다져나가는 금융감독원의 역할에서 책임과 사명감을 느끼고, 진심을 담아 출사표를 제출합니다.

Chapter 03

소제목 작성법

자기소개서를 작성하다 보면, 고민하게 되는 것이 소제목 작성과 관련된 부분이다.

첫 번째 고민은 소제목을 쓰는 것이 좋을지, 쓰지 않는 것이 좋을지에 대한 고민이다. 필자는 가급적 소제목을 작성할 것을 권한다. 그 이유는

첫째, 소제목은 그 후에 기술될 자기소개서 스토리에 대한 안내판 역할을 할 수 있다. 즉, 자기소개서 스토리에 대한 Summary의 역할을 함으로써, 자기소개서 심사자에게 미리 '이런 내용이 나올 것이다'는 귀띔을 할 수 있게 된다는 장점이 있다.

둘째, 참신한 소제목을 작성하게 되면, 흥미유발 효과가 극대화된다. 자기소개서 심사자의 눈에 확 띄는 참신한 소제목은 그 자체로 스토리에 집중하게 하도록 도와준다.

셋째, 잘 쓰인 소제목은 그 자체로 지원자의 고민의 흔적이 될 수 있다. 정성이 강조된다.

소제목을 작성하기로 마음먹었다면, 두 번째 고민이 생긴다. 소제목은 과연 어떻게 만드는 것이 좋을까? **많은 지원자의 자기소개서 소제목을 보다 보면, 아래의 한계를 뛰어넘지 못하는 경우가 많다.**

첫째, 추상적인 소제목은 좋지 못하다. 예를 들면 '소통의 마인드', '같이의 가치'처럼 추상적 단어로만 구성하는 것이다.

둘째, 모범적이기만 한 소제목은 좋지 못하다. 예를 들면 '책임감의 인재,' '정확함이 장점입니다' 이런 식으로 뻔한 모범적인 관념을 직설적으로 표현하는 방법이다.

셋째, 사자성어는 권하지 않는다. 그 이유는 쉬운 사자성어는 인상적이지 못하며, 어려운 사자성어는 현학적이고 허세적인 느낌이 들기 때문이다.

넷째, 너무 많이 활용되는 격언도 권하지 않는다. 예를 들면, '혼자 가면 빨리 가고, 함께 가면 멀리 간다' 같은 격언은 너무 많이 활용되는 격언이다 보니 참신함이 떨어진다.

그렇다면 좋은 소제목은 어떻게 만드는 것이 좋을까? 필자가 권하는 소제목 작성 방법은 아래와 같다.

- 공식형
- 인용형명언, 격언 등
- 리듬형
- 핵심문단형
- 대화형
- 언어유희형
- 컨셉형

위와 같은 7가지 기법을 응용해서 상상력과 논리력을 최대한 발휘한다면 소제목에서 자기소개서 심사자의 시선을 고정시킬 수 있을 것이다.

그 중 필자가 가장 권하는 방식의 작성법은 언어유희형 소제목 작성법이다. 이러한 소제목은 상당한 영감이 필요하기 때문에 심사자를 감동시킬 수 있다. 예를 들면 "시니어 고객을 공략하자"라는 스토리의 소제목으로 "시니漁를 낚자"로 표현하는 방법이다. 물론, 본인만의 특화된 좋은 작성법이 있다면 더욱 좋다.

핵심은 소제목의 작성을 고역이 아닌, 즐거움으로 전환시켜야 한다는 것이다.

공식형 사례

사례 1 2016 산업은행 최종합격

이공학과 인문학의 융합형 인재라는 점을 강조하기 위해 수학기호 시그마(Σ)를 활용
서울소재 상위권 대학, 경제직렬 지원자

자기소개

Σ(이공학, 인문학) = 융합형 인재

어려서부터 수학을 좋아했던 저는 고등학교 2학년 때 이과로 진학하였고 대학교도 건축공학부가 있는 공대로 진학하였습니다. 비록 건축설계가 적성에 맞지 않아 인문계열의 사회학도로서 더 오랜 학부생활을 하였으나, 약 5년간의 이공학도로서의 삶은 저로 하여금 수리적 계산, 전자기기 취급 등 공학도의 자질을 함께 겸비하게 해주었습니다. 공학도의 삶을 접고 인문학을 선택한 이유는 08년 금융위기 이후 나타난 경제적 불황과 09년 쌍용차 사태를 목격하면서 고등교육을 받는 자로서 사회문제에 관심을 가지고 국가의 경제문제를 고민할 줄 알아야겠다고 생각했기 때문입니다. 특히 수퍼수퍼마켓(SSM) 관련 논란으로 부가 지나치게 편중된 불합리한 사회운용체계를 개선하는데 저의 지성을 활용하자 다짐하게 되었고, 이러한 다짐은 제가 행정고시를 통해 공직으로의 진출을 목표하게 된 계기가 되었습니다.

사례 2 2013 농협은행 최종합격

타인과 구별되는 자신만의 경쟁력을 무엇이며, 입사 후 자신의 지원분야에 어떻게 활용할 수 있는 지를 구체적으로 기술하시오. 1,000byte

PF금융 + PB = ?

저는 건축공학 전공이라는 남과 다른 배경을 가지고 있습니다. 금융 분야의 경쟁력과 더불어, 저의 전공은 이질성이 아닌 저만의 차별성으로 활용할 수 있을 것입니다. 예를 들어 저는 도면에 대한 이해, 건축 공법, 구조 등 건축 지식을 전공수업을 통하여 준비하였습니다. 이를 기반으로 공정관리를 효율적으로 수행함으로써 건축과 금융의 연계성을 살릴 수 있는 PF 금융의 전문가이자, PF 금융의 마지막 단계인 분양시점부터 수분양자들의 자산을 적극적으로 관리할 수 있는 전문적인 PB로서 역량을 발휘할 수 있을 것입니다.

저는 NH농협은행의 일반분야의 지원합니다. 제가 생각하는 행원으로서 가장 중요한 역량을 정확성이라고 생각합니다. 제한된 시간 내에 1원까지도 정확히 처리할 수 있는 능력은, 은행이 가장 중요시하는 고객의 신뢰를 얻을 수 있기 때문입니다. 저는 공학도로서 수학적 사고를 바탕으로 1밀리를 맞추는 정확성을 연습해왔습니다. 이러한 저의 경험은 행원으로서 업무에 빠르게 적응하고, 때로는 새로운 접근 방식을 기획할 수 있을 것입니다. 정확성을 바탕으로 믿고 맡길 수 있는 신뢰받는 NH농협은행의 행원이 되겠습니다.

- 건축공학 전공자이자 소매금융 자격증을 다수 취득했던 본인만의 경쟁력을 극대화시키기 위해 공식형 소제목을 활용

서울소재 상위권 대학 지원자

사례 3 2018 보험개발원 최종합격

자신의 장 · 단점을 최대한 객관적으로 기술해 주십시오. 500자

교집합과 합집합 기호를 활용하여 공식형 소제목에 접목함

참모 ∩ 계리 = 꼼꼼함

2016년 10개월 동안 전속부관 보직을 수행하며 업무적 정확성을 강화했습니다. 군사적인 치밀함으로 철저히 계획을 세웠고, 수시로 재확인하며 직책에 걸맞은 면모를 갖추려 했습니다. 최종 보고를 드리기 전에는, 부서별로 종합한 보고서의 오 · 탈자와 인쇄 상태를 꼼꼼하게 확인했습니다. 결산 회의 진행 중, 급작스러운 손님 방문이라는 변수에도 침착히 학교장님께 보고를 드렸고, 제가 직접 학교를 안내하면서 회의 후에 접견하실 수 있도록 할 수 있었습니다.

참모 ∩ 계리 = 융통성 부족

2년 전 생일에 기프티콘으로 받은 케이크가 매장에 방문할 때마다 없어서, 1년 동안 사용하지 않았던 일화가 있었습니다. 다른 상품으로 대체가능한지 생각해보지 못했기에, 융통성을 기르기 위해 인문학적 소양을 쌓기로 다짐했습니다. 김정운 교수의 '노는 만큼 성공한다'를 읽으며 심리학에 흥미를 느꼈고, 장차 철학 분야로도 폭을 넓혀서 다양한 시각에서 바라보고자 합니다.

사례4 2021 SGI서울보증 합격자 - 2021 산업은행 자소서

지금까지 살면서 가장 큰 난관으로 기억되는 경험과 그 상황을 어떻게 극복했는지 서술하시오.

더 신속함 < 다 동의함

2020년 7월, 앱 개발 프로젝트의 PM으로 참여할 때의 일입니다. 2주간의 합숙을 위해 13명의 팀원이 지낼 숙소를 구해야 했습니다. 타 PM들이 숙소를 사전에 정해서 공지하는 모습을 보고, 저 역시 숙소를 빨리 확정해야 한다는 부담감이 있었습니다. 그러던 중 괜찮은 숙소가 속속 예약 완료되었습니다. 조급한 마음에 1명의 팀원 부재를 간과한 채, 나머지 팀원에게만 의견을 구하고 예약을 완료했습니다. 몇 시간 후, 자리에 없던 팀원이 이를 듣고 프로젝트 시작 전에 이미 신뢰가 흔들려버렸다고 강력히 불만을 제기했습니다.

문제의 원인은 의사결정을 '신속히' 내려야 한다는 잘못된 상황 판단에서 비롯됐습니다. 신속함보다 팀원 간 이견 조율을 우선시해야 했음을 알게 되고, 해당 팀원에게 성급했던 제 판단을 진심으로 사과했습니다. 또한, 숙소 생활 규칙 등 전체에게 적용되는 의사결정을 하는 시간을 마련하여, 2주 간의 합숙생활을 즐겁게 보낼 수 있었습니다.

사례 5 2016 산업은행 최종합격

자기소개 2,000자, 25문단 이내로

자신에 대해 자유롭게 소개하되, 추상적인 표현은 지양하고 구체적으로 기술할 것

근면과 성실은 다르다는 것을 강조하기 위하여 부등호 공식을 활용함
서울소재 상위권 대학, 경영 직렬 지원자

근면 ≠ 성실

두 번의 대학입시에 실패한 경험을 통해 근면과 성실의 차이를 배웠습니다. 학창 시절 누구보다 엉덩이가 무거운 학생으로 소문이 나 있었던 저는 두 번의 실패를 받아들이기 어려웠습니다. 입시를 준비하며 근면 성실을 제 1의 원칙으로 생각하였습니다. 오전 8시부터 저녁 23시까지 자신과의 약속을 어기지 않기 위해 엉덩이를 책상에서 떼지 않았습니다. 하지만 두 번의 실패를 겪은 후 원인에 대해서 깊이 생각해 보았습니다. 문제점의 핵심은 근면을 성실로 착각한 것이었습니다. 근면은 부지런하다는 뜻으로 한정된 시간을 효율적으로 사용하는 것입니다. 그러나 '성실'은 '성'과를 '실'현시키기 위해 정성을 다하는 것입니다. 성과를 실현시키기 위해 근면한 자세가 요구되지만 추가적인 노력이 필요합니다. 즉 현재 투입하는 노력이 성과로 연결될지에 관한 끊임없는 자기반성이 필요했던 것입니다. 두 번의 실패를 통해 배운 점은 제 수험생활은 근면했으나 성실하지 못했다는 것입니다. 주어지는 업무 수행에 있어서도 위의 교훈을 잊지 않고 근면한 자세 그 자체에 머무르지 않겠습니다. 성실한 자세를 통해 성과를 실현시킬 수 있는 인재가 되겠습니다.

대화형 사례

사례 1 2014 하반기 IBK기업은행 최종합격

가장 관심 많았던 전공분야는 무엇이고 이와 관련한 활동이나 성취한 결과에 대해 설명해 주십시오.

통계 패키지가 어렵다고?

친구들은 계량경제학이 수식이 많고 통계패키지를 활용해야 하는 등 어려움을 토로했지만 저는 실제 데이터를 기반으로 회귀분석 등을 통해 모형을 구축하고 수정하는 과정이 즐거움 그 자체였습니다. 즐거움은 좋은 성취로 이어졌고 계량경제 입문, 계량경제학 두 과목에서 모두 A+의 좋은 성적을 취득할 수 있었습니다. 또한 저의 강점이 된 계량경제학을 경제금융 컨설팅, 관리경제와 같은 다른 전공과목에서도 적극 활용하여 팀 과제 시 계량분석을 통한 자료 제시로 좋은 평가를 받을 수 있었고, IBK기업은행 경제연구소에서 인턴 근무 당시 인턴으로서 연구자료를 이해하고 돕는 데 큰 도움이 되었습니다.

- 지원자는 통계패키지를 잘 다룬다는 느낌이 질문으로 극대화됨

서울소재 상위권 대학 지원자

이 소제목은 대화형 소제목 작성법을 활용했을 뿐만 아니라 핵심문단형 작성법도 활용하여 두 가지 기법을 사용

내 삶의 전환점이 되었던 순간에 대해 설명해 주십시오.

네가 한 일이 중소기업을 살릴 수도 있어!!!

2013년 겨울 IBK기업은행 경제연구소에서 인턴 기간 동안 다양한 업무를 수행하며 가장 기억에 남는 일은 '아베노믹스'의 영향에 따른 수출감소 품목들에 관한 연구에 참여한 일입니다. 연구에 참여하는 동안 처음 다루어보는 방대한 무역통계자료들을 정리하는 일은 힘들었지만 부장님의 "힘들더라도 열심히 해봐! **네가 한 일이 중소기업을 살릴 수도 있어**"라는 말씀에 큰 감동을 받았습니다. 진로에 대해 고민하고 있던 저에게 부장님의 격려는 단순한 격려가 아닌 'IBK기업은행에서 중소기업을 살리는 일'을 하고 싶다는 제 꿈에 대한 뚜렷한 목표의식과 사명감을 심어주는 전환점이 되었습니다.

지원자의 윤리성을 강조하기 위한 대화체 소제목을 활용

은행 업무를 위해 필요한 역량은 무엇이고, 이러한 점을 갖추기 위해 그동안 준비한 것을 설명해 주십시오.

진규가 아마 안 된다고 할 걸?

축구 동아리 총무를 맡으며 돈을 다루는 만큼 원칙과 신뢰를 중시해야겠다고 다짐 했습니다. 유니폼 구입을 했을 때 갑작스런 업체의 할인으로 개인당 2,000원 가량의 돈이 남았고 회장은 '연습 때 음료수 값으로 사용하자'고 제안했습니다. 하지만 저는 원래 목적 이외의 사용은 동의하지 않은 지출이며 불투명한 예산집행은 불신을 불러일으킬 수 있다고 설득하며 돈을 돌려주었습니다. 큰 업적은 없었지만 제가 총무에게 필요하다고 생각한 '원칙중시'라는 신념을 지킴으로써 저는 동아리원들의 신뢰라는 더 큰 가치를 얻을 수 있었습니다.

사례 2 2015 신한은행 최종합격

신한은행 입행을 위해 노력했던 내용과 그 결과 등에 대해 기술해 주세요.

혹시 여기 사장님이세요?

대학교에 입학한 후 꾸준히 아르바이트를 해오며 항상 '주인의식'을 갖추고자 노력했습니다. 한번은 한 손님께서 제게 "혹시 여기 사장님이세요?"라고 물으셨을 정도로, 맡은 일에 '내 가게다'는 자세로 정성을 다했습니다. 그 결과 사장님께 일 잘하는 아르바이트생으로 인정받을 수 있었습니다.

2015년 겨울방학에 2개월간 알리안츠생명보험 인턴 당시 작은 일에도 주어진 업무에 열정을 다해 임했습니다. 한번은 기획팀에서 대학생을 대상으로 하는 글로벌캠프에 스태프로 참여한 적이 있었습니다.

교육팀 차장님께서 교육하시는 동안 흐름이 끊기지 않도록 마이크 건전지를 준비해놓거나 교육 활동 중 필요한 부자재를 미리 배치해놓았습니다. 이후 교육은 차질 없이 끝났고, 일정을 마치신 교육팀 차장님께서는 제게 "새미씨 덕분에 잘 진행됐어요" 라고 고마움을 전하셨습니다.

제가 맡은 일은 작은 부분이었지만. 예정된 순서대로 진행되는 데에 조금이나마 보탬이 되는 것이라고 생각해 주어진 역할에 최선을 다했습니다. 신한은행 입행 후 조직을 위해 작은 부분에서부터 전임적인 자세로 일하겠습니다.

• 주인의식이 강함을 대화형 소제목을 통해 극대화시킴
서울소재 중위권 대학 지원자

사례 3 2015 우리은행 최종합격

제시어를 자유롭게 활용하시어 본인의 가치관과 삶의 경험을 담은 에세이를 작성하여 주십시오. 제시어 : 도전, 성공, 실패, 지혜, 배려, 행복

대화형 소제목을 활용함으로 적극적인 멘토링 활동을 했음을 강조
서울소재 중위권 대학 지원자

"진교야! 다음 달엔 어떤 활동을 해보고 싶어?"

문제 해결을 위해 어린아이부터 어머님, 아버님들께 투표를 통한 사전 설문조사를 실시하며 가족의 의견을 경청했습니다. 사후에는 소감을 공유하는 시간을 가지며 활동 방향을 수정해나갔습니다. 그 결과, 뻔한 봉사가 아닌 FUN한 봉사로 만들며 가족들의 만족도를 높였고 센터장님으로부터 '봉사활동 연장 제의'를 받을 수 있었습니다.

이 경험을 통해 타인의 마음의 얻는 것이란 끝까지 경청하는 것에서부터 시작한다는 점을 배웠습니다. 그 이후, 일상에서도 항상 다른 사람의 이야기에 귀를 기울였고, 타인의 입장에서 생각하고자 노력하고 있습니다.

사례 4 2018 캠코 최종합격

경험 또는 경력 중 일처리를 주도하였거나, 새로운 시각 또는 문제의식을 가지고 사안을 해결한 사례 등에 대해 구체적으로 기술해 주시기 바랍니다.

사장님, 많이 바쁘셨죠?

- 창구에서 만나는 대표님들에게 전하는 말을 소제목으로 활용함

기금 인턴 당시, 제가 맡은 가장 힘들었던 업무는 고객에게 전화로 대출금 상환을 독촉하는 것이었습니다. 연수 때 배운 전화예절만으로는 독촉에 화를 내는 고객, 애원하는 고객 등 다양한 고객반응을 대처하는 데에 한계가 있었기 때문입니다. 특히 매번 폭언과 함께 전화를 일방적으로 끊는 50대 남성 고객 분이 계셨었습니다.

고객의 서류철을 찾아 검토하던 중, 제 또래의 딸이 있는 아버지임을 알게되었고, 이후 전화를 걸어 딸처럼 "사장님, 출장 때문에 근래 많이 바쁘셨죠? 그래서 상환기일을 깜박하셨나 봐요."라고 말문을 열어나갔습니다. 비록, 연수 때 배웠던 응대 방식과는 다르지만, 가족 어르신을 대하듯 친근하게 다가가자 오히려 전화를 끊지 않고 제 이야기를 끝까지 들어주셨습니다.

사람의 마음을 움직이는 데에는 무조건 깍듯한 예절만이 능사가 아니라고 생각합니다. 연령과 개인의 특성에 따라 그에 맞는 소통방식과 노력이 필요하다는 점을 배울 수 있었습니다.

사례 5 2017 한국주택금융공사 최종합격

본인의 장점을 전문성, 리더십, 성실성, 팀워크, 창의력 중 찾아보고, 이를 공사업무 수행 시 어떻게 활용할 것인지를 기술하시오.

흥미까지 유발하게 하는 잘 된 대화형 소제목임
서울소재 상위권 대학 지원자

너희 운동부냐?

조직에서, 항상 정해진 업무 이상으로 적극적으로 임해왔습니다. 100%를 이루기 위해 150%를 준비해야 한다는 마음가짐으로, 맡은 업무를 항상 우직하고 꼼꼼하게 준비합니다.

'모의국무회의'라는 행정학회 연극공연에 대본팀 및 배우로 참여한 적이 있습니다. [아빠, 우리 어디 가?]라는 제목으로, 주거취약계층 복지 문제를 총 3막에 걸쳐 다뤘습니다. 저는 제 2막에서 까칠한 기획재정부장관 역할을 맡았습니다.

까칠한 성격을 표현하기 위해 뾰족한 안경 등 소품과 강한 메이크업 제품들을 찾아다녔고, 몸무게도 5kg 감량했습니다. 하지만 정작 문제는 공연 장소인 대강당 마이크 상태가 좋지 않아, 최소한의 마이크만 사용해야 한다는 점이었습니다. 이에 동기들과 아침저녁으로 운동장을 돌며 발성연습을 했습니다. 복식호흡을 위한 복근운동도 병행했습니다.

그 결과, 200명 앞에서의 공연을 마이크 문제를 극복하며 성황리에 마쳤고, 전국경연대회에서 은상을 수상했습니다.

공연 전 팀원들과 매일 운동장을 돌면서 발성연습을 할 때, 주변에서 많이 들었던 농담이 "너희 운동부냐?"였습니다. 힘들었고 창피하기도 했습니다. 하지만 요령피우지 않고 묵묵히 운동장을 돌던 하루하루가 있었기에, 핀마이크 고장 등 여러 변수에도 불구하고 좋은 공연이 나올 수 있었다고 생각합니다.

A3 인용형 사례

사례 1 2013년 하반기 KB국민은행 최종합격

✓ NH농협은행에 지원한 동기 및 지원하기 위해 본인은 어떠한 노력과 준비를 했는지 구체적으로 기술하시오. 1,000byte

변화하는 종(種)이 살아남는다.

• 찰스 다윈의 명언을 인용함으로써 본인의 변화지향적인 모습을 극대화시킴
서울소재 상위권 대학 지원자

NH농협은행은 최적의 성장을 이루어 왔고 최고가 가능한 은행입니다. 그 이유는 농협의 유연한 조직결합의 특성이 변화에 가장 능동적일 수 있기 때문입니다. 농업과 농촌의 활성화를 목적으로 한 농업협동조합으로 탄생하여, 현재는 시중은행들과 경쟁을 하는 종합금융그룹의 자회사로서 성장하였습니다. 또한, 조합원들과 긴밀한 네트워크와 순순한 국내자본으로만 구성된 튼튼한 펀더멘탈을 특징으로 하고 있습니다. NH농협생명 등 계열사 내 자회사들과 시너지 효과까지, 앞으로 NH농협은행의 발전 방향은 무궁무진하다고 생각합니다. 이러한 NH농협은행의 변화하는 모습과 같이 저 역시 여러 분야에서 활약할 수 있는 가능성이 있는 인재라고 생각합니다.

저는 건축공학 심화학사 취득 후 회계사 시험, 금융자격증까지 다양한 배경을 가지고 있습니다. 그러한 과정 속에 전공지식과 더불어 경영, 경제 회계 등 여러 금융 분야의 지식을 쌓아오고 있습니다. 이를 기반으로 실무 경험을 더해 건설업과 관련된 기업 금융뿐 만 아니라, 부동산 금융을 전문으로 개인 금융까지 여러 모습으로 변화할 수 있다고 생각합니다. 앞으로 NH농협은행의 행보에 맞추어 저만의 전문성을 키워가며 동반 성장을 할 자신이 있습니다.

사례 2 2015 우리은행 최종합격

지원자의 창의적인 아이디어를 통해 조직의 업무 프로세스를 개선하거나 성과를 낸 경험이 있다면 말씀하여 주십시오.

미국의 7대 대통령 앤드류 잭슨의 명언을 인용, 본인의 용기 있는 행동을 강조하기 위해 인용법을 활용함
서울소재 중위권 대학 지원자

용기 있는 단 한 사람이 과반수를 만든다.

2013년 K은행 홍보대사 당시, 남들이 생각하지 못한 아이디어를 제안하며 업무 프로세스를 개선하고 은행장상 수상의 성과를 거둔 경험이 있습니다. 활동 초반에는 은행의 공식 블로그에 경제금융 관련 기사를 작성하는 '온라인 미션' 부문에서 성과가 부진했습니다. '온라인 미션'은 팀 평가 중 가장 큰 비중을 차지했습니다. "기사 작성 부문 1등팀"이라는 목표를 이루기 위해 운영 구조와 팀원들을 관찰하며 고민했습니다. 원인을 분석한 결과, 역할 분담이 명확히 이뤄지지 않았음을 깨달았습니다. 저는 팀장으로서 팀원들의 의견을 경청한 후 기획/사진/작성으로 역할을 배분하고 서로의 능력을 끌어낼 수 있도록 칭찬하며 격려해주었습니다.

가장 중요한 첨삭은 6명 모두가 2인 1조로 참여할 수 있도록 "3중 피드백 시스템"을 만들었습니다. 첫 팀이 기사작성을 하면 나머지 팀원들이 순차적으로 피드백 해서 최종적으로 팀장이 수정하는 방법이었습니다. 이 방법을 통해 개인의 장점을 찾아 부족한 부분을 퍼즐 맞추듯 함께 채워 넣을 수 있었습니다. "개인의 역량만큼이나 손발 맞는 팀워크가 중요하다"라는 위성우 감독님의 말씀처럼 혼자서는 해낼 수 없던 일을 함께하며 6개월 연속 기사작성 1등 팀이 되었습니다. 그 결과, 은행장님으로부터 "팀 부문 최우수상, 개인 부문 우수상"을 수상하는 영광을 누릴 수 있었습니다.

사례 3 2015 우리은행 최종합격

✓ 지원자가 생각하는 '금융업'에 대하여 정의하고, 우리은행 지원동기와 입행을 위해 어떠한 노력을 해왔는지 구체적인 사례를 바탕으로 말씀하여 주십시오.

고기도 먹어본 사람이 잘 먹는다.

• 잘 활용되지 않지만, 많은 사람들이 알고 있는 격언을 인용하는 것은 개인적으로 좋게 생각함. 다만, 너무나 많이 알려진 격언을 인용하는 것은 권하지 않음
서울소재 중위권 대학 지원자

저는 우리은행을 기업금융뿐만 아니라 "개인금융 1등 은행"으로 만들고 싶습니다. 그래서 재무적 plan뿐만 아니라 삶의 plan을 함께 하는 "등대 같은 은행원"이 되고 싶습니다. AFPK, 펀드투자 상담사 자격 취득뿐만 아니라, 고객 기반을 확대하기 위해 가장 필요한 역량은 무엇보다도 "발로 뛰는 영업력"이라고 생각했고 갖추기 위해 노력해왔습니다.

2013년 K은행 홍보대사 당시, 직장인에게 주택청약 종합저축 상품을 홍보하는 행사를 기획했습니다. 탑을 쌓는 것처럼 자산관리도 차곡차곡 하셔야 한다는 메시지를 전하기 위해 "소망의 금탑 이벤트"를 고안했고 140cm의 다보탑을 설치할 장소가 필요했습니다. 저는 팀원들에게 정장을 입고 명함과 기획안을 가지고 여의도, 강남, 대림으로 답사를 가자고 제안했습니다.

현장 답사를 통해 잠재고객인 2030대 직장인들이 많은 광화문에서 행사를 할 수 있었습니다. 당일에는 거리로 나가서 "안녕하세요, 고객님~ 시원한 아이스커피 드시고 금탑 쌓고 가세요!"라고 큰소리로 인사드리며 행사참여를 유도했고 상품안내 팜플렛을 배부하였습니다. 또한 다른 금융 상품 대비 높은 금리를 받으실 수 있다는 점을 Selling Point로 강조했고, 가입 기간 별 차등 금리에 대해서는 팀장님께 여쭤본 후, 신중을 기하여 안내해드렸습니다.

발로 뛰는 적극성, 고객님께 먼저 다가가는 자세 덕분에 팀 1등에 기여했고 총 230개의 탑이 쌓이며 11건의 신규 가입을 유치할 수 있었습니다. 이 경험은 우리은행에서 마음껏 영업할 수 있는 기반을 마련해주었습니다. 발로 뛰며 타은행이 보지 못하는 유효 고객을 발굴하는 우리人으로 거듭나겠습니다.

사례 4 2023 하나은행 자소서 - 2023 수출입은행 합격자

본인의 강점과 약점에 대해 사례를 들어 기술하고, 강점을 키우고 약점을 보완하기 위한 노력에 대해 작성해 주시기 바랍니다.

'무소의 뿔처럼 우직하게'

뚜벅뚜벅 나아가는 소와 같은 '우직함'을 저의 최대 장점으로 생각합니다. 불평불만 없이 현실에 최선을 다하는 성향을 바탕으로, 어떠한 환경에서도 맡은 일을 해냅니다. 예를 들어, 우직하게 노력하여 147개의 설문을 회수하고, 22명의 한국은행 통계조사보조원 중 회수율 1위를 달성한 경험이 있습니다. 근무 막바지에 다다를수록, 조사에 비협조적인 기업들만 남았기 때문에 회수를 위하여 더 많은 노력이 필요했습니다. 더군다나 목표한 회수율은 이미 초과한 상태였기에, 마다하는 기업들에 애써 설문을 부탁할 유인이 많지 않았습니다. 하지만 저는 최대한 많은 설문 회수라는 목표 아래, 마지막 1분까지도 언짢으신 기업 담당자님께 충분한 양해를 구하며 대화를 풀어나갔습니다. 그 결과, 회수율 1위를 기록하고 추가 근무 요청까지 받았습니다.

'물에 물 탄듯, 술에 술 탄듯'

한편 저의 약점은 '자기주장 부족'입니다. 조금 불편해도 내색하지 않고 우직하게 일하는 것을 좋아하다 보니, 정말 불편할 때에도 표현을 하지 못하는 것이 때로 단점이 됩니다. 이런 불명확한 자기주장 때문에 여행 중 친구와 갈등을 빚은 경험이 있습니다. 자전거를 좋아하는 친구를 배려하는 마음에, 피곤한 상태에서도 야간 라이딩에 동의했습니다. 하지만 라이딩이 예상했던 것보다 더 힘들자, 저도 모르게 친구에게 짜증을 내고 말았습니다. 이에 친구는 '말을 하지 않으면 아무도 모른다. 네가 피곤하다고 말했다면 강행하지 않았을 것'이라고 답했습니다. 무조건적인 배려가 정답이 아님을 깨닫는 계기였습니다.

강점을 키우고 약점을 보완하고자 '일기 쓰기'라는 노력을 하고 있습니다. 일기를 쓰며 속마음을 들여다보는 과정에서 제 주장이 선명해질 뿐만 아니라 우직함이라는 장점도 강해집니다. 우직함은 소신과 자기 확신이 받쳐줄 때 빛나기 때문입니다. 초등학생 이후로 처음으로 일기장을 구매하여, 작년에는 한 권을 가득 채웠습니다. 앞으로도 꾸준한 일기 작성을 통해 숨어 있던 제 주장과 감정들을 꺼내볼 것입니다.

4 언어유희형 사례

사례 1 2014 하반기 IBK기업은행 최종합격

은행 업무를 위해 필요한 역량은 무엇이고, 이러한 점을 갖추기 위해 그동안 준비한 것을 설명해 주십시오.

'고객의 불만은 평이한 응대에서 비롯된다'는 내용을 영어를 활용해 언어유희적으로 풀었음
서울소재 상위권 대학 지원자

컴플레인은 플레인한 자세에서 나온다.

아이스크림매장 아르바이트 시절 고객들의 눈짓과 행동 하나하나는 모두 저의 관찰대상이었고 이를 바탕으로 고객들에게 먼저 다가갔습니다. 2층을 두리번거리는 손님은 화장실을 찾는 손님일 경우가 많았고, 매장에 들어오며 어리둥절한 표정을 짓는 고객은 처음 내방한 고객, 주문 전 팔짱을 끼며 불쾌한 표정을 짓고 있는 고객은 오랜 대기시간으로 인해 짜증이 나있는 고객인 경우가 많았습니다. 저는 고객들에게 "혹시 화장실 찾으시나요?", "저희 매장 이용해 본 경험 있으세요?", "오래 기다리셨죠? 제가 빨리 만들어 드릴게요" 등등 고객에게 먼저 다가가 문제를 해결하였습니다. 이런 적극적인 자세 덕에 저의 유니폼은 친절뱃지가 가득 했습니다.

사례 2 2014 주택금융공사 최종합격

우리공사 지원 사유

집은 사는 것(買)이 아니라 사는 곳(住)이다.

공인중개사이신 부모님 밑에서 서민들의 주택구입과 대출상환의 어려움을 많이 봐왔고, 각종 부동산분쟁판례와 주택임대차보호법을 공부하면서 효율적인 주택정책의 중요성을 통감했습니다. 특히 서민들이 뛰어난 저력을 갖고 있음에도 주거안정이라는 기본생활대책이 마련되지 않아 개개인의 경제 성장에 많은 제약을 받아온 것을 알게 되면서 주택금융공사가 각종 정책으로 그들에게 다양한 발전 기회를 제공해 온 것에 깊은 인상을 받았습니다.

사람들이 진정 원하는 보금자리란 단순히 돈으로 살 수 있는 곳이 아니라 행복하게 살아갈 수 있는 곳이라고 생각합니다. 미래의 주택문제는 금융지원의 차원을 넘어 쾌적한 물리적 환경과 그 틀 안에서의 인간성 실현이라는 주거환경문제가 될 것입니다. 이를 위해 국내 유일의 서민중심 복합금융회사인 주금공에서 사람중심의 도시재생이라는 큰 꿈을 실현하고자 지원하였습니다.

더불어 주변의 관심과 사랑으로 큰 교통사고를 극복해내면서 그저 수익창출을 위해서가 아니라 사회적 약자를 위해 일하겠다고 다짐했습니다. 주금공의 공익실현이라는 가치는 이러한 저의 소신과 일치하며 앞으로 한국주거안정을 위해 노력하겠습니다.

- 리듬형과 언어유희형 작성법을 동시에 활용한 사례
서울소재 상위권 대학, 법학 직렬 지원자

사례 3 2017 하반기 KDB산업은행 최종합격

자신에 대해 자유롭게 소개하되, 추상적인 표현은 지양하고 구체적으로 기술할 것

한자를 활용하여 '성과를 만들어 내는 유연함의 힘'을 언어유희적으로 표현
서울소재 상위권 대학, 경영 직렬 지원자

유(有)를 만들어내는 유(柔)의 힘

저는 소통과 협력을 이끌어내는 유기적이고 부드러운 리더로서 성장하였습니다.

2014년 교내 축구동아리의 회장직을 역임하며 동아리 내 딱딱하고 경직된 분위기를 개선하였습니다. 보통, 나이가 어린 신입 부원들은 자신이 잘 뛸 수 있는 포지션을 쉽게 말하지 못하고 다른 부원들의 잘못된 플레이에 대한 피드백을 제공하지 못했습니다. 한편, 고학번 부원들은 기존의 전술과 운영방식을 답습하고 신입생들에게 다양한 포지션의 기회를 주지 않았습니다. 위축된 신입 부원들이 들어온 지 얼마 되지 않아 동아리를 탈퇴하는 경우도 잦았습니다.

저는 동아리 내에서 누구나 자유롭게 의사 표현을 할 수 있는 분위기를 조성할 방법을 고안했습니다.

첫째, 선배들 조언을 통해서만 이루어지던 선수단 작성과 전술구상에 있어서 참여도가 높은 부원 우선으로 발언권을 가질 수 있도록 하였습니다.

둘째, 경기 직후 서로 잘한 점과 아쉬운 점 한 가지씩을 개방적인 분위기에서 말할 수 있는 시간인 "ACRO 타임"을 도입했습니다.

그 결과, 동아리 내 분위기가 부드럽게 개선되었으며 자유로운 상호 의견교환을 통해 교내 S리그 시합에서 다양한 전략 전술을 시험해 볼 수 있었습니다. 또한, 2014년 가을 종합체육대회 8강 진출이라는 가시적인 성과도 거두었습니다.

사례4 2016 한국자산관리공사 서류합격 - 산업은행 최종합격

지원 분야와 관련된 학업, 업무, 특정 과업들의 수행과정에서 새로운 방식을 시도했던 최근의 사례에 대해 기술해주십시오. 본인의 역할과 행동 그리고 주요 성과를 중심으로, 구체적으로 작성해주십시오.

유(有)에서 유(有)를 창조하다.

기부 활성화 마케팅 프로젝트에 참여하며, 기존의 방식을 유연하게 접목하여 기부 참여율을 상승시킨 적이 있습니다.

제가 일한 장애인 봉사단체에서 저조한 기부율을 높이기 위해 기부 활성화 전략을 수립해야 했습니다. 아이디어 회의에서 SNS를 통한 홍보에 대한 이야기가 나왔지만, 홍보활동은 사람들의 직접적인 기부로 이어지지 못할 가능성이 높다는 문제점이 있었습니다. 기부를 실행으로 옮기고, 널리 전파되기 위해서는 기부가 쉬운 방식으로 이뤄져야 한다고 생각했습니다. 이를 바탕으로 저는 현재 사용되는 앱 중 하나인 '캐시 슬라이드' 방식을 적용하는 것이 어떨까 제안했습니다. 휴대폰 바탕화면에 잠금 장치를 밀면 기부금이 쌓이도록 하는 방식으로 생각을 구체화 하였습니다. 슬라이드 방식은 사용자가 쉽게 기부할 수 있는 동기를 제공하였고, 설문조사결과 응답자의 65% 이상이 사용의사를 밝혔습니다. 또한, 후원 기업들의 광고를 화면 메인에 띄우게 하여 수익구조 문제도 개선할 수 있었습니다. 이처럼 기존에 있는 것을 활용하여 'Give Slide'라는 비즈니스모델을 만들어 기부 참여율을 20% 이상 상승시켰습니다. 이처럼 저는 자산관리 공사에서 기존의 것을 다른 항목에 접목시켜 새로운 전략을 수립하는 '융합형 인재'가 되겠습니다.

- 참신한 느낌도 강한 언어유희적인 소제목. 일반적으로 "무(無)에서 유(有)를 창조한다"라는 말을 많이 활용하지만, 오히려 "유(有)에서 유(有)를 창조한다"라고 함으로써 참신함을 시도함
서울소재 상위권 대학, 경영 직렬 지원자

사례 5 2015 주택도시보증공사 최종합격

자신의 삶에서 문제의식을 갖고 이를 개선하기 위해 새로운 방법으로 문제를 해결했던 경험이 있다면 구체적인 상황과 개선을 위한 자신의 노력 정도, 개선과정의 어려움, 개선결과 등을 설명하여 주십시오.

Impossible? I'm possible!

어퍼스토리 콤마가 있고 없음을 활용해서 만든 언어유희적인 소제목

대학원 마지막 학기, 졸업논문 작성 과정에서 초기의 목적과 달리 안 좋은 실험데이터 결과물을 얻으며 시행착오를 겪게 되었습니다. 그러나 끊임없이 논문을 검색하며 타 학문분야에서 아이디어를 찾아내었습니다. 기존의 방법을 향상시킨 내용으로 한국통계학회 포스터논문상 1등을 수상할 수 있었고 국내 학술지 CSAM 게재의 기회도 얻게 되었습니다. 불가능해보였던 상황을 끈기와 열정으로 목표달성으로 바꾸며 큰 성취감을 느꼈습니다.

리듬형 사례

사례 1 2015 한국기업데이터 최종합격

직무경력 기술 신입은 지원업무 관련 보유 지식 및 능력, 사회활동 등 기재

유자차는 목 아픈 날에, 허브차는 잠 안 오는 날에

• 차(茶)를 활용한 리듬형 소제목
서울소재 상위권 대학 지원자

'근성과 진정성'을 통한 영업능력을 키웠습니다. 브로커 영업 당시 고객과 소통하고, 신뢰를 얻어 신규거래처를 발굴하는 것은 신입으로서 매우 어려웠습니다. 하지만 근성과 진정성으로 극복하였습니다.

첫째, 근성을 통해 신뢰를 얻었습니다. 신뢰를 얻을 때까지 매일 방문하는 근성을 보였습니다. 또한 증권, 펀드 상담사 자격증을 따고, 회의마다 자발적으로 시황 분석을 보고하며 부족했던 금융업무 이해노를 높여 신뢰를 얻고자 노력했습니다. 둘째, 고객이기에 앞서 인격이라는 진정성을 통해 소통능력을 발휘했습니다. '좋은 듣기는 훌륭한 말하기'라는 자세로 고객의 이야기를 신중히 들었습니다. 또한 워킹맘 등 고객마다 다른 환경을 파악하고 공감하며 원하는 것을 알아내는 진심을 보였습니다. 덕분에 단기간에 100억이라는 첫 거래를 성사시켰고 팀으로부터 기립박수를 받았습니다. 또한 정식으로 시황 분석과 보고서를 맡길 만큼 믿어주고, 도움을 주는 인생 선배 같은 고객도 얻을 수 있었습니다. 다양한 연령과 성향의 고객들과 근성과 진정성으로 신뢰와 소통을 이어갔던 경험을 살려, 목 아픈 날에는 유자차를, 잠 안 오는 날에는 허브차를 제공할 수 있는 맞춤 마케팅을 실현하겠습니다.

2015 상반기 IBK기업은행 최종합격

✓ 은행업무 수행을 위해 필요한 역량은 무엇이며, 이 역량을 갖추기 위해 어떻게 노력해 왔는지 설명해 주십시오. 1,300 bytes, 600자 이내

영광이라는 단어를 반복하며 리듬감을 줌과 동시에 언어유희적인 기법도 활용
지방소재 중위권 대학 지원자

영광의 상처를 통해 얻은 영광

행원이 꼭 갖추어야 하는 역량은 고객을 위해 희생하는 '헌신적인 서비스정신'이라고 생각합니다.

은행업은 고객과의 면대면 서비스업이기 때문에 고객과 대면하는 매 순간이 영업입니다. 이 때 성공으로 이어질 수 있는 가장 중요한 열쇠는 고객에게 감동을 줄 수 있는 서비스정신이라고 생각합니다.

행원이 꿈인 저는 은행업무를 경험하기 위해 2014년 2월 한 달간 대구은행 중동지점에서 인턴행원으로 근무했습니다. 인턴행원이었지만 항상 정식행원이라는 마음가짐으로 객장에 서서 단 한 분의 고객이라도 놓치지 않고 인사하려고 노력하였습니다.

2주차 때 서서히 인턴행원의 업무가 적응되던 차에 동전교환기 안에 있는 동전포장지를 교체하던 중 심하게 손을 다친 적이 있습니다. 옆에서 이 모습을 본 고객분과 직원분께서는 괜찮냐고 하시며 많이 걱정하셨지만 저는 당황하지 않고 웃으며 "괜찮습니다. 별 일 아닙니다."라고 말씀드리고 조용히 직원휴게실로 가서 응급처치를 했습니다. 제가 만약 그 상황에서 아파하는 모습을 보였다면 지점 업무에 조금이나마 차질이 생겼을 것이고 고객분께서 미안해 하셨을 것이기 때문입니다.

업무적인 측면에서는 미숙하지만 인턴행원으로서 지점과 고객을 위해 최선을 다하는 저의 모습을 지켜보셨던 여러 직원분들께서는 저의 노력을 인정해주시고 중동 지점에 와줘서 정말 고맙다는 말씀을 해주셨습니다. 그 결과 직원분들의 추천으로 2월 지점의 CS상을 수상하는 '영광'을 누릴 수 있었습니다.

사례 3 2015 하반기 IBK기업은행 최종합격

✅ 본인이 가장 중요하게 생각하는 행동원칙은 무엇입니까? 그 행동원칙을 가지게 된 계기와 가장 지키기 어려웠던 상황에 대해서 설명해 주십시오.

진정한 협상가는 협상하지 않는다.

• 리듬형 소제목이지만 반어적인 느낌도 강한 소제목
서울소재 중위권 대학 지원자

저는 한 외국계 회사에서 인턴생활을 하며 진심이 담긴 소통의 중요성을 경험했습니다.

제가 일하는 부서에서 기획한 여러 업무가 빛을 발하기 위해서는 다른 팀의 협조가 꼭 필요하다고 생각합니다. 이 때문에 저 역시도 여러 부서나 외주업체와 다양한 사안에 대해 얘기할 일이 많았습니다. 그 과정에서 많은 불만상황을 접하게 되었습니다. 사실 대부분의 문제는 옳고 그름을 따져 상대방을 지적하면 쉽게 결론을 내릴 수 있었기에, 많은 업무가 쌓여 있는 상황에서 그들의 입장을 듣는 것은 시간 낭비로 여겨질 수 있는 상황이었습니다. 하지만, 저는 사실보다는 사람에 집중해 상대의 입장을 공감하며 소통했습니다. 동시에, 팀의 입장을 견지하는 완급 조절을 하려고 노력했습니다. 그 결과 많은 분들께서 저를 좋게 기억하시며 불만사항이 생겨도 팀의 사정을 고려해 주셨습니다. 이를 통해 저는 억지로 협상을 하지 않고도 훨씬 효과적이고 원만히 합의할 수 있다는 것을 배웠고, 인턴으로서는 이례적으로 연장 근무제의를 받는 등의 신뢰도 쌓았습니다.

사례4 2015 상반기 KB국민은행 최종합격

✓ 단체활동을 하며 겪었던 갈등과 이를 극복한 경험을 약술하십시오.

스케이트를 소재로 한 스토리를 강조하기 위하여 리듬형 소제목을 활용
해외대학 지원자

김연아는 피겨퀸, 나는 배려킹!

대학교 4학년 때, '피겨스케이팅 대회'에 참가했습니다. 공연 준비할 때, 팀원 간의 실력차로 인해, 공연의 '난이도 구성'에 이견이 있었습니다. 자신의 실력보다 낮은 팀 점수를 받는다 생각한 잘 타는 팀원들은 고난이도 공연을 주장했습니다. 저는 두 가지 계획을 수립했습니다. 첫째, 기본구성의 공연을 준비하자고 팀원들을 설득했습니다.

둘째, 못 타는 친구들의 주중 멘토를 자청했습니다. 마침내 대회에선 높아진 공연 완성도 덕분에 오히려 높은 난이도를 구성한 다른 팀을 제치고 예선통과를 했습니다.

사례 5 2017 하반기 SC제일은행 최종합격

✓ 본 직무에 지원하고자 하는 이유를 귀하의 경험경력과 연결하여 상세히 기술하십시오.

'즐거운' 관계, '즐기는' 영업

• 라임을 활용한 리듬형 소제목

어려서부터 사람들과 어울리고 관계를 유지하는 것은 제 삶의 큰 즐거움이었습니다. 카누선수를 시작으로 다양한 사람들과 어울리면서, 앞으로도 내 주변의 사람들이 행복하기 위해 주변에 도움을 줄 수 있는 일을 해야겠다는 생각을 가졌습니다.

이후 한국은행 경시대회에서 가계부채를 다루며 우리 사회에 금융활동에 참여하지 못하는 취약계층이 많다는 것을 알게 되었습니다. 저는 SC제일은행의 '여신담당 전문 은행원'이 되어, 금융취약계층을 금융시장으로 불러오는 한편 건전한 대출로 고객들의 삶을 높고 싶습니다.

'따뜻한' 경청, '똑똑한' 상담

• 리듬형 소제목에 더해 자기소개서를 관통하는 컨셉을 설정해서 여러 항목의 소제목에 이러한 리듬형 소제목을 컨셉으로 활용함
서울소재 중위권 대학 지원자

제 메신저는 상담을 요청하는 친구들의 메시지로 가득합니다. 학과 멘토로 2년 동안 학생들을 상담해온 덕분에 상대방 말에 경청하는 것이 익숙하기 때문입니다.

한번은 편입 후 적응에 힘들어하던 학생을 상담해준 적이 있습니다. 홀로 유학 중인 누나를 생각하며 진심으로 공감하고 다독여 주었습니다. 1년이 지난 최근에도 감사하다는 말을 듣곤 합니다. 저의 경청능력으로 고객과의 유대는 물론 요구를 빠르게 파악하겠습니다. 또한 한국은행 통화경시대회에 출전해 데이터 분석능력(SAS, Eviews)을 길렀습니다. 이를 바탕으로 제일은행의 고객 데이터를 활용한 맞춤형 서비스로 고객들이 이마를 탁! 치며 웃게 하겠습니다.

사례 6 2015 대구은행 서류합격 - KB국민은행 최종합격

✓ 대구은행 인재상에 본인이 얼마나 부합하는지 구체적으로 소개해 주십시오. 100자 이상 700자 이내

라임형 소제목
해외대학 지원자

국은 더 진하게, 맷집은 더 강하게! 난 DGB Sprit 이니까.

제가 'DGB의 탁월한 선택'인 이유는 '열정과 정직 그리고 섬김', 즉 'DGB Spirit'을 제 삶 속에서 장점으로 투영시켜 왔기 때문입니다. 첫째, 열정적인 대학생활을 보냈습니다. 학생본분에 열정을 다해 'Distinction in Economics'와 'Cum Laude'란 학문적 성과를 이루었고, 능동적으로 동료들을 대하며 경험을 넓혔기 때문입니다. 이런 열정적인 삶의 자세로, 동료들로부터 테니스클럽의 회계직을 추천받아 수행할 만큼, 정직한 이미지를 스스로 쌓아오게 된 계기가 되기도 했습니다. 둘째, 저는 후배와 상담하거나 동료를 튜터링 해줄 때, 누룽지보다 구수한, 사골보다 진득한 진국 같은 진정성으로 신뢰를 얻었습니다. 제가 먼저 마음을 열고 솔직 담백하게 상대방을 대하면, 상대방도 똑같이 저를 대해 줄 것이라는 확신에서 입니다.

셋째, 테니스를 치며 꾸준히 기른 튼튼한 맷집은 이러한 '유학생활의 DGB Sprit'을 실천하게 해준 든든한 버팀목이 되었습니다. 반면, 거짓말을 못하는 게 제 단점입니다. 따라서 거짓말을 하지 않기 위해서, 책임질 약속만을 하거나, 사전에 양해를 구하여 거짓말할 상황을 미연에 방지하려 합니다. 앞으로, 진정성으로 업무에 임하되, 잘 모르는 부분은 솔직하게 도움을 구해, 정답보다 해답을 찾으려 노력하는 행원이 되겠습니다.

사례 7 2015 산업은행 최종합격

자기소개 2,000자

처음과 끝이 같은 사람이 되자.

- 리듬형 소제목과는 거리가 멀어 보이지만, 오히려 상반되는 처음과 끝이라는 단어를 잘 배치함으로써 리듬감이 느껴지게 작성

초등학생 시절, 제조업을 운영하시던 아버지께서는 건축 파이프 부품을 가공하는 일을 하게 되셨습니다. 일손이 부족한 집안 사정으로 저는 현장에 투입되었습니다. 저에게 주어진 업무는 지름이 20cm 정도 되는 원판에 있는 6개의 홈을 뚫는 일이었고 처음에는 심혈을 기울여 업무에 임하였습니다. 그러나 어느새 '이 작업이 뭐 그리 중요하겠어'라는 경솔한 생각을 했고 처음엔 매끈하게 처리됐던 홈들이 들쑥날쑥한 홈들로 바뀌었습니다. 결과는 참담했습니다. 홈들은 파이프에 물이 새지 않도록 볼트를 넣어 잠그기 위한 기능을 하였는데, 울퉁불퉁한 홈들은 볼트를 잠그는데 큰 사실을 수없던 것입니다. 결국 저는 뚫었던 홈들을 다시 처리해야만 했습니다. 13년간 산업현장의 경험을 통해 '꾸준하지 못하면 일을 그르친다'는 교훈을 얻게 되었습니다.

'본질'을 건드려야 '양질'이 된다.

- 라임형 소제목
  서울소재 상위권 대학, 경영직렬 지원자

저는 2008년 11월 13일에 치른 첫 수능 때 받은 언어영역 4등급에 재수를 결심했습니다. 그런데 다행히도 학원의 언어영역 수업은 저를 만족시켰습니다. 지문의 2/3만 읽고 답을 골라내는 요령은 모의고사에서 언어영역 1등급의 기쁨을 맛보게 해주었습니다. 그렇게 두 번째 수능 날이 찾아왔고 언어영역 시간에 그 동안의 요령을 적용하려고 했습니다. 하지만 뜻대로 되지 않았습니다. 편법으로 정답을 고르던 버릇은 '혹시 읽지 않은 부분에 답이 있는 것이 아닌가?'하는 불안감을 낳았고 어느새 지문을 모두 읽고 있었던 것입니다. 결국 저는 시간 내에 문제를 다 풀지 못했고 '수박 겉핥기'식의 노력을 한 재수는 실패하였습니다. 이 경험으로 확립한 '본질을 꿰뚫지 못하는 노력은 결코 성공할 수 없다'는 삶의 지침은 평점평균 4.30의 원동력이 되었습니다.

사례 8 2013 우리은행 최종합격

귀하가 열정을 갖고 몰입했던 경험, 참신한 아이디어로 목표를 이루어낸 경험, 가장 힘들었던 경험 중 1가지를 선택하여 말씀하여 주십시오. 1,500 bytes 이내

리듬형과 언어유희형 소제목 기법을 동시에 활용
서울소재 상위권 대학 지원자

펀드로 만든 펀드

학회에서 리스크 관리 기법과 재무회계를 공부하면서 금융인으로써 기본소양을 갖추기 위해 노력했습니다. 작년 가을 학기 중에 파생상품과 보험을 통한 리스크전가에 대해서 공부하였고, 방학 중에는 발제준비를 하였습니다.

작년 겨울 발제 주제는 '최적의 포트폴리오 방법 모색'이였는데, 저희 조는 재보험의 원리를 유사하게 펀드에 적용하여 '펀드오브펀드'이라는 흥미로운 주제에 대해 준비했습니다. 역할분담 후, 저는 시중에 판매되는 주식형, 채권형, 혼합형 펀드를 항목별로 정리하고 표준편차와 베타 등 위험변수와 과거 기간별 수익률 그리고 펀드별 포트폴리오구성비 등을 변수로 설정하여 전체 데이터집합을 만들었습니다. 다른 조원이 SAS 프로그램으로 과거 수익률과 유의적인 변수들을 추려냈고, 항목별로 수익률이 높은 상위 3개 펀드를 조합하여 하나의 펀드를 만들었습니다. 1개월 예상 펀드 수익률을 종속변수로 설정하고 회귀분석을 하였습니다. 그리고 펀드상품의 한 달 뒤 실제종가와 비교해 보았습니다. 결과는 만족스럽지 못했습니다. 예상과는 다르게 수익률이 마이너스로 나왔고, 수익률과 크게 관계없어 보이는 변수들이 중요하게 나오는 등 기획에서부터 결론까지 많은 시행착오를 겪어야 했습니다. 실패 원인을 분석하는 과정에서 이론적으로 부족한 것을 보완하기 위해 전공서적을 찾아보고, 교수님께 질문도 하였는데 그동안 몰랐던 것들을 많이 알게 된 것 같습니다. 여러 번 반복 시도 끝에 내린 결론은 과거 수익률과 변동성이 모두 높은 상품을 조합했을 때 예상 수익률이 높다는 것입니다.

실증분석으로 나온 결과를 아직 이론적으로 정확히 뒷받침하지는 못하지만, 입사 후에도 계속 수익률을 향상시키는 방법에 대해 연구할 것입니다.

사례 9 2015 우리은행 최종합격자

제시어를 자유롭게 활용하시어 본인의 가치관과 삶의 경험을 담은 에세이를 작성하여 주십시오. 제시어 : 도전, 성공, 실패, 지혜, 배려, 행복

"실패"로 배운 "지혜"

"나" 아닌 "너"의 시선으로 봐라.

• 리듬형 소제목
서울소재 중위권 대학 지원자

예산 문제에 급급해 타인의 목소리를 듣지 못하고 마음도 얻지 못한 경험이 있습니다. 이 "실패"를 통해 "듣는 것이 소통의 시작이다."라는 "지혜"를 얻게 되었습니다. 2013년 경영학과 동기들과 부광다문화가족센터에서 봉사활동을 할 당시, 비용절감을 위해 저희의 임의대로 접근성이 좋고 관람비가 무료인 나비 박물관 탐방을 기획했습니다.

기획/예산/보고서로 역할 분담을 명확히 하고 협업을 통해 '3월 우수활동 팀'이 되었습니다. 그러나 4월 활동 참가 신청자는 3월의 북적거림에 비해 40%로 확 줄었습니다. 결정적인 이유는 다문화가정 가족들의 요구를 반영하지 못해 진정으로 소중한 "가족들의 만족"을 얻는 데 실패한 것이었습니다.

06 컨셉형 사례

사례 1 2016 한국자산관리공사 서류합격 – 한국산업은행 최종합격

지원 분야와 관련된 학업, 업무, 특정 과업들의 수행과정에서 새로운 방식을 시도했던 최근의 사례에 대해 기술해주십시오. 본인의 역할과 행동 그리고 주요 성과를 중심으로, 구체적으로 작성해주십시오.

발표에 '나의 생각'을 집어넣자.

자기소개서 여러 항목들에 동일한 기법의 소제목(~하자)을 작성함으로, 자기소개서 전체의 일관성을 유지하는 방식을 택함

경제시사 스터디에서 기존의 발표 형식을 바꾸어 단순한 내용 파악에 그치지 않고 주제에 대한 자신의 생각까지 정리할 수 있도록 만들었습니다.

기존의 진행방식은 한 가지 경제시사 주제를 선정하고, 조사내용을 각자 발표한 후 토론하는 것이었습니다. 하지만 단순히 조사 내용을 읽는 형식으로 발표를 했기 때문에 스터디가 끝나면 내용을 금방 잊어버렸고, 토론의 수준도 깊지 않았습니다. 저는 깊이 있는 토론이 이뤄지기 위해서는 무엇보다도 주제에 대한 자신의 주관이 뚜렷해야 한다고 생각했습니다. 그러기 위해서는 조사한 내용에 대한 '나의 의견'이 무엇인가를 고민하고 정리하는 과정이 필요했습니다. 그래서 저는 발표 형식에 기업들의 'PT면접' 방식을 도입하여 각자가 조사한 내용을 포함하되 자신의 의견을 제시하는 것에 더 초점을 두자고 제안했습니다.

그 결과 PT 목차를 구성하고 그에 맞게 준비하는 과정에서 주제를 좀 더 심도 있게 분석할 수 있었고, 이를 바탕으로 자신의 생각을 재정리할 수 있었기 때문에 그 전의 방식보다 기억에 더 오래 남을 수 있었습니다. 또한, 발표 내용의 중복도 그 전의 방식보다 훨씬 줄어들어 한 가지 주제에 대해 더욱 다방면으로 파악할 수 있었습니다.

✓ 팀학회, 동아리, 아르바이트 등에서 구성원들의 의견을 수용하고 반영하여 긍정적인 결과를 도출해냈던 최근의 사례에 대해 기술해 주십시오. 본인의 역할과 행동 그리고 주요 성과를 중심으로, 구체적으로 작성해주십시오.

기본기를 제대로 다지자.

사회인 여자야구단에서 연습 도중 선수들이 어깨와 팔목 등 신체 부상을 많이 당하는 문제가 생겼습니다. 팀 내에서 이에 대해 논의한 결과 기본적인 투구폼과 타격폼을 잘 모른다는 점이 문제의 원인이었습니다. 선수들 사이에서 연습에 앞서 기본적인 자세를 제대로 숙지해야 한다는 의견이 나왔고, 이를 위한 다양한 방안이 논의되었습니다.

우선, 기본적인 송구와 타격 폼에 대한 영상을 공유하며, 기본자세에 대해 완벽히 숙지하기로 했습니다. 또한, 각자가 자세를 연습하면서 궁금한 점은 단체 채팅방 중 '공부방'을 신설하여 서로 이야기를 나눴습니다. 하지만 글로 이야기를 나누기에는 한계가 있다고 생각했고, 저는 훈련시간이 아닌 개인시간 중 가능한 사람들끼리 모여 직접 만나서 서로의 던지는 폼에 대해 피드백하자고 제안했습니다.

또한, 팀원 중 한 명이 반을 두 개로 나눠 훈련을 하자고 제안했습니다. 저는 이 의견을 발전시켜 감독님이 캐치볼을 어느 정도 구사하는 선수들을 담당하시고, 코치님이 야구를 이제 시작하는 초보 선수들을 맡는 것으로 훈련의 단계화를 추진하자고 제안했습니다. 선수들의 대부분이 동의했고 이로써 선수들의 수준에 따라 과거보다 더욱 선수 개개인 맞춤형으로 훈련이 가능해졌습니다.

기본기를 다지기 위해 선수들이 적극적으로 공부하고, 훈련제도를 개선한 결과 선수들의 송구능력은 20% 향상되었고, 선수들의 부상 역시 30% 이상 감소하였습니다.

고객의 행동 속에 숨어있는 니즈를 파악하자.

떡볶이 아르바이트를 하면서, 다른 동료가 고객의 행동에서 발견한 그들의 니즈를 반영해 기존의 메뉴를 개선하여 매출을 올린 적이 있습니다.

제가 일한 가게는 초등학교 근처여서 어린이 손님이 많았습니다. 주로 3명 이상의 친구들과 함께 먹으러 오는 경우가 대부분이었습니다. 계산대에서 일하던 친구가 아이들이 먹는 모습을 관찰하면서 새로운 점을 발견하였습니다. 매일 어린이 손님 중 10팀 이상은 매운 것을 먹지 못하는 친구들로 구성되어 있다는 것입니다. 그들은 떡을 물에 씻어먹거나 혹은 식사 중 물을 많이 먹어 제대로 떡볶이의 맛을 잘 음미하지 못하는 것 같았고, 그들을 위한 새로운 메뉴를 개발하자고 동료는 주장했습니다. 저 역시도 하루에 10팀의 손님들의 만족도를 증가시킨다면 매출에 큰 영향을 미칠 것이라 생각했기에 팀원의 의견에 동의했습니다. 하지만 새로운 메뉴를 개발하려면 개발비용과 같은 여러 비용이 소모될 것이라 판단한 저는 신 메뉴 대신 기존의 메뉴를 매운 것을 못 먹는 어린이들을 위해 개선하자고 제안했습니다. 이에 맵기의 정도에 따라 1단계, 2단계, 3단계로 나눈 떡볶이 메뉴로 개선하였고 이와 더불어 단계별 메뉴출시를 가게 앞의 구조물로 홍보하였습니다. 이에 매운 것을 못 먹는 어린이들의 만족이 상승했고, 이에 대한 홍보효과로 어린이 손님의 증가하여 1달 후 15%의 매출상승률을 달성할 수 있었습니다.

✓ **팀**학회, 동아리, 아르바이트 등**에서 편법을 사용하여 손쉽게 성과를 얻어낼 수 있는 유혹이 있었음에도 불구하고, 정직한 방법을 택했던 최근의 사례에 대해 기술해주십시오. 본인의 역할과 행동 그리고 주요 성과를 중심으로, 구체적으로 작성해주십시오.**

고객이 '진짜로' 생각하는 것을 찾자.

애플리케이션 개발 프로젝트에서 편리한 방식대로 설문조사 내용을 구성하고자 했던 조원들을 설득해 원칙을 지키는 동시에 고객의 요구사항에 정확히 부합하는 전략을 구성할 수 있었습니다.

저희 팀은 헬스케어 애플리케이션을 구상하고 있었고, 시장 공략 타겟을 결정하기 위해서 다양한 연령층의 '건강'에 대한 생각이 필요했습니다. 5개의 연령층으로 세분화하여 각자 50명 이상에게 설문조사를 실시한 후 이를 조합한 내용에서 각 세대별 대표되는 몇 명은 심층 인터뷰를 실시해야 했습니다. 그 과정은 2주 이상의 시간이 소요되는 일이었고, 인터뷰 섭외는 더욱 어려운 상황이었습니다. 팀 내에서는 시간이 오래 걸리고, 그닥 중요하지 않은 부분이기에 팀 내에서 임의로 결론을 지어 그에 맞게 설문조사 내용을 조작하자는 이야기가 나왔습니다. 순간적으로 빨리 일을 진행하고 싶었기에 이러한 유혹에 빠졌지만, 그렇게 되면 소비자가 진정으로 만족하는 앱을 만들 수 없다는 생각이 들었습니다. 저는 팀원들에게 우리가 앱을 만드는 목적은 '앱 이용자의 건강 증진'에 있음을 강조했고, 또한 시장분석 단계가 제대로 이뤄져야 그 다음 단계가 오히려 수월해 질 것이라고 설득했습니다.

이에 저희 팀은 각 세대에 직접 설문조사를 실시하고 인터뷰를 2주 동안 진행하였고, 그 결과 시중에 나와 있던 헬스케어 앱에서 놓친 '일일 건강 체크 진단'과 '1주간 간편 건강식단메뉴 추천' 니즈를 파악하여 그에 맞는 앱을 개발할 수 있었습니다.

사례 2 2014 삼성화재 서류합격 - 신한은행 최종합격

성장배경 및 본인의 장/단점

보험상품의 사각지대에서 雨備가 되어 드리겠습니다.

초등학교 3학년 친구였던 ○○○의 어머니는 보험회사에 다니셨고 학부모 모임에서 항상 보험의 필요성과 생애 주기에 맞는 맞춤형 보험상품에 대하여 소개하셨다고 합니다. 사실, 그러한 말씀에 귀를 기울이시는 어머니들은 없으셨으며 심지어는 부담스러워 하시기까지 했습니다. 하지만, 그 분의 정성스런 소개에 어머니께서는 이모를 소개시켜 드렸고 이모께서는 당시 새로 개발된 보험상품인 실손보험에 가입하셨습니다. 그 후 4년 전 저희 이모는 위암 3기 판정을 받으셨고 몇 차례의 수술과 항암치료로 투병생활 중이십니다. 모두들 피했던 친구 ○○○ 어머니께서 소개하신 '실손보험'의 혜택이 없었더라면 저희 이모는 몇 차례의 수술과 치료비 부담에 대한 감당이 어려웠을 것이며 이모네 가족은 몇 배의 고통이 더 가중되었을 것은 명약관화 한 것이었습니다.

한 가정의 행복의 시작은 추위와 위험으로부터 지켜줄 안전한 집과 부모님과 자녀들의 건강한 삶에서부터라고 생각합니다. 건강관리와 체력관리가 행복유지의 선제적 대비방법이라면 예기치 못한 병마나 사고로부터 가정을 지킬 수 있는 최소한의 보호방법은 보험이라는 것을 그 때 깨달았습니다.

보험을 부담스러워하시고 피하시던 많은 분들에게 국내 최고의 브랜드 [삼성화재]는 차별화된 이미지와 전문성으로 행복과 가정을 지킬 수 있는 최소한의 보호장비인 보험을 널리 알렸고 보험상품에 대한 이미지를 개선시킴으로써 많은 분들에게 실질적인 혜택을 주었습니다.

삼성화재에 입사하여 편견과 부담이라는 이유로 지금도 보험상품의 사각지대에 계신 많은 분들에게 [삼성화재]라는 雨備로 저의 이모와 같은 불의의 고통으로부터 보호받을 수 있도록 하겠습니다.

"그래서 준비했습니다"

저는 삼성화재에 입사하기 위하여 준비하였습니다.

Knowledge Preparation : 금융실무, 사무관리실무를 수강하였고 삼성화재의 어느 부서에 배치 받더라도 신속히 전산업무를 처리할 수 있는 컴퓨터활용능력(2급), 전산회계(1급), ERP회계(2급) 등 전산관련 자격증을 취득하였습니다. 또한 금융인의 기본지식인 펀드투자상담사를 취득하였습니다.

Activity Preparation : 고등학교 1학년 때, 3박4일간 교내우수학생 해외연수 '상하이 글로벌 체험학습'에서 보고 배운 현지 금융기관의 업무시스템을 견학하였고 글로벌적 마인드를 익혔습니다.

Polite Preparation : 고객응대의 시작은 예절이라고 생각하여 항상 공손한 마음으로 웃어른들과 선생님을 대하였고 이에 고등학교 2학년 때 교내 '베스트 예절상'을 수상하였고 삼성화재에서도 누구보다도 예의바르고 헌신하는 사원이 되겠습니다.

• "그래서 …했습니다"라는 컨셉형 소제목을 다양한 스토리의 소제목으로 활용함 특성화고 지원자

"그래서 되겠습니다"

저는 가정의 행복을 최우선으로 하는 보험상품의 개발과 영업의 전문가가 되겠습니다.

가족을 추위와 위험으로부터 안전하게 지켜주는 집을 화재발생 등의 여러 문제로부터 든든하게 보장해주는 주택화재보험, 가족들이 즐거운 나들이와 동행하는 운전자보험과 자전거보험, 할아버지의 지갑을 두둑하게 만드는 연금보험, 가족들 개개인의 리스크 도우미 실손보험, 긴급한 자금이 필요할 때 신속하게 지원하는 다양한 대출상품 등 우리생활과 밀접한 관계를 맺고 있는 삼성화재에서 가정마다 행복을 전파하는 준비된 '가정지킴이' ○○○가 되겠습니다.

또한, 보험 사각지대에서 삼성화재의 안전을 보장받지 못하고 계신 많은 분들에게 전문성과 헌신이라는 사명감으로 그 분들에게 가족과 같은 삼성화재의 다양한 혜택을 전파하는 '사각지대 지킴이' ○○○가 되겠습니다.

"그래서 2024년에도 뛰고 있습니다"

2024년 저는 'S'자 팀장이 되어 있을 것입니다. 직선으로 뻗은 빠른 지름길이나 편안한 길을 택하지 않고 굽이굽이 굽어 살피는 팀장의 역할을 하고 있을 것입니다. 사무실에서는 업무나 전산을 가리지 않고 부족한 부분이나 개선되어야 할 부분을 찾아다니며 누비고 해결하는 Smart 팀장으로 신뢰를 받고 있을 것입니다. 고객님들의 사연과 곡절을 항상 경청하며 공감할 수 있는, 직선형 효율보다는 곡선의 부드러움을 간직하고 적극적으로 해결하는 Solution 팀장으로 기억되고 있을 것입니다.

또한 저는 신입 때의 푸르른 정신을 잊지 않고 첫 대면의 설렘을 유지한 '초심' 팀장이 되어 있을 것입니다. 고객님에게는 푸른 나무와 같은 한결 같음은 팀장으로, 동료들에게는 처음 모습 그대로 협동하고 뛰는 모습을 보이는 푸른 삼성화재人의 역할을 수행 중일 것입니다.

기타

사례 1 2015년 하반기 KB국민은행 최종합격

성장과정을 통하여 귀하를 소개하여 주십시오. 200자 이내

공(空)수표 발행금지

더는 없다는 약속으로 시작한 재수, 염치없이 또 부탁드리자 부모님은 가족의 약속하나 못 지키면서 뭘 하겠냐 가족 약속은 안 지켜도 되냐며 무책임함을 꾸짖고 스스로 해결하라 하셨습니다. 약속을 지키려 4개월간 공장에서 일해 대학에 갔습니다. 약속의 경중은 없다는 책임을 배웠고 편할수록 잘하라는 말은 제 삶의 공수표 발행을 중지시켰습니다.

• '공수표'는 실제 은행권에서 예전에 많이 사용했던 단어로 '허풍'을 의미. 은행의 전문 용어를 소제목으로 활용하는 것도 좋은 방법임
서울소재 중위권 대학 지원자

사례 2 2019 신한은행 최종합격

본인이 지원한 분야에서 직무를 수행하기 위한 본인만의 준비 내용을 작성해 주세요.

수출입 거래, 금융은 EXW 신한은행

수출입 금융 업무를 목표로, 학창 시절 두 가지 측면에서 준비했습니다.

첫째, 전공 학습입니다. 학부에서 국제통상학을 전공하여 무역과

• Incoterms 2010에서의 공장 인도가격 조건의 Ex works 조건을 소제목으로 활용함

금융에 대해서 학습했습니다. 이를 통해 비전공자는 생소할 수 있는 UCP600, ISBP 745, Incoterms 2010과 같은 무역 법규에 대한 지식을 갖췄습니다. 또한, 수출입 거래 절차와 무역 거래에서 수반되는 각종 선적 서류에 대해서도 학습했습니다.

둘째, 수출입 금융 자격증을 취득했습니다. 신용장 전문가 자격증인 CDCS를 취득했습니다. CDCS를 준비하며, 시뮬레이션으로 신용장 네고 업무를 간접적으로 경험해보았습니다. 신용장 서류 핸들링에서 무엇보다 꼼꼼함과 관련 규정의 숙지가 중요하다는 것을 배웠습니다. 또한, 외환전문역 2종 자격을 취득하며 선적 전 수출 자금 대출 프로그램인 무역금융에 대해서도 학습할 수 있었습니다. 이는 수출입 고객 대상 업무에 도움이 될 것으로 생각합니다.

Chapter 04

Concept을 활용하라

자기소개서 작성에 Concept이라는 기법을 활용하는 것은 가독성을 높일 수 있을 뿐만 아니라, 참신함도 더해 줄 수 있다. 원래 Concept의 개념은 마케팅이나 광고학에서 많이 활용되지만, 자기소개서에서 활용되는 개념은 아래와 같다.

예를 들면, "금융인으로 어떤 역량을 갖추었나?"라는 질문에 대한 대답을

- 정확함
- 성실함
- 책임감

으로 자기소개서를 작성하기로 마음먹고, 이를 그대로 표현한다면, 3가지의 역량 사이에는 어떠한 관계나 연결성이 없다.

즉, 좋은 역량 중에 이것저것 3가지를 선정한 느낌이 든다. 하지만, 이러한 3가지 단어의 관계나 연결성을 모색하다 보면, 좋은 아이디어가 떠오를 수 있다.

- 정확함Correct
- 성실함Sincere
- 책임감Responsbility

⇨ C.S.R. 인재

예를 들면, 위와 같이 각 단어를 영어로 바꿔서 3행시처럼 머리글 스펠링만 연결해보면 C.S.R.이 된다. 따라서, 3가지 스토리의 Concept을 CSR 인재로 본인을 표현할 수 있게 된다. 즉, "3가지 역량을 바탕으로 CSR기업의 사회적 책임 인재가 되겠다"라는 Concept을 만들 수 있게 되는 것이다.

이처럼, 병렬식으로 나열을 하고자 할 때, 각각의 아이템에 대하여 연결성을 모색하는 것을 Concept이라 할 수 있다.

Concept을 설정하는 방법은 무궁무진하다. 개인적으로 수준 낮은 Concept으로 간주하는 "머리글자 활용형", "라임형"부터, 깊은 고민 끝에 소신이 잘 묻어 날 수 있는 "참신형", "철학형"까지 다양하다.

머리글자(Capital spelling) 활용형

필자는 이 방식의 Concept 설정을 권하지는 않는다. 단순한 Concept이라고 생각하기 때문이다. 그럼에도 실전에서 활용사례가 많으며, 오히려 합격비율도 높은 편이다.

사례 1 2015 서울메트로 최종합격

서울메트로가 본인을 뽑아야 하는 세 가지 이유를 설명하여 주십시오.

고객의 짐을 함께 나누는 배낭(SAC)이 되겠습니다.

첫째는 안전의식(Safe)입니다. 인재개발원 차량기지에서 실습을 통해 교과서 내용보다 훨씬 더 많은 위험들이 곳곳에 도사리고 있다는 걸 느꼈습니다. 안전의 중요성을 더욱 실감하였기에 서울메트로 기관사로만 안주하지 않고 정시운행과 안전법을 항상 준수하며 꾸준히 동차 구조와 비상시 조치 등을 공부하고 숙지하여 고객에게 안전하고 편리한 지하철을 이용 할 수 있도록 안전의식을 강화했습니다.

둘째는 열정(Ardor)입니다. 유년시절, 블록으로 정거장, 터널 등을 만들고 우유팩으로 전동차 모형을 만들 정도로 열정이 남달랐고 커서는 지하철 시뮬레이터를 통해 지하철 운행도 수없이 연습했습니다. 기관사의 꿈을 키웠던 그 시절의 마음가짐처럼 제 열정은 식지 않을 것입니다.

셋째는 협동심(Cooperation)입니다. 주변 분들과 협업하여 추진하는 것을 좋아합니다. 그래서 혼자서 하는 일 보단 동료들과 함께 일할 수 있는 커피전문점에서 아르바이트하였습니다. ES가 좋을수록 CS도 좋아졌고 매출도 올라 사장님이 저와 동료들에게 신뢰와 칭찬을 아끼시지 않았습니다. 협동심이 좋은 결과를 도출한다는 것을 깨달았습니다.

- 배낭(SAC)의 머리글자에서 뽑아야 하는 이유를 어필
  - Safe
  - Ardor
  - Cooperation

지방소재 중위권 대학 지원자

사례 2 2015 수협은행 최종합격

본인의 성장과정을 대표할 수 있는 단어 3가지를 선정하고 선정한 이유를 가족, 학창시절, 특별한 경험 등과 함께 소개해 주시기 바랍니다. 600 bytes 이내

'P' 머리글자에서 대표하는 단어 3개를 활용함
- Perseverance
- Planning
- Passion

지방소재 중위권 대학 지원자

3P = 나의 정체성

1. Perseverance

군 전역 후 뜻하지 않게 실직하신 아버지의 부담을 덜어드리겠다고 스스로와 약속한 뒤, 2-2학기부터 매학기 장학금을 받아올 만큼, 목표를 이루기 위해 쉽게 포기하지 않는 끈기는 제 첫 번째 키워드입니다.

2. Planning

대학교 1학년 시절 동기들 간 자체적으로 기획한 여름 · 겨울 엠티에서 모두 기획단장을 맡았을 만큼, 어떤 일을 하기 전 체계적으로 계획하는 습관이 저의 두 번째 키워드입니다.

3. Passion

재무 설계 업무와 관련된 AFPK시험이 있다는 것을 알게 된 후, 3개월 뒤 꼭 합격하겠다는 간절함을 바탕으로, 당시 19위로 합격할 수 있었던 꿈을 위한 열정이 세 번째 키워드입니다.

사례 3 2017 금융연수원 서류합격 - 주택금융공사 최종합격

[고객감동] 한국금융연수원의 고객에 대한 본인의 생각정의, 종류 등과 고객을 감동시키기 위하여 실행할 수 있는 방안을 작성해 주세요.

Hand, Head, Heart

연수원의 고객을 협의, 광의, 최광의로 분류했습니다. 협의의 고객은 '20개 사원기관'입니다. 특히 연수원은 사원기관의 회비로 운영되기에 사원기관 니즈에 부합한 교육과정 개발은 연수원의 가장 중요한 역할입니다. 광의의 고객은 '비사원기관'까지 포함합니다. 작년의 경우 454개 비사원기관이 연수원 프로그램에 참여했는데, 금융환경과 금융기법의 변화로 이들의 연수 수요도 높아질 것이기에 이에 대한 준비도 중요합니다.. 최광의의 고객은 '국민'입니다. 금융 발전을 위해서는 금융소비자의 금융지식 함양 또한 중요합니다. 금융교육기관으로서 일반인 교육에도 힘써야 하며, 현재 진행 중인 'KBI금융강좌'의 활성화도 추진해야 할 것입니다..

3H, 고객감동의 시작입니다. **첫째, Hand입니다. 디지털 세대가 주 고객이 됨에 따라, EduTech를 활용해 고객 편의를 제고해야 합니다. 일례로 VR기술을 교육에 접목한다면, 편의성과 몰입도가 모두 높아질 것입니다. 둘째, Head입니다. 교육 콘텐츠를 수준별, 분야별로 다양화하는 맞춤형 과정이 제공되어야 합니다. 이를 통해 전문성이 강화되어 고객 감동을 이끌 수 있습니다. 셋째, Heart입니다. 고객 선호도와 학습패턴 등 빅데이터에 기반한 맞춤형 콘텐츠를 제공하고, AI를 접목해 부족한 부분을 집중 학습하도록 해야 합니다.** 맞춤형 교육방식은 고객의 마음에 큰 감동을 드릴 수 있을 것입니다.

'H' 머리글자에서 대표하는 단어 3개를 활용함
- Hand 서비스제공
- Head 전문성
- Heart 고객감동

서울소재 중위권 대학 지원자

사례4 2016 주택금융공사 서류합격 - 무역보험공사 최종합격

공사 직무 중 관심분야 및 해당 직무 전문가로 성장하기 위한 자기계발 계획

'M.B.S.' 머리글자에서 대표하는 단어 3개를 활용함
- MBS 전문가
- Band 동료와 고객을 감쌈
- Soft mind 실물을 보는 소프트한 마인드

서울소재 상위권 대학, 경제 직렬 지원자

HF의 '유동화 증권 발행' 전문가로 성장하겠습니다. **MBS(B)** 발행에서 얻은 수익이 대출 등 다른 금융의 원천이 되는 만큼, 유동화 업무가 HF의 토대라 생각하기 때문입니다. 이에 저는 전문가로 성장하기 위해 다음과 같은 3가지 목표를 설정하였습니다.

M : MBS 전문가

입사 후 5년 차, MBS 관련 '전문직군'에 선정되어 '유동화 증권부'에 배치되고자 합니다.

첫째, <책에 길이 있다>. 주택금융론 전공 서적을 마스터하겠습니다. 복잡할수록, 올바른 용어 이해와 학문적 지식과 같은 기본기가 중요하다 생각합니다. 학부 시절 어려운 과목일수록 이론을 실물에 적용함으로 자본시장을 제대로 이해할 수 있었기 때문입니다.

둘째, <통계에 방향이 있다> '통계 프로그램'을 익히겠습니다. 학부시절, 연기금 자산 배분 포트폴리오 과제를 통해, 안전한 금융활동을 위해선 통계적 지식이 필수적임을 깨달았습니다. 이에, 실무에 필요한 통계 프로그램을 익혀 경제학 지식에 실용성을 더하겠습니다.

이를 바탕으로 10년 후엔, 금융공학 학위 취득에 도전하고, 15년 후엔 전문성을 인정받아 해외기관에 HF의 노하우를 전수하는 파견단의 일원이 되고 싶습니다.

B : 동료와 고객을 감싸는 Band

"칭찬 고래" 메일을 받는 친절한 사원이 될 것입니다. 업무로 인한 피로도를 가늠하고 이에 맞추어 사적 휴식 시간을 조절하여 긍정적인 업무 태도로 일관하겠습니다.

S : 실물을 보는 Soft mind

금융인이 숫자 이면의 실물을 보지 못하는 편협한 시야를 가질 때, 금융은 도구가 아닌 탐욕이 됩니다. 이에, 다양한 인문학 서적을 탐독하여 '공익추구'라는 목적의식을 잃지 않겠습니다.

사례 5 2018 우리은행 최종합격

'세 가지 키워드'로 자신을 표현해 주시고, 그 이유에 대해 서술해 주십시오.

디자이너로의 꿈이 있었습니다. 비록 지금은 접었지만 제 가치관 정립의 토대가 되었습니다.

1. 소묘

기초 다지기

디자인의 첫 단추인 소묘에서, 기초에 집중하는 법을 배웠습니다. 6개월이라는 지루한 작업이었지만, 기초를 다지는 일이었기에 꿋꿋이 버텼습니다. 기초를 중시하는 습관들은, 학교 시험에서 항상 검토를 3번 이상 하는 습관이 되게 했고, 매사에 실수를 줄이는 원동력이 되었습니다.

- 디자인 단계별 과정을 컨셉으로 활용하여 본인을 세 가지 단어로 표현함

2. 채색

다양성의 인정

소묘 후, 그림에 색을 입혔습니다. 다른 친구들의 그림들도 관찰하며 다양한 채색의 결과물에 감탄하게 되었고, 다양함의 중요성을 깨닫게 된 시간이었습니다. 그 후, 고등학교 2학년 전교 부회장 시절, 친구들의 다양한 의견도 존중해, 규정을 수립하는 데 큰 도움이 되었습니다.

3. 디자인

창의성

디자인을 해보며 창의성이란, 새로운 것보다 오히려 기존의 문제를 찾아 바꾸어보는 것이 더 적합할 수 있다는 것을 깨달았습니다. 기존의 것들도 착실히 습득하고 좀 더 고민했을 때 더 창의적인 아이디어로 승화됨을 깨달았습니다.

우리은행에서도 기본기부터 다지고, 고객의 다양한 의견에 귀 기울이며, 작은 부분들에서도 혁신을 끌어내는 신입 행원이 되겠습니다.

사례 6 2014 우리은행 서류합격 - 농협은행 최종합격

아래 제시어를 자유롭게 활용하시어, 본인의 가치관과 삶의 경험을 담은 에세이를 작성해주십시오 도전, 성공, 실패, 지혜, 배려, 행복

6,000 bytes

3無가 불러온 실패를 3有를 통하여 극복하다.

첫째, 무절제가 불러온 실패를 인내로 극복

학창시절 내내 먹는 것을 좋아하다보니 뚱뚱한 체형이었습니다. 더욱이 고등학교에 진학하고 입시에 대한 스트레스가 심해졌습니다. 그뿐만 아니라 운동을 할 시간마저 부족해 졌습니다. 이 때 먹는 것을 절제하여 체중관리를 했어야 했지만 저는 실패했습니다. 그로인해 체중이 135kg까지 불어났습니다. 그래서 저는 수능 다음 날부터 다이어트를 결심하였습니다. 하루에 생식 한 포를 마시고 잠잘 때를 제외하곤 눕지 않았습니다.

3無와 3有라는 컨셉을 활용하여 작성한 잘 쓰인 소제목
- 무절제 → 인내로 극복
- 무겸손 → 성실함으로 극복
- 무절제 → 신중함으로 극복
서울소재 중위권 대학 지원자

그리고 하루 4시간의 운동을 통해서 3달 만에 80kg으로 감량할 수 있었습니다. 어지럽고 힘들었지만 목표를 향한 집념으로 참고 견뎠습니다. 무절제로 실패한 체중관리를 인내로 극복했습니다.

둘째, 무겸손이 불러온 실패를 성실함으로 극복

고등학교 재학 중, 모의고사에서 수리영역은 3등급 정도였지만 타 영역의 경우 항상 1~2등급을 유지하여 원하는 대학에 진학할 수 있을 것 같았습니다. 그래서 저는 겸손함 없이 적당한 수준의 공부만 한다면 원하는 목표를 이룰 수 있을 것이라고 자만하였습니다. 하지만 수능시험에서 처참한 실패를 맛봐야 했습니다. 그래서 저는 대학진학 후 편입을 결심했습니다. 휴학을 하고 편입준비를 하면 여유가 생겨 나태해질 것 같았습니다. 그래서 새벽엔 편입학원을 다니고 낮에는 학교를 다니며 준비했습니다. 이전에 자만함의 결과를 배웠기에 항상 겸손함을 유지하며 시험 보는 날까지 묵묵하게 공부했습니다. 결국 5곳에 최종합격하였고 합격하였고 지금의 학교로 편입하였습니다. 무겸손이 불러온 실패를 성실함으로 극복했습니다.

셋째, 무모함이 불러온 실패를 신중함으로 극복

대학에서 법학을 전공했기 때문에 회계나 경영에 대한 지식이 없었습니다. 그럼에도 공인 내부감사사가 유망한 자격이라는 신문기사만을 읽고 어떤 자격인지, 저에게 맞는 자격인지, 제가 소화할 수 있는 자격인지 등에 대해서 알아보지 않고 무모하게 바로 학원에 등록하였습니다. 무모함이 가져온 결과는 참혹했습니다. 수업을 따라가기에 급급했고, 내용조차 이해하기도 버거웠습니다. 시험은 당연히 불합격했고 비싼 학원비는 고스란히 무모함의 대가로 지불하게 되었습니다. 그 후 저는 외환과 무역금융전문가로 성장하겠다는 목표를 세웠고 이를 위해서 CDCS를 취득을 결심했습니다. 이전에 무모함의 결과를 배웠기에 신중하게 고민하고 철저하게 준비했습니다. 무역과 외환에 대한 기초지식이 부족한 상태였지만 미리 준비하였고 부족한 지식을 넘치는 근성으로 극복하겠다는 각오로 치열하게 공부한 결과 90일 만에 합격할 수 있었습니다. 무모함이 줬던 실패를 신중함으로 극복했습니다.

사례 7 2014 우리은행 최종합격

아래 제시어를 자유롭게 활용하시어, 본인의 가치관과 삶의 경험을 담은 에세이를 작성하여 주십시오. 제시어 : 도전, 성공, 실패, 지혜, 배려, 행복 6,000 bytes 이내

우리은행의 머리글자를 활용하여 우리은행 4행시를 Concept으로 작성함. 그러나 개인적으로 3행시나 4행시는 권하지 않음
서울소재 중위권 대학 지원자

'우'리 선생님이 달라졌어요.

첫 과외 실패 경험을 통해 고객 맞춤형 서비스를 제공해야 함을 배웠습니다. 대학교 1학년 때 처음으로 고등학교 3학년 학생의 수학 과외를 맡았습니다. 학생의 수학 성적을 꼭 향상하겠다는 사명감에 학생의 수준 및 다른 과목 수업일정 등을 많이 고려하지 못했습니다. 어려운 문제들로 구성한 자체 교재를 만들고 진도를 빠르게 나갔습니다. 결국, 학생은 따라가기 힘겹다며 한 달 만에 과외를 그만두었습니다. 의욕만 앞서서 무조건 열심히 하는 것이 아니라 학생의 성향과 수준을 고려한 수업을 해야 한다는 것을 깨달았습니다.

이후 1:1 수학 전문 학원에서 보조 강사로 근무했습니다. 학생마다 교재와 진도가 다르기 때문에 자습을 감독하고 숙제를 검사하는 것이 저의 업무였습니다. 첫 과외를 실패했던 경험을 생각하여 학생들과 친해지며 특징을 파악했습니다. 그 중 ADHD를 앓는 ○○에게는 더 각별하게 신경을 썼습니다. 개념을 다시 설명하고 함께 문제를 풀며 잠시라도 집중하는 법을 가르치려 노력했습니다. 덕분에 ○○의 수학점수는 10점 이상 올랐습니다. 저 역시 방학 동안만 근무하는 것으로 계약했었으나 연장하여 1년 동안 근무했습니다.

고객에게 천편일률적인 서비스를 제공하는 것이 아니라 상황과 성향을 파악한 맞춤형 서비스를 제공하겠습니다. 입행 후 영업점에서 다양한 고객을 만나 뵐 수 있을 것입니다. 이 때 방문하시는 고객별로 적합한 상품 및 서비스를 제공하겠습니다. 이를 통해 고객과 우리은행 모두 만족하고 동반 성장할 수 있는 데 일조하겠습니다.

'리'더, 소통에서 시작하다

어렵게 느껴지는 일에도 적극적으로 도전하겠습니다. 2012년 하반기에 핀란드에서 교환학생으로 수학했습니다. 대부분의 수업이 팀 프로젝트가 주를 이루었습니다. 실무 경험이 있는 현지 학생들이 많았으나 저는 팀원 모두 다른 국적의 교환학생들로 구성된 팀에 편성되었습니다. 다른 학생들의 지식과 경험에 위축되고 서투른 영어에 소극적인 태도를 보이게 될까 걱정했습니다. 스스로 적극적인 참여를 하고자 팀의 리더로 자원하여 도전했습니다.

모든 팀원이 교환학생이라 기숙사 건물에 사는 점을 활용했습니다. 당시 싸이의 강남스타일이 인기를 얻고 있었습니다. 코리안 파티를 개최하며 외국 친구들과 친해지기 위해 노력했습니다. 팀원들의 스타일을 파악하고 이에 적합한 역할을 분배했습니다. 제 의견의 핵심을 글로 요약하며 팀원들과 정확한 의사소통을 시도했습니다. 또한, 교수님에게 적극적으로 피드백을 요청했습니다. 그 결과 우수 레포트로 선정되어 A+의 성적과 부상으로 크루즈 티켓을 받았습니다.

Can do 정신을 항상 새기며 적극적으로 도전하겠습니다. 최근 우리은행은 인도네시아, 두바이, 체코 등 해외 각지에서 현지 은행을 인수하거나 협약 체결을 통해 탄탄한 해외 네트워크를 구축하고 있습니다. 변화의 시기를 맞아 우리은행의 발전 가능성이 더욱 높아졌습니다. 넓어진 시장만큼 곳곳에 내재된 위험과 어려움을 기회의 순간으로 삼아 우리은행과 동반 성장하는 인재가 되겠습니다.

'은'행원의 기본은 신뢰

다양한 사회 경험을 통해 '정직하고 책임감 있는 행동을 통해 쌓인 신뢰는 가장 큰 자산이 된다'는 지혜를 배웠습니다. 2011년 여름, S카드에서 가맹점 정보를 갱신하는 아르바이트를 한 적이 있습니다. 이전 담당자가 해 놓은 작업 중에 양을 늘리려고 부정확한 정보들로 채운 것을 알게 되었습니다.

약 3만 개 가맹점의 정보를 유선으로 확인하여 갱신해야 했습니다. 이에 무작위로 나열된 리스트를 지역별, 브랜드별로 분류했습니다. 또한 전화뿐 아니라 로드뷰, 인터넷 및 방문 등 다양한 방법을 동원하여 잘못 기재된 정보들을 수정하며 정확하게 기재했습니다. 초반에는 더뎠지만, 점차 빨라져서 기대보다 많은 양을 정확하게 해냈고 담당 직원 분께서 만족하시며 기간 연장을 제안하셨습니다.

2013년 여름에 외국계 S은행의 기업금융 중 트랜젝션 뱅킹부에서 인턴을 했습니다. 초반에는 부족한 지식과 제한된 권한으로 복사, 제본 등 단순 사무보조 업무만 맡았습니다. 짧은 기간이었지만 맡은 일만 하지 않고 회의 및 업무 중에 하시는 말씀을 스스로 찾아 공부하고 틈틈이 질문했습니다. 직원 분들께서 바쁘실 때 저에게 요청하지 않으셔도 스스로 필요한 계약 서류 작업까지 해냈습니다. 이에 칭찬해 주시며 포페이팅 계약 서류 작성, 고객 상담용 pt 작성 등 점차 많은 업무를 맡기셨습니다. 인턴 종료 후 제가 받아야 하는 월급의 2배가 잘못 입금되었습니다. 주변에서는 은행 측의 실수이니 가져도 된다고 했지만 인사 부서에 연락하여 잘못 입금된 절반은 환급해 드렸습니다. 은행에서는 전례 없는 일이라며 사과와 감사 인사를 하셨습니다.

은행은 고객의 자산을 다루는 곳이기 때문에 고객의 신뢰가 중요합니다. 우리은행을 방문하여 서비스를 이용하는 외부 고객뿐 아니라 함께 일하는 동료, 선배님들도 저의 고객이라고 생각합니다. 서로에 대한 신뢰를 기반으로 협동할 때 효율적으로 일할 수 있기 때문입니다. 정직함과 책임감 있는 행동으로 믿을 수 있는 행원이 되겠습니다.

'행'복을 함께하는 금융파트너

고객지향적 마인드로 고객의 행복을 함께하겠습니다. 2014년 상반기에 N평가정보에서 공공기관용 신용등급을 부여하는 인턴을 했습니다. 평가만 담당하는 심사역으로서 등급 심사 중에 고객에게 추가 정보를 요청하여 반영할 의무는 없었습니다. 하지만 적합한 등급을 부여하고 만족할만한 서비스를 제공하고자 추가로 질문하고 자료를 요청했습니다.

업무 시간 중 고객과 통화를 많이 하며 다른 인턴들보다 야근과 주말 출근이 빈번했습니다. 그러나 6명의 인턴 중 가장 실수가 드물었고 항의 전화도 적었습니다. 또한, 업체의 비재무적 정보들을 최대한 정확하게 반영하는 점이 마음에 든다며 주변에 추천해 주시는 고객도 계셨습니다.

2011년 하반기에 N신용평가사에서 리스크 교육 서포터즈로 활동했습니다. 주요 대학별로 한 명씩 선발되어 홍보물을 교내에 배포하는 것이 업무였습니다. 포스터만 붙일 것이 아니라 교육생 모집을 위한 정확한 니즈를 파악하는 것이 먼저라고 생각했습니다. 학생들은 홍보물에 없는 정보들을 알고 싶어 했습니다. 유일하게 해당 교육을 수료한 서포터즈로서 학교 커뮤니티 및 홈페이지에 후기를 포함한 홍보 글을 게시했습니다. 또한, 교재 내용, 강사, 시설 등 학생들이 궁금해 할 내용을 미리 정리해두었습니다. 덕분에 학생들의 문의에 빠르고 정확한 답을 할 수 있었습니다. 문의를 했던 학생들은 모두 빠르고 친절하게 정확한 답변을 해 준 것이 고맙다는 말을 덧붙였습니다. 그 결과 10명의 서포터즈들 중 가장 많은 교육생을 모집했습니다.

은행은 고객의 평생을 함께하는 파트너라고 생각합니다. 개인고객과 기업고객 모두 생애주기에 따른 중요한 순간에 금융 서비스가 필수적이기 때문입니다. 비록 더 많은 시간과 노력이 필요하더라도 고객의 편의와 만족을 위해 배려하는 마음으로 일하겠습니다. 이러한 노력으로 고객이 거래하고 싶은 은행, 주변에 추천하고 싶은 은행이 되는 것에 일조하겠습니다. 이를 통해 고객이 행복한 순간에 항상 함께하는 금융파트너가 되겠습니다.

사례 8 / 2015 KB국민은행 최종합격

KB국민은행이 귀하를 채용해야 하는 이유와, KB인이 되기 위하여 준비한 본인만의 경험 및 노력을 기술하십시오. 600자 이내

다소 작위적이라는 느낌이 드는 Concept 사례. 국민은행의 영어 머리글자 K와 M을 활용
- 3 K : 국민(KookMin)은행에 박차고(Kick) 들어가 고객의 마음에 노크(Knock)
- 3 M : Memorized, Master, Meeting

서울소재 중위권 대학 지원자

Three KM(국민) Man

KB인이 되고 싶은 '남다른 열정과 적극성'이 있기에 꼭 채용되어야 합니다.

3M의 열정으로 국민(KookMin)은행에 박차고(Kick) 들어가 고객의 마음에 노크(Knock)하겠습니다.

1. Memorized man

지점 선배님들께 저를 '각인'시켰습니다. 인턴 근무 첫날부터 마치는 날까지 한 번의 지각없이 30분 전에 도착해 모든 선배님들과 지점장님께 밝은 인사를 드렸습니다. 그리고 스스로 사무용품을 사오고 서고와 지점 환경을 정리하여 행원들과 고객이 더욱 업무에만 집중할 수 있게 했습니다.

2. Master man

제 지점이라는 '주인의식'을 가졌습니다. 메모장을 들고 12개의 창구를 누비면서 업무를 배웠습니다. ATM 시재 채우기, 통장정리, 장표정리, 간식준비 등 모든 일에 열정으로 임했습니다. 또한 종량제 봉투 행사를 위한 포스터와 지점 내 필요한 표시판을 직접 제작하여 비치하는 등 저의 일처럼 했습니다.

3. Mccting man

고객과 직접 '만나' 해결책을 찾아냈습니다. 긴 대기시간에 번호표를 팽개쳤던 고객에게 커피 한 잔과 진심어린 양해의 말씀을 드렸습니다. 그리고 내점하실 때마다 고객의 존함을 불러 드렸습니다. 다양한 고객을 겪으면서 어떤 불만 고객이 와도 웃으면서 은행을 나설 수 있도록 저만의 해결책을 찾으려고 노력했습니다.

2 라임Rhyme형

라임형 Concept이란 단어의 운율이나 동일 단어 속에서 다양한 가치를 표현하는 Concept 기법이다.

사례 1 2015 예금보험공사 최종합격

나의 소개 성격 포함

정중동(靜中動)에서 동중정(動中靜)으로

어릴 적부터 저는 매사에 신중하고 계획적인 생활을 했습니다. 애매한 것은 꼭 다시 확인했고, 모르는 부분은 반드시 알아내고야 마는 확실한 성격은 학업에 치밀함을 더해주었습니다. 6년간 꾸준히 기록한 10권의 일기장, 책장 가득한 중고등학생 시절부터의 필기노트 등은 저의 체계적인 성격을 잘 보여주는 사례입니다.

하지만 신중한 성격은 오히려 진취적이지 못하고 소극적일 수 있다는 점을 깨달았습니다. 이에 신중함 속에서도 적극성과 진취성을 품은 정중동(靜中動)의 성격을 갖추기 위해 부단히 노력했습니다.

일례로 합숙 봉사활동의 강사로 참여했던 '삼성 드림클래스'에서 학생들을 위한 farewell 공연을 주도적으로 기획했습니다. 계획에 없던 공연을 주최측과의 협상을 통해 극적으로 이루어냈고, '강북 멋쟁이' 노래에 맞춰 학생들에게 신나는 공연을 선보였습니다. 새로운 시도를 기피해왔던 저에게는 제 안의 도전적인 성향을 확인할 수 있는 좋은 경험이었습니다.

'사람은 쉽게 바뀌지 않는다'고 말하곤 합니다. 하지만 노력의 결과 제 성격은 이제 오히려 동중정(動中靜)에 더 가까워졌습니다. 새로운 것에 도전하는 진취성과 사소한 것을 놓치지 않는 신중함, 두 강점이 제 성격을 가장 잘 나타내는 대표어라고 생각합니다.

- 신중하게 생각한 후 행동하는 성격에서, 행동한 후 고민하는 성격으로 변화된 모습을 정중동이라는 단어를 통해 리듬감 있게 표현함
서울소재 상위권 대학, 경영직렬 지원자

사례 2 / 2015 상반기 IBK기업은행 최종합격

IBK기업은행 지원동기를 말씀해 주시고, 입행 후 만들고 싶은 IBK기업은행의 모습과 이를 위한 본인의 역할에 대해 설명해 주십시오.

뿌리라는 한 가지 단어에서 기업은행의 세 가지 의미와 본인의 두 가지 목표를 상징적으로 표현함
지방소재 중위권 대학 지원자

뿌리 깊은 나무는 바람에 흔들리지 않습니다.

IBK 기업은행은 3개의 뿌리가 깊은 은행입니다.

1. IMF 외환위기 이후 타 은행과 달리 M&A 역사가 없는 '건강한'은행

2. 3차례의 금융위기에도 주 고객층인 중소기업 대출자금을 회수하지 않고, 오히려 더 늘려 고객과의 '의리'를 지킨 은행

3. 대한민국 경제의 뿌리, 중소기업을 지원하는 '애국'은행

이처럼 '나눔과 배려'라는 자산을 꾸준히 지켜온 IBK 기업은행과 한 길을 걸으면서 보람을 찾고 싶습니다.

태풍에도 굳건히 버티는 은행

어떠한 외부 리스크 요인에도 흔들리지 않는 '튼튼한 IBK 기업은행'을 만들 것입니다.

현재 1호 태풍 '1%대 저금리'가 IBK 기업은행을 강타하면서 '수익성 악화' 피해를 입고 있습니다. 또 9월 중 북상할 2호 태풍 '계좌이동제'로 각 은행 간 치열한 경쟁구도가 예상됩니다. 이를 대비하여 두 가지를 실행하겠습니다.

뿌리를 튼튼히 하겠습니다.

첫째, 외부의 뿌리 '영업력'을 튼튼히 하겠습니다.

CFP, AFPK, 펀드투자상담사 자격 취득을 통해 '재무설계' 역량을 키웠습니다. 단순 금융자격증이 아니라 수많은 금융상품에 대한 이해도를 높이고 고객의 자산관리에 도움이 되기 위해서 취득했습니다.

최상의 자산관리서비스 제공을 통해 비이자수익을 확보하고 평생고객층을 형성하여 수익성에 기여하겠습니다.

둘째, 내면의 뿌리 '마음가짐'을 튼튼히 하겠습니다.

항상 은행 내 규정을 준수하는 도덕적인 행원, 배움에 대한 열정으로 무장한 IBK 기업은행의 실무자로서의 자질을 갖추겠습니다.

사례 3 2016 농협은행 최종합격

농협은행 입사 후 목표가 무엇인지 제시하고, 그 목표를 달성하기 위해 어떠한 준비를 하였는지 기술하시오.

1등 퇴직연금, 농협은행

퇴직연금 시장 선점이 목표입니다. 퇴직연금 시장은 향후 1,000조가 넘는 거대 시장으로의 성장이 예상됩니다. 전 사업장 가입이 의무화되는 2022년 전에 시장을 선점한다면 분명 좋은 수익원이 될 것입니다. 농협은행의 행원이 되어 퇴직연금 점유율 1위 농협은행을 만드는 것이 목표입니다.

총알 장전

퇴직연금 선점을 위해 튼튼한 총알 두 발을 장전했습니다.

첫 발. 한 '발' 앞선 경험입니다. 근로복지공단에서 인턴으로 근무하며 퇴직연금을 유치한 경험이 있습니다. 제가 속한 지사는 저조한 성적을 보였기에 인턴도 직접 중소업체를 방문하여 퇴직연금을 영업해야 했습니다. 사업주들과 만나 퇴직연금의 장점을 설명했고, 근로자에게는 IRP의 세제혜택과 활용방안에 대해 설명했습니다. 한 '발' 앞서 경험한 것을 통해 퇴직연금을 더 쉽고 빠르게 설명할 수 있습니다.

• 총알 한 발, 두 발씩으로 라임을 살림과 동시에 '발'이라는 라임을 발(foot)이라는 뜻으로 중의적인 방법으로 표현함
지방소재 중위권 대학 지원자

두 발. '발'로 뛴 경험입니다. 80% 이상의 대기업이 퇴직연금에 가입했기에 이제는 미가입 중소업체를 중점 공략해야 합니다. 그러나 이러한 업체는 퇴직연금에 큰 관심을 두고 있지 않은 경우가 많습니다. 따라서 '발'로 뛰는 적극성이 필요합니다. 화장품 방문 판매, 퇴직연금 아웃바운드, 해외 영업을 통해 현장을 직접 찾아가 제품을 설명하는 적극성을 내재화하였습니다. 지역의 중소업체를 직접 찾아가 현장의 한계를 극복하고 퇴직연금을 유치하겠습니다.

사례 4 2015 상반기 IBK기업은행 최종합격

가족이 아닌 타인으로부터 가장 크게 영향을 받은 경험과, 그 경험으로 본인이 어떻게 변화되었는지 설명해 주십시오.

화초, 잡초의 각운을 활용하여 본인의 변화를 강조함
지방소재 중위권 대학 지원자

대구 화초에서 독도 잡초로의 변화

제가 근무했던 독도경비대에서 인간의 한계를 경험한 적이 있습니다.

2010년 8월, 태풍으로 인해 1주일간 식량공급이 중단된 적이 있습니다. 이틀간은 군인정신으로 버틸 수 있었지만 배고픈 상황에서 대원들은 점점 지쳐갔습니다. 당시 분대장이었던 저는 모든 대원들이 자포자기한 모습을 보고 '소대의 리더'로서 위기를 극복해야겠다고 생각했습니다.

먼저 저를 포함하여 잠수실력이 뛰어난 대원 3명을 선발하였습니다. 그리고 나머지 8명의 대원은 접안지에서 잠수하는 대원의 몸에 묶인 밧줄을 잡게 하였습니다. 즉, 3인 1조로 해산물을 채취하기로 한 것입니다.

자칫 목숨을 잃을수도 있는 위험한 상황이었기 때문에 쉽사리 바다에 들어가기가 망설여졌습니다. 하지만 '배고픔'과 싸우고 있을 대원들 생각에 용기를 내어 뛰어들었습니다. 모두가 힘을 합쳐 대원들이 먹을 수 있는 '소라'를 채취하였고, 그것을 나누어 먹으며 1주일간의 고통스러운 시간을 견딜 수 있었습니다.

1주일이라는 짧지만 긴 시간을 통해 두 가지를 얻었습니다.

첫째, '리더'로서 조직, 조직원을 위해 희생도 마다하지 않는 '희생정신'을 체득하였습니다.

둘째, 어떠한 역경과 고난도 이겨낼 수 있다는 '자신감'을 가지게 되었습니다.

독도에서의 위기는 제 인생에서 큰 기회였습니다. 이 경험을 통해 **항상 부모님의 울타리 안에서 도움만 받던 '온실 속 화초'에서 어떠한 비바람이 몰아쳐도 견딜 수 있는 끈질긴 '잡초'로 성장할 수 있었습니다.**

사례 5 2017 하반기 IBK기업은행 최종합격

삶은 선택의 연속이라고 합니다. 지금의 나를 있게 만든, 가장 기억에 나는 선택의 순간은 어떤 것이었으며 그 결과는 어떻게 되었는지 구체적으로 설명해 주십시오. 1,300byte

편견은 깨고, 공유가치는 붙이다.

- 상반된 느낌의 단어들을 대구의 형식을 활용하여 Concept을 완성했다. 해외대학 지원자

대학교 2학년 때, 학교 교환학생 기구에서 탄자니아 프로그램 홍보를 부탁해왔습니다. 5가지의 예방접종, 매일 말라리아 예방약 복용 등의 공포심이 지배하는 곳이었기에 인원부족으로 프로그램이 폐지되려 했습니다.

이에 제가 탄자니아를 방문하겠다고 나섰고 2명의 홍보대사 친구들도 동참했습니다. 두려웠던 2개월의 아프리카 생활이 오히려 제 인생의 전환점이 되었습니다.

1. Maasai부족으로부터 편견을 깨다.

탄자니아에서 Maasai부족을 만났습니다. Maasai 마을에 방문하기 전, 책을 읽고 Maasai부족에 대해 알아갔습니다. 잔인한 옛 풍습이 지금도 존재하며, 변화하는 현실에 도태되는 마사이족에 대해 내심 편견도 있었습니다. 하지만 Maasai족 가족들과 하루를 보낸 후, 제 생각은 달라졌습니다. 작은 오두막에 흙으로 만든 침대, 벌레들 때문에 잠자리는 불편하지 않는지 밤새 확인하는 모습, 먹을 것 하나하나 조심스럽게 챙겨주시던 모습, 해가 질 때 기온이 떨어져 추울 것을 걱정해 나눠주셨던 망토를 보며 제가 했던 걱정과 편견이 부끄러워졌습니다. 제 편견은 모두 오해였고, 그들의 지혜로움을 보았습니다.

2. UN ICTR에서 공유가치는 붙였습니다.

United Nation ICTR은 1994년 르완다 내전 당시 투치부족을 살상한 고위층을 수사하기 위해 설립된 곳입니다. 이곳에서 피해자들의 증언을 청취했고 눈물도 흘렸지만 정작, 국제비영리단체를 알아갈수록 기금 운용에 비효율성이 많고 책상경영이 주가 된다는 것을 깨달았습니다. 저개발국의 자생능력을 키우기 위해서는 경제적 활동, 즉 기업이 나서야 한다는 생각을 했습니다. 이는 제 CSR 발표의 주제가 되었습니다. 이 후 CSV에 대해 공부하며 이를 추구하는 것이 저의 목표가 되었습니다. 탄자니아의 사막에서 저는 편견을 깨고, 공유가치는 붙이는 전환점을 맞이했습니다.

사례6 2017 산업은행 최종합격

지원분야기술 · 전산관련 교육 · 자격 · 경험 및 기타활동을 포함한 금융권 역량개발 노력에 대해 상세히 기술할 것

기초는 탄탄히

금융관련 과목 위주로 학교수업을 들었으며 특히, 대학교 3학년에 '금융시장분석'을 수강하며 수시로 변화하는 금융시장 동향을 확인하고 이를 통화정책이론과 화폐금융이론을 접목해 그 실효성과 정책의 나아가야 할 방향성을 제안해 보았습니다. 또한, 월마다 기업을 선정해 재무비율을 직접 산출해 비교하거나 기회 · 위협요인을 분석하는 등 투자보고서를 작성하며 시장을 토대로 학습을 했습니다.

- "○○은 ○○히"라는 Concept으로 모든 소제목들을 완성
- 서울소재 상위권 대학, 경영직렬 지원자

인성은 꾸준히

금융업의 본질은 '서비스업'에 있습니다. 그러므로 국민으로부터 신뢰받는 은행이 되기 위해 그 출발은 '공감과 경청'이며 이를 활용해 고객의 입장에서 생각하고 도움을 주려는 자세로 임해 산업은행의 신뢰도를 제고시키겠습니다.

대학생활을 하면서 연극동아리, 금융동아리, 학생회, 팀 공모전 등 다양한 분야에서 많은 사람들을 만났습니다. 이를 통해, 갈등에서부터 성공적인 마무리까지 책임감 있게 활동하면서 존중하는 태도, 대화하는 방법을 배웠습니다.

전문성은 특별히

청년인턴으로 근무하면서 직접 산업분석을 해보며 기업금융의 기본토대인 분석능력의 중요성을 깨달았습니다.

지점고객이었던 타이어 생산업체의 실적이 악화됨에 따라 그 배경을 알기 위한 산업분석을 했습니다. 먼저, 경기동향을 분석하고 경쟁사 동향을 통해 산업트렌드를 이해할 수 있었습니다.

또한, 전방산업인 고무산업과 후방산업인 자동차산업의 동향을 분석하며 유통구조를 이해했고 이에 잠재되어 있는 리스크를 확인했습니다.

타이어산업은 글로벌 경쟁이 치열한 산업이었기 때문에 글로벌 업체들의 동향을 반드시 파악해야 했습니다. 공식 웹사이트를 통해 재무제표와 사업보고서를 확보하여 판매가격 추이와 수익구조 등 사업현황과 재무상태를 분석했고 나아가 국내 산업의 가격 경쟁력을 평가해보았습니다. 또한, 당시 타이어산업의 주요 이슈는 중국시장 매출감소였습니다. 따라서 해당 산업에 대한 중국의 정책동향을 조사했고 이에 따른 타이어산업에 미치는 영향과 대응능력을 예상해보기도 했습니다.

3 참신형

사례 1 2016 하반기 기술보증기금 서류합격

질문을 보면 마치 이공계, 상경계, 법학적 직무 능력이 모두 갖춘 인재라는 것을 증명하라는 것처럼 보이지만, 자세히 봤을 때 질문의 의도는 어떤 면에서 융합형 인재인지를 표현하는 것임. 즉, 이공계, 상경계, 법학적 직무는 하나의 사례일 뿐, 본인의 융합형 인재인 모습을 다양한 사례로 기술해 나가면 되는 것

우리 기금에 적합한 인재는 이공계, 상경계, 법학적 직무능력을 갖춘 융합형 인재입니다. 지원 동기와 연관지어 자신이 어떤 면에서 기금에 적합한 인재인지 기술해 주시기 바랍니다.

중소기업, 살림살이 좀 나아지셨습니까?

2013년, 경기도 화성에서 반도체 공장을 운영하는 사촌형을 만났습니다. 창업 초기, 사촌형은 기술보증기금(Kibo)의 지원이 큰 도움이 됐다고 말했습니다.

이처럼, Kibo는 기술평가시스템(KTRS)을 통해서 제도 금융권에서 여신이 쉽지 않은 기술 창업 중소기업을 지원하는 공공기관입니다. 즉, 중소기업의 든든한 버팀목인 셈입니다. 이러한 설립 취지에 공감을 하면서 Kibo에 지원하였습니다. 국가경제의 중추인 중소기업의 살림살이 개선에 힘을 보태고 싶습니다.

상(商) - 완숙계란

상경계 분야는 완숙계란입니다. 심도 깊은 공부를 해서 자신 있는 영역입니다. 대학 신입생 때, 경제기사를 이해하고 싶다는 이유에서 경제공부에 입문하였고, 미시경제학(이준구 저), 거시경제학(정운찬 저) 등의 교과서를 공부하며 관련수업들을 수강하였습니다. 특히, 2가지 과목이 기억에 남습니다. 첫째, <금융리스크 관리 실무와 통계학>입니다. PD, LGD, EAD 등의 리스크측정 요소와 몬테카를로 시뮬레이션을 활용한 모형구축을 배웠습니다. 둘째, <계량경제학>입니다. 정성적 계량모형인 로짓 모형(Logit), 프로빗 모형(Probit)을 배울 수 있었습니다.

- 사실, 이공계, 상경계, 법학적 지식을 고루 갖춘 인재는 드물고, 이 지원자의 경우 상경계 전공자로서 법학이나 이공계적 지식은 약함. 하지만 이러한 상황을 계란의 상태라는 Concept을 활용해 참신하게 풀어냄
  - 상경계 : 완숙계란
  - 법정계 : 반숙계란
  - 이공계 : 날계란

법(法) - 반숙계란

Kibo가 요구하는 민법관련 재산법(물권법, 채권법)에 정통하지는 않습니다. 그럼에도 법학을 날계란이 아닌 반숙계란으로 비유한 이유는 행정법을 심도 깊게 배웠기 때문에 물권법, 채권법 등을 빠른 속도로 배울 자신이 있기 때문입니다. 행정고시생들이 많이 수강해서 경쟁이 치열한 <행정법>을 2015년 가을학기에 수강하였고, 최종성적 100명 중 1등을 하면서 자신감을 얻었습니다. 그 때 익혔던 Know-how(법전 활용, 판례 분석)를 토대로 물권법, 채권법도 빠르게 정복하겠습니다.

공(工) - 날계란

미래학자인 앨빈 토플러(Alvin Toffler)는 2005년, '융합'을 경제 돌파구로 제시하였습니다. 10여 년이 지난 지금, 실제로 융합은 곳곳에서 일어나고 있으며 그 과정에서 '제2, 제3의 무언가'가 태어나고 있습니다.

관심이 덜했고 학습량도 적어서 이공계 분야는 저에게 날계란과도 같지만, 과학기술에 무지한 법학, 경제인은 변화하는 사회에서 살아남을 수 없음을 절감합니다. 이에 사물인터넷(IoT), 인공지능(AI) 등 이슈를 중심으로 기술관련 기사를 정독하며 트렌드를 좇고 있습니다.

4 철학형 Concept 사례

사례 1 2017 한국벤처투자 최종합격

당사와 본인 역량의 부합성

저는 두 가지 측면에서 한국벤처투자에 적합한 인재입니다.

미분(微分)력 : 현재를 파악하는 분석력

수학의 미분과 적분을 Concept으로 설정해 본인의 분석력과 예측력을 어필함
서울소재 중위권 대학, 경영 직렬 지원자

감사업무의 핵심은 기업의 현재 상태를 분석하고, 이를 바탕으로 정확한 판단을 내리는 것입니다. 정확한 판단에 이르기 위해서는, 기업이 제시한 재무적 자료에 대하여 합리적 의구심을 가지고 면밀히 분석하여, 사업과 산업에 대한 이해를 토대로 정확히 해석해야 합니다. 감사업무를 수행해 온 3년 간 가장 '감사인' 다운 역량을 갖추기 위한 노력을 기울여 왔습니다. 그러므로 벤처캐피탈의 투자역량과, 벤처캐피탈의 투자대상을 세밀하게 분석하는 미분(微分)력을 가지고 있습니다. 특히, 벤처캐피탈 및 벤처기업은 표면적인 성과를 과시하고자 하는 유인이 크기 때문에, 강한 의구심을 전제로 투자대상의 현재 상태를 객관적으로 파악하는 미분력은 한국벤처투자에 필요한 역량입니다.

적분(積分)력 : 미래를 평가하는 예측력

분산된 정보를 포괄적으로 이해하는 '넓은 시야'를 가지고 있습니다. 사소한 정보를 오래도록 기억하는 특성 때문에, 타인이 놓친 부분까지 포괄하여 개선된 결론을 도출하는 능력이 있습니다. 이러한 점 때문에 모델러로서 사업에 관한 정보를 최대한 녹여내어 미래를 추정하는 부분에서 강점을 발휘하고 있습니다.

한국벤처투자의 역할은 미지의 사업이지만 향후 한국의 신성장동력이 될 만큼 높은 가치를 가진 사업분야를 발굴하는 것입니다. 그러므로 많은 정보를 축적하고 포괄적인 결론을 도출함으로써 미래가치를 정확히 예측하는 적분력은 한국벤처투자에 꼭 필요한 역량입니다.지식경영은 조직구성원 개개인의 지식이나 정보, 노하우를 체계적으로 발굴하여 조직 내 보편적인 지식으로 공유함으로써, 조직 전체의 문제해결 능력을 비약적으로 향상시키는 경영방식입니다. 미분력을 바탕으로 현재의 벤처시장을 정확히 분석하고, 문제점에 대해서는 적분력을 활용하여 포괄적 해결을 추구해 나가겠습니다. 한국벤처투자의 지식경영 매뉴얼을 만들어, '선순환'288의 고리를 더욱 효과적으로 순환시키는 '혁신'을 창출하겠습니다.

사례 2 2017 산업은행 최종합격

금융권 역량개발노력

금융권 업무 중 리스크 관리 부문에 관심이 많았습니다. 특히 Risk-taker인 산업은행에 있어 그 중요성은 더욱더 클 것입니다. 저는 이렇듯 중요한 리스크 관리 능력을 다음과 같이 부분과 전체를 유기적으로 연결해 역량을 강화했습니다.

경영학은 '나무', 경제학은 '숲', 모의평가 대회는 '집을 짓는 것'으로 표현하여 나무, 숲, 집이라는 Concept을 활용해서 본인의 역량을 표현
서울소재 상위권 대학, 경영직렬 지원자

나의 안전한 기업나무 가꾸기

리스크 관리의 핵심은 기업의 신용과 미래 현금 창출 능력을 정확하게 평가하는 데 있을 것입니다. CPA 2차 시험까지 치르면서 관련 역량을 함양하였습니다.

"회계"를 통해 재무제표를 해석하여 자산 건전성을 파악하는 법을 배웠고, "재무관리"를 통해 기업가치 평가법, VaR을 사용한 위험평가법을 익혔습니다. "회계감사"는 기업의 내부통제 평가와 같은 비계량적인 위험을 평가하는 업무에 도움이 될 것입니다.

나무가 살고 있는 숲 파악하기

리스크는 금리, 환율, 경제 정책 등으로 인해 시장으로부터 발생하기도 합니다. 저는 경제학도로서, 시장 전체를 바라볼 수 있는 힘을 길렀습니다. "한국경제론" 등의 수업에서 국민생활에 밀접한 분야별로 현재 경제 상태를 조사했고, 통계자료와 그래프들을 분석하였습니다. 또한 "국제무역론, 국제금융론"에서 해외시장을 배웠고, 각종 경제 포럼 등에 참석하여 시장 경제에 대한 이해도를 높였습니다.

위험한 숲에서도 검증된 나무로 1등 집을 짓다.

"기업경영캠프"라는 경영시뮬레이션 모의평가 프로그램에 참가했을 때, 상대팀 기업들의 재무정보를 조사하고, 지속적으로 변화하는 시장을 분석하는 등 발생할 수 있는 리스크를 예측하여 사전에 대비하였습니다. 결국 프로그램에서, 제가 CEO를 맡은 기업이 순매출, 매출 순이익 1위를 하였습니다.

한편 선배의 요청으로 KBS 재무제표를 분석해본 경험이 있습니다. 실제 재무제표이니만큼 금액도 크고, 수험 생활 때 자주 접하지 못했던 자산 목록도 보여서 분석하는 것이 꽤 까다로웠습니다. 그러나 이러한 경험들은 배운 지식들을 현실에서 성공적으로 활용했다는 점에서 큰 의의가 있었습니다.

Chapter 05

인문학을 활용하라

인문학은 인간의 본성을 탐구하는 학문이다. 그래서 흔히들 인문학의 범주를 철학, 문학, 예술, 역사, 심리 등으로 분류하기도 한다. 인문학과 공학, 그리고 인문학과 사회과학의 가장 큰 차이는 무엇일까? 공학이나 사회과학은 문제를 해결하는 학문이지만, 인문학은 더 어렵고 새로운 질문을 던지는 학문이다. 이것이 핀테크 혁명시대에 오히려 인문학적인 소양이 중요한 이유이기도 하다.

인문학의 장점은 무엇일까?

첫째, 인문학은 상상력을 길러준다. 예를 들면, 피트 제럴드의 '위대한 게츠비'를 영화로 본 사람이라면, 게츠비의 얼굴을 배우인 '레오나르도 드 카프리오'를 떠올릴 것이다. 하지만, 소설을 읽은 사람에게 게츠비의 얼굴은, 읽은 사람의 상상에 의해 창조되어 만萬가지 얼굴을 하고 있을 것이다. 즉 인문학은 상상력을 자극시킨다.

둘째, 인문학은 간접경험을 제공한다. 역사적 인물이나, 문학 속 인물의 경험을 보게 됨으로써, 다양한 상황에 놓이더라도 간접체험에 의한 좋은 대응방안을 마련할 수 있게 한다.

셋째, 인문학 속의 과거는 현재를 투영하기도 하고, 미래를 반영하기도 한다. 예를 들면, 세익스피어의 '베니스의 상인'을 보면, 금융의 모습을 탐욕과 질투의 샤일록으로 표현한다. 과거 대문호의 눈에 비친 금융의 일면으로 볼 수도 있다. 하지만 이러한 금융의 탐욕과 질투의 모습은 현대에도 적용된다. 2008 글로벌 금융위기도 금융기관의 탐욕과 질투에서 비롯되었다고 볼 수 있다. 그렇다면, 결국 미래의 금융의 일면도 탐욕과 질투로 반영될 수 있을 것이다. 한편, 베니스의 상인을 읽어보면, 당시에는 금융과 무역이 융합을 하고 있음을 알게 된다. 지금도 마찬가지이다. 지금은 금융이 테크놀로지와 융합 중이다. 이는 결국 미래에도 금융은 지속적으로 그 무엇과 융합을 통하여 진화를 이룰 것이라는 것을 짐작하게 하는 것이다.

인문학적 소양은 상당히 중요하다. 비단 금융권 취업에 있어서 뿐만이 아니라, 삶을 살아가는 데에도 날카로운 통찰력과 부드러운 현명함을 제공할 수 있다. 2013년 이후 금융권에서 꾸준히 강조되고 있는 인재상은 인문학적 소양을 갖춘 인재이다. 이제는 문제해결도 중요하지만, 새로운 질문을 던지는 인재가 필요하다는 방증이기도 하다.

자기소개서에서도 인문학을 활용할 수 있는 방법은 무궁무진하다. 만약 행복이 무엇임을 묻는다면, 필자는 학창시절 읽었던 버트란드 러셀의 '행복의 정복'이라는 책에서 인용을 시도해 볼 것이다.

자기소개서와 인문학의 융합!

무엇보다 매력적인 자기소개서가 탄생하지 않겠는가?

사례 1 2015 KEB하나은행 최종합격

귀하의 가치관 형성에 전환점이 된 인문/예술작품 도서, 영화, 미술, 음악 등 은 무엇이었으며, 그 이유를 설명해 주십시오.

인생관 - 함께 행복한 세상

"한 뼘이라도 꼭 함께 손을 잡고 올라간다."

도종환 시인의 '담쟁이'라는 시에서 제가 가장 좋아하는 구절입니다. 수많은 잎들이 벽을 타넘는 담쟁이의 모습을 시에서는 함께 손을 잡고 있다고 표현했습니다. 진정한 행복이란 담쟁이처럼 혼자가 아니라 주위 사람들과 함께 성장하고 기쁨을 공유하는 것이라고 생각합니다.

저는 KEB하나은행의 새로운 미션과 마찬가지로 함께 행복한 세상을 만드는 것을 중요한 가치로 여기고 성장했습니다. 그리고 이러한 신념을 행동으로 옮기기 위해 고등학교 때부터 소외된 계층을 위한 봉사활동을 꾸준히 해왔습니다. 한 예로, 고등학교 시절 200시간 이상을 투자했던 기초 수급자 가정 자녀의 학습지도가 있습니다. 방학 때마다 집안 형편이 좋지 못한 아이들을 위해 제가 자신 있었던 영어 학습지도를 하며 점수 향상을 위해 노력했습니다. 또한, 대학교 입학 후에는 구로에 있는 지역아동센터에서 해외 이주민 노동자 자녀 15명의 학습지도를 위해 힘썼습니다. 아이들은 부모의 피부색과 언어 때문에 학교에서 놀림을 받고 가정 형편 또한 좋지 못해 정서적으로도 불안정했습니다. 하지만 저는 먼저 다가가 말을 걸고 친해지기 위해 노력했습니다. 다행히 아이들은 금방 마음의 문을 열었고 그 후 저는 학습지도에 매진하여 아이들의 성적 향상에 기여할 수 있었습니다.

• 단순히 행복을 '주위 사람들과 함께 성장하고 기쁨을 공유하는 것'이라 표현했다면 밋밋한 표현이 되었겠지만, 도종환 시인의 시를 인용함으로 세련되고 공감되는 표현으로 탈바꿈함
서울소재 중위권 대학 지원자

사례 2 / 2016 KB국민은행 최종합격

귀하를 소개하여 주십시오. 200자 이내

헤르만 헤세의 <데미안>을 인용한 소제목. 물론, 소설 속에서의 이 표현은 현실에 안주하지 않고 도전한다는 의미는 아니지만, 이 문장 자체가 워낙 유명한 표현이다 보니 나쁘지 않은 시도임
참고로 헤르만 헤세는 '동양철학', '불교', '인도' 등에 심취한 인물이었기에, 국내에서도 특히 유명한 작가로 꼽힘
지방소재 중위권 대학 지원자

새는 알에서 나오려고 투쟁한다.

뒤처지는 체력 콤플렉스를 극복하기 위해 7년 동안 해온 운동, 부족한 수리감각을 키우기 위해 도전한 회계 복수전공은 '현실의 안주', '새로움에 대한 두려움'이라는 알을 깨고 투쟁하는 과정이었습니다. 인턴 포함 국민은행에 다섯 번째 도전하는 4전 5기의 도전정신으로 새로운 알을 깨고 비상을 준비하는 지원자 오00입니다.

사례 3 / 2016 신한은행 최종합격

신한은행의 핵심가치와 관련 있는 인문학 서적을 선택하고, 그 책을 선택한 이유와 책에 대한 본인의 생각을 기술해 주세요.

개인적으로 자서전을 인문학의 범주에 넣어야 할지에 대해서는 의문이지만, 그럼에도 불구하고 이나모리 가즈오의 사례를 언급함으로 기업에 대한 속깊은 이해를 잘 표현함
서울소재 중위권 대학 지원자

사장의 道理, 이나모리 가즈오

이 책은 일본에서 '살아있는 경영의 신'으로 불리는 동시에 교세라의 창업자이면서 파산 위기에 처한 일본항공을 1년만에 흑자로 전환시킨 이나모리 가즈오의 신념과 경영철학이 담겨있습니다.

가즈오는 책에서, '단 한번뿐인 인생을 헛되이 보내지 말고, 어떤 환경에서도 항상 긍정적으로 살아야겠다.'는 자신의 신념을 말합니다.

사회 초년생시절, 그는 취직의 어려움을 겪다 초고압초자를 생산하는 쇼후공업에 취직했지만 법정관리 상태에 들어간 망해가는 회사였습니다. 하지만 그는 마음을 다잡고 회사를 살리기 위해 자신이 할 수 있는 일에 최선을 다했습니다. 앞으로의 유망산업을 미리 예측하고 연구한 결과 신소재 개발에 성공했고, 회사매출에 큰 기여를 합니다.

신한은행의 핵심가치 중 하나는 '주인정신'입니다. '회사가 살아야 나도 살 수 있다.'는 책임감을 가지고 회사를 다시 일으키기 위해 노력했던 가즈오의 젊은 시절은 신한의 주인이라는 자부심을 가지고 신한WAY라는 큰 꿈을 이루기 위해 최선을 다하는 신한은행(신한人)의 모습과 닮아있다고 생각합니다.

교세라를 창업하고 3년 뒤, 회사직원들의 정기승급과 상여금을 보장해달라는 요구서를 가즈오에게 보냈을 때, 그는 '회사의 존재의 이유와 목적, 사장의 역할과 도리는 무엇인가?'에 대해 고민했습니다. 그리고 고민 끝에 그는 회사는 사장 개인의 꿈을 쫓는 곳이 아니며, 현재는 물론이고 미래에도 직원들의 생활을 지켜주기 위한 곳이라는 결론을 내린 점이 인상 깊었습니다. 더 나아가 사회의 구성원으로서 사회의 행복을 위해 책임을 다해야 한다는 가즈오만의 경영철학은 사장의 도리를 넘어서서 하나의 '올바른' 인격체에 대해 다시 한 번 생각하는 계기가 되었습니다.

이처럼 가즈오의 신념과 교세라에 담긴 경영철학은 '고객과 미래를 함께하는 금융을 추구하고, 금융의 힘으로 세상을 이롭게 한다.'는 신한은행의 미션과도 연관이 있다고 생각합니다. 신한은행은 따뜻한 금융을 적극적으로 실천함으로서, 고객과 기업 그리고 사회가 원하는 가치가 '상충'되지 않고 함께 성장할 수 있는 '상생'을 추구하고 있는 '올바른 은행 = 신한은행'이라고 생각합니다.

사례4 2016 금융감독원 서류합격 - 금융결제원 최종합격

✓ 학교생활 또는 교내외 사회활동, 봉사활동 경험 중에서 본인에게 닥친 어려움이나 난관을 극복하기 위해 노력했던 경험을 기술하십시오.
- 본인에게 닥친 임무난관는 무엇이며, 어떤 내용인지 구체적인 장소, 인물, 시간 등을 기록하십시오. 400byte 이내

김일병을 구하라.

군 복무 시절 따돌림 당하는 후임병이 있었습니다. 타 중대 관심병사였고 저희 중대로 전입와서 통제가 어려웠습니다. 선임병들은 저에게 잘해주지 말라고 했습니다. 도와주고 싶었지만, 저 또한 눈 밖에 나지 않을까 두려웠습니다. 하지만 저는 병사들의 고충을 상담하는 '병기본상담관'이라는 직무가 있었고 직무에 대한 책임감을 잊지 않았습니다.

✓ - 원인을 파악하고 난관을 해결하기 위하여 취했던 행동은 무엇입니까? 400 byte 이내

따돌림 당하는 후임은 다른 중대에서 문제를 일으켜서 저희 중대로 전입을 왔기 때문에 기존의 선후임 사이가 아니던 우리 중대원들과의 새로운 상하관계를 인정하지 않아 마음의 벽이 생긴 것 같았습니다. 저는 이러한 벽을 없애기 위한 방법들을 생각했습니다. 따돌림 당하는 후임이 없을 때, 뒤에서 다른 중대원들에게 그의 칭찬을 했습니다. 또한, 팀 스포츠를 통한 유대감 형성을 위해 노력했습니다.

- 그 노력의 결과로 문제는 해결되었습니까? 결과성공, 실패의 이유와 개인적으로 습득한 교훈 등에 대하여 기술해 보십시오.

400byte 이내

어느 순간부터 중대원들이 그 후임을 동료로서 인정하였고 좋은 관계가 형성되었습니다. 저 또한 미움이 아닌 인간적인 면에서의 신뢰를 얻었습니다.

"네가 항상 옳다는 것을 잊지 마라. 심지어는 네가 틀렸더라도 말이다!"

그 당시 [서른 살이 심리학에게 묻다]라는 책에서 본 문장입니다. 책에서 읽은 한 문장이 저에게 확신을 줬고 결국 모든 상황을 긍정적으로 바꿨습니다.

• 본인의 행동에 대한 근거를 인문학에서 찾음
서울소재 중위권 대학, IT직렬 지원자

사례 5 2014 수출입은행 최종합격

최근에 읽었던 인문학 서적 중 가장 기억에 남는 책과 그 이유

600자 이내

교내 교양 교수님의 추천으로 **제러드 다이아몬드 교수의 '총 · 균 · 쇠' 라는 책을 읽은 적이 있습니다.** 얼마 전 National Geographic에서 만든 '총 · 균 · 쇠'의 3부작 다큐멘터리를 보면서 처음 책을 접하고 느꼈던 흥분이 떠올랐습니다. 먼저, 책을 읽어나가면서 놀랐던 이유는 20대가 된 후 늘 마음속에 품고 있던 '세상의 불평등과 힘의 불균형'에 관한 의문에 대해 통찰력을 제공해 주었기 때문입니다. 저자는 '세상을 지배한 불평등이 어디에서 비롯되었는가'에 대한 해(解)를 지리적, 환경적 요인이라는 독창적인 시각을 제시합니다.

• 2013~14년도 베스트셀러였던 책. 가급적 베스트셀러는 가까이 할 것을 권함
지방소재 국립대학, 경영직렬 지원자

인류문명의 발전과정에서 유럽대륙은 생산성이 높은 농산물과 가축에 대한 높은 접근성으로 부를 축적할 수 있었고 '총, 균, 쇠'라는 세 가지 무기를 활용해 세계 곳곳을 정복하고 지배했다고 기술하고 있습니다. 결국 '운이 좋았다'는 흥미로운 결론에 이릅니다. '총 · 균 · 쇠'는 깊은 인류애(愛)를 바탕에 두고 있는 그의 열정이 느껴져 더욱 감동적이었고 책을 통해 열악한 기후 속에 풍토병과 기근으로 경제성장의 발목이 잡힌 최빈국들의 문제를 '인류'라는 범주에서 보다 넓은 안목으로 이해하게 되었습니다. 국제적인 상호의존성이 높아지는 현 시대의 경제협력, 환경문제 그리고 한반도 내 통일이라는 과제를 풀어나가야 할 세대로서 과거를 알고 미래를 준비하기에 좋은 지침서라고 생각합니다.

사례 6 2015 대구은행 서류합격 - KB국민은행 최종합격

✓ **본인의 인생에서 가장 관심 있고 호기심 많았던 분야에 대해 소개해 주십시오.** 100자 이상 300자 이내

심리 + 경제 = 행동경제학

'행동경제학'에 관심이 많았습니다. **경제가 이루어지는 곳은 시장 플랫폼이지만, 시장을 이끄는 건 '고객의 심리'라 생각했기 때문입니다.** 그래서 경제학과 심리학을 공부했고, 이 4년간의 배움들을 연결시키고자 행동경제학 논문을 썼습니다. 하나로 연결시키고자 행동경제학 논문을 썼습니다. 상이한 학문적 연결이 독창성을 인정받아, 논문상(Honors Thesis Award)으로 결실을 이루었습니다. 앞으로, 진화하는 고객의 트랜드를 다양한 이론으로 접목하여 고객가치를 실현하는 '행동하는 DGB맨'이 되겠습니다.

실제 심리학을 구체적으로 인용하지 않았지만, 경제학에서 심리의 중요성을 일찍이 간파하여 행동경제학에 대한 관심을 잘 표현함
해외대학 지원자

사례 7 2014 무역보험공사 서류합격 - SGI최종합격

성격의 장단점 및 생활신조 600자

장점 및 생활신조 - 쉼 없이 흐르는 맑은 시냇물과 같은 성실함과 'Rise and rise again'

730일간의 공인회계사 시험 준비에도 좋은 결과를 얻지 못했습니다. 꼼꼼한 성격 탓에 시험 1~2달 전에 방대한 학업 분량을 속도감 있게 정리하는 것에 한계가 있음을 깨닫고 오랜 심사숙고 끝에 의연하게 포기하였고, 금융기관이라는 ㅋ새로운 목표를 설정하였습니다. 다시 도서관을 향하는 발걸음은 무겁고 착잡하였지만 새로운 도전을 즐기려 하였고, 성실하게 재무회계, 재무관리, 경영학 공부를 하여 총 평점 4.23에 성적 우수 장학금을 5회 수령하였고, 자격증 취득과 영어 공부를 해왔습니다. 난관에 앞을 가로막을지라도 새로운 기회를 발견하고 재기하는 강한 사람으로 살겠습니다.

단점 - '현재에 충실하라 - 마르쿠스 아우렐리우스'

미래에 대한 걱정이 많은 것이 단점입니다. 이는 난제와 맞닥뜨렸을 때에 불안감이 증폭되어 현재의 집중을 방해합니다. **'미래의 일을 근심하지 마라. 현재 나를 지탱해주고 있는 이성이 그때도 나와 함께 하며 미래의 일을 잘 대처해 줄 것이다'**는 '마르쿠스 아우렐리우스'의 '명상록'의 구절을 따라 '유비무환(有備無患)'의 자세로 현재에 충실하며 살 것입니다.

마르쿠스 아우렐리우스는 로마의 '5현제' 시대의 다섯 번째 황제로 철학을 사랑해서 일명 '철인황제'로 불림. 영화 Gladiator의 초반에 등장하는 늙은 황제가 바로 이 인물. 그의 저서 '명상록'은 지금도 남아 있고 인문학을 키우기 위해 저자 개인적으로 권하는 책

서울소재 상위권 대학, 경영 직렬 지원자

명상록에서 유명한 문장, 취업 준비생에게 전하고 싶은 이야기

사례 8 2016 수출입은행 최종합격

지원자가 인생에서 이루고 싶은 목표 3가지를 우선순위 순으로 기재하고, 그 선정 이유와 해당 목표들을 이루기 위하여 현재 노력하고 있는 사항을 기술하십시오.

'투스쿨룸 대화'는 로마의 변호사, 정치인, 사상가, 철학자였던 키케로의 행복에 관련된 유명한 저서. 키케로는 라틴어로 수많은 명문장들을 남긴 장본인으로, 라틴어를 공부하는 유럽 젊은이들의 공공의 적이라는 우스갯소리도 있음. 2차 삼두정치 시절, 옥타비아누스와 안토니우스의 합의에 의하여 처형당하는 비운의 인물

지방소재 국립대학, 경제직렬 지원자

첫째, 저만의 기준을 가지고 어떠한 곤경에도 무너지지 않는 내적 평정심을 가진 사람이 되고 싶습니다. **키케로가 『투스쿨룸 대화』에서 언급한 현자이자 행복한 사람이기도 합니다.** 경제적, 사회적으로 보장된 삶을 살다가도, 큰 난관이 닥칠 때 이를 지탱해 줄 정신력이 충분히 강하지 못하다면 한 순간에 무너질 수도 있겠다고 생각되었습니다. 이를 위해, 예상치 못한 다양한 상황에 노출되는 것을 피하지 않고, 고난이 주는 성장의 기회를 정면으로 직시하고자 하는 마음가짐을 가지고자 합니다.

둘째, 가능한 많은 책을 읽고 주변 사람들이 겪고 있는 문제의 핵심을 파악해서 시의적절한 책을 추천해줄 수 있는 사람이 되는 것입니다. 문제의 크기에 비해 과도한 괴로움을 겪고 한참 뒤에서야, 접하게 된 책이 주는 지혜를 일찍 깨달았더라면 좋았을 것이라는 큰 아쉬움을 겪은 경험이 많습니다. 매일 한 시간씩 꾸준히 대중교통으로 이동하는 시간 동안, 책을 보면서 간직하고 싶은 문장들을 수집하고 있습니다. 책을 통해 배운 인생의 지혜를 혼자만 알고 있지 않고, 함께 공유함으로써 좋은 에너지를 전파하고 싶습니다.

셋째, 금융 분야에서 전문성을 쌓고, 영어실력에 있어서는 통번역이 가능할 정도의 수준으로 향상시키는 것이 목표입니다. 한 사람이 특정 산업에 장기간 종사함으로써 축적한 내공으로 다져진 분석력과 통찰력을 삶의 열매이자 보물이라 생각합니다. 또한, 영어실력을 더욱 가다듬어 외국 기관의 앞에서도 소속 기관의 입장을 대변하여 당당하게 의사전달을 할 수 있는 지식인이 되고 싶습니다.

영어 습득 환경에 노출이 많이 되어 있었던 학부 졸업 후에도, CNN과 The Economist를 이용해 꾸준히 영어를 연습하고 있습니다. 이렇듯 화장과 옷이 아닌, 가지고 있는 지식의 내공으로 빛을 내는 사람이 되고 싶습니다.

사례 9 2015 KB국민은행 최종합격

본인을 나타내는 인문학 도서 속의 인물을 소개하고, 그 이유를 보여주는 경험을 약술하십시오. 200자 이내

지금 읽은 도서 속 인물은 바로 **'노인과 바다'라는 책에 등장하는 노인'입니다. 그 이유는 노인의 '실패에도 불구하고 포기하지 않고 다시 도전하는 불굴의 의지'가 저와 매우 닮았기 때문입니다.** 저는 군대에서 공수교육을 받을 때, 교육을 이수하기 위해서 3m 높이의 탑에서 총 16번의 낙하를 하였고, 결국 시험을 통과했었던 경험이 있습니다.

헤밍웨이의 소설은 무엇보다 재미가 있다. 자서전적인 소설 <무기여 잘 있거라>, 실제 친구였던 영화배우 게리 쿠퍼를 떠올리며 완성한 <누구를 위하여 종은 울리나> 등 그의 작품들은 읽어나가기 어렵지 않은 훌륭한 문장력이 장점. 젊은 시절, 객기와 여성편력이 심했던 그가 미국에서 가장 쓸쓸하다는 동네인 아이다호에서 자살로 생을 마치는 것에서 삶의 아이러니를 느끼게 함. 미국 문학의 수준을 한 단계 더 끌어올린 장본인
서울소재 중위권 대학 지원자

사례 10 2015 우리은행 최종합격

본인을 나타내는 인문학 도서 속의 인물을 소개하고, 그 이유를 보여주는 경험을 약술하십시오.

오늘에 숨어있는 보물찾기 - 행복

어릴 적 소풍을 갔을 때 하던 놀이 중 하나가 보물찾기일 것입니다. 지금 생각해보면 보물찾기에서 보물은 사실 사탕이나 과자와 같은 사소한 것이었지만 보물이라고 지정하는 순간 특별해졌고, 또 조금의 노력을 기울이면 쉽게 찾을 수 있는 보물이었습니다.

저는 행복을 오늘에 숨어있는 보물찾기라 생각합니다. 반복되는 일상 속에서 사소하고 소소한 일들을 행복이라 인식하고 또 조금의 노력으로 찾을 수 있다면 그것이 행복이라고 생각합니다.

최인호의 소설 [상도]에 보면 다음과 같은 구절이 나옵니다. "현자는 모든 것에서 배우는 사람이며, 강자는 자기 자신을 이기는 사람이며, 부자는 자기 스스로 만족하는 사람이다" 결국 답은 스스로에게서 구할 수 있다는 내용일 것입니다. 행복 또한 마찬가지로 결국 자기 자신에게서 구할 수 있을 것입니다.

최인호의 작품은 저자도 개인적으로도 학창시절 즐겨 읽음. 역사소설로도 유명해서 다큐멘터리도 찍었던 것으로 기억함. 지금은 고인이 되셨지만, 그의 작품세계에 빠져드는 것도 나쁘지 않음. 서울소재 중위권 대학 지원자

사례 11 2014 금융감독원 서류합격 - 한국증권금융 최종합격

기타 자신만의 특별한 세계관이 있다면 기술하여 주십시오.

윤구병 교수의 '잡초는 없다'라는 책을 읽었습니다. 이 책은 변산 공동체 학교의 전인교육과 관련된 것으로, 현대 교육은 다양성을 존중하고 공생을 중시하는 '기르는' 교육이 아닌 개인의 이윤 추구를 우선으로 하는 '만드는' 교육에 집중하고 있다고 경고합니다. 최근 발생한 금융 사고를 비롯해 각종 부정부패, 비리의 근본적인 원인이 '만드는' 교육에 있다고 생각합니다. 시장실패 문제를 해결하기 위한 감독 및 규제 방안의 수립과정에는 반드시 이해 당사자들의 공생가능성에 대한 해답이 반영되어야 할 것입니다.

• 본인의 공공성이 책에서 비롯되었음을 간접적으로 잘 표현함

기타 추가로 기재하고 싶은 말

프란시스 후쿠야마 교수는 '사회 구성원 간의 협동을 가능하게 하는 신뢰와 사회 규범, 문화'를 의미하는 '사회적 자본'이란 단어를 만들어 사회의 신뢰수준을 평가하였습니다. 금융기관의 고객정보 유출, 저축은행 부실, 시중은행의 비자금 조성 및 횡령 등은 금융 산업의 신뢰도를 떨어뜨렸고, 금융소비자들을 불안에 떨게 하였습니다.

저는 금융감독원에 입사하여 금융시장 감독 및 규제 방안에 관한 연구를 함으로써 금융감독원을 '사회적 자본'을 형성하는 핵심 기관으로 발전시켜, 금융시장의 신뢰도 높이는데 일조하겠습니다.

• 금융 공기업을 지원하는 학생이라면 한번쯤 관심을 가져야 할 사회적 자본 분야

사례 12 2017 KEB하나은행 최종합격

본인에게 가장 큰 영향을 준 문학/예술작품도서, 미술, 음악 등은 무엇이며, 어떤 영향을 받았는지 인문 · 사회학적 관점에서 설명해 주십시오. 1,000byte

수레바퀴에 깔리면 좀 어때?

헤르만 헤세의 「수레바퀴 아래서」의 "기운이 빠져서는 안돼. 그렇게 되면 수레바퀴 아래에 깔리고 말 거야" 이 구절은 재학시절 인상적으로 다가왔습니다. 주어진 환경에 맞춰 살아가는 제 모습이 수동적인 삶을 살아온 주인공과 비슷하게 느껴졌기 때문입니다.

친구들이 스펙을 쌓고 취직을 위해 달리는 모습을 보며, 속으로 대학교에 왔으면 어른들이 말씀하시는 낭만을 즐겨야지, 공부하고 자격증 취득을 위해 노력해야 하는지, 생각했던 적도 있습니다. 그런데 이는 어리석은 생각이었습니다.

삶의 중심이 탄탄하지 않는 수동적인 삶은, 큰 파도를 만났을 때 쉽게 전복되는 뗏목과도 같기 때문에 항상 삶의 주체는 나이고 능동적이고 생기 있게 살아야 함을 10대를 지나 20대에 깨닫게 되었습니다. 현재 이 책은 제게 인생의 고비마다 함몰되기보다 수레바퀴를 힘껏 밀고 나갈 수 있는 힘을 기르고, 과정 자체를 소중하게 사는 삶을 살게 합니다. 수레바퀴에 깔려 얻은 깨달음으로 수레를 잘 이끌고 그 수레에 명예, 사랑, 부, 우정, 권력 등 다양한 삶의 요소들이 균형 있게 실릴 수 있는 사람이 되어야겠다는 다짐을 하게 합니다.

헤르만 헤세의 <수레바퀴 아래서>는 일종의 성장소설. 여기서 수레바퀴의 의미는 네 축으로 이루어져 있는 수레바퀴의 형상처럼, 당시 독일 교육시스템에 있어서 존재했던 4가지 악습을 의미하고, 이러한 관습에 깔려있는 아이들의 모습을 나타냄
서울소재 중위권 대학 지원자

Chapter 06

원칙, 이론, 학설, 명언을 인용하라

본인의 생각이나 행동에 아무런 근거가 없는 글을 보면, 한편으로는 급하게 작성하는 지원자의 상황이 이해가 되면서도, 또 한편으로는 정성이 부족하다는 느낌도 받게 된다. 그리고 자기소개서의 작성에 어떠한 전략도 보이지 않음에 안타까운 생각도 든다.

많은 지원자는 자기소개서에서, 지원하는 기업에 대해서만 많은 이야기를 하고 싶어 한다. 그리고 그러한 회사 스토리에 스스로 매몰되어, 본인의 이야기는 온데간데없고, 정처 없이 기업에 대한 찬양가로 도배하기도 한다. 하지만 잘 생각을 해보라. 자기소개서를 읽는 기업의 인사담당자가 지원자보다 본인의 기업에 대해서 잘 모른다고 생각하지는 않을 것이다. 그럼에도 불구하고 왜 기업에 대한 이야기만 하고 싶어 하는 것인가? 이를 기업에 대한 열정으로 생각해 줄지는 의문인데도, 기업에 대해 누구나 조금만 검색해 보면 알 수 있는 글로 채우려 한다. 이는 전략의 부재로 보인다.

기업 인사담당자의 강점이 무엇이고 약점이 무엇인지 생각해 보자.

인사담당자는 기업에 대해서는 분명 지원자보다 훨씬 많이 알고, 훨씬 많은 경험이 있다. 상대적으로 고수高手 앞에서 하수下手가 기업에 대한 짧은 지식으로 풍월을 읊고 있는 셈이다. 이러한 글이 인사담당자를 설득할 수 있을지는 의문이다.

반면, 인사담당자는 이미 졸업한지 오래 되었다. 즉, 학문에서 멀어진 지 오래 되었기 때문에 인사담당자가 상대적으로 약한 부분은 지원자가 쉽게 학교에서 접하는 원칙, 이론, 학설, 명언 등이다. 쉽게 말하면 원칙, 이론, 학설, 명언 부문에서는 지원자는 고수이고, 상대적으로 인사담당자는 하수라고 볼 수 있다. 사람들은 자신이 약한 부분을 가지고 있는 강자에게 끌기 마련이다. 자기소개서에서도 마찬가지이다.

자, 이제 어떤 글을 선택할 것인가? 인사담당자가 고수라 할 수 있는 기업의 이야기로 스토리를 풀어 볼 것인가. 아니면, 지원자에게 익숙하고 고수라고 할 수 있는 원칙, 이론, 학설, 명언으로 스토리를 풀어 볼 것인가. 자기소개서 작성에도 분명 전략이 필요해 보인다.

사례 1 2016 KB국민은행 최종합격

KB국민은행에 지원하게 된 계기와 귀하를 채용해야 하는 이유는 무엇입니까?

r > g의 시대, WM으로 돌파하라.

성장이 아닌 자본의 시대라고 생각합니다. 이러한 시대 흐름에 발맞춰 우리네 평범한 고객들의 삶의 질을 높이고 파이를 키울 수 있는 자산관리 전문 행원이 되고 싶습니다.

국민은행은 소매금융에서 국내 최고의 강점을 지녔을 뿐만 아니라 국내 최고의 Retail 인프라를 갖춘 KB증권과 WM 분야를 개척하고 있습니다. 이러한 국민은행의 최전선에서 고객과 스킨십하고 현장을 통해 고객의 삶을 이해하는 자산관리 전문 행원으로 성장하고 싶습니다. 이를 위해 가장 필요한 역량은 영업과 금융상품에 관한 통찰력이라고 생각합니다. 대학 시절 카페, 레스토랑, 백화점 등 다양한 아르바이트를 통해 '영업은 고구마 뿌리와 같다.'는 것을 깨달았습니다. 큰 고구마를 캐면 작은 고구마들이 딸려 나오듯 고객 한 분 한 분에게 최선을 다해 수익 극대화를 창출하겠습니다. 금융 3종 자격증을 시작으로 AFPK, TESAT 1급 자격증을 취득했습니다. 이러한 금융 지식을 배양시켜 입행 2년 후, CFP 자격증을 취득하고 KB손해보험과 KB증권의 상품까지 꿰뚫는 통찰력을 배양하겠습니다.

- 토마 피케티의 <21세기 자본론>에서의 주된 가설이자 결론인 공식을 소제목에 인용함. 자본적 소득의 급증시대에 금융기관은 자산관리업무로 돌파해야 함을 말하고 있음

지방소재 중위권 대학 지원자

사례 2 2016 우리은행 최종합격

KB국민은행에 지원하게 된 계기와 귀하를 채용해야 하는 이유는 무엇입니까?

고객의 부담감을 Break

2012년 여름, 명동에 위치한 신세계 백화점 본점 데님앤서플라이 랄프로렌 매장에서 9개월 동안 판매직 아르바이트를 수행했습니다. 대중적이지만 고급스러운 랄프로렌의 특성상 매장에 진열된 모든 옷들이 완벽하게 정돈되어 개어져 있었습니다. 하지만 유니클로, H&M, ZARA 등 창고형 SPA 브랜드들이 인기를 끌면서 매장의 정돈된 옷들을 펴보는 것을 부담스러워하는 고객이 많았습니다.

2017년 노벨경제학상을 받았던 리처드 탈러의 넛지효과를 활용
지방소재 중위권 대학 지원자

이러한 문제를 해결하기 위해 타인의 강요에 의하지 않고 유연하게 개입함으로써 선택을 유도하는 '넛지효과'를 활용해 저만의 'No Pressure' 전략을 만들었습니다. 고객을 응대하면서 고객이 관심 보이는 옷을 먼저 펴서 보여드리는 전략이었습니다. 아주 작은 변화였지만 고객이 부담스러워할 수 있는 부분을 먼저 제거하는 저만의 전략은 효과적이었습니다. 제가 먼저 옷을 펴서 보여드리자 고객들 스스로 옷을 펴보는 횟수가 늘어났고 옷을 입어보는 횟수가 늘어나 조금씩 판매량이 상승하기 시작했습니다. 'No Pressure' 전략 이후, 매장에 진열된 옷을 정리하는데 더 많은 시간을 할애해야만 했습니다. 하지만 저만의 전략을 통해 많은 고정고객을 확보할 수 있었습니다.

사례 3 2023년 신용보증기금 합격자

신용보증기금의 인재상은 "공기업인으로서의 기본인품과 금융인으로서의 성장자질을 갖추고 신보의 미래가치를 창출하며 사회적 책임을 다하는 인재"입니다. 지원자가 생각하는 공기업인으로서의 '기본인품'은 무엇인지 기술하시고, 본인이 어떻게 이에 부합하는지에 대하여 기술하여 주십시오.

지위가 높으면 책임도 크다

공기업인으로서의 기본인품은 '책임감'이라고 생각합니다.

로마의 현인 세네카는 "지위가 높으면 책임도 크다" 하였습니다. 공기업인은 공직자로서 공적인 업무를 수행하며, 이는 국민들에게 광범위한 파급효과를 일으킵니다. 즉, 공기업의 업무는 매우 비중 있고 중요한 업무이기에 책임도 더욱 커집니다.

저는 분양주택 입주업무를 할 당시, 고객의 불편 사항에 대해 책임감을 갖고 고민한 결과, 업무절차를 고객지향적으로 변경하여 적극행정 대상을 수상한 경험이 있습니다. 기존 업무절차에 따르면 아파트 입주업무는 잔금이 수납되어야만 키 불출이 가능하였습니다. 하지만, 일부 대출을 통해 입주하는 고객의 경우에는 은행의 대출 조건 및 프로세스상 입주 당일에는 불가능하였고, 그럴 경우 입주민들은 이삿짐이 도착했음에도 입주를 못 하는 상황이 발생하게 되는 것이었습니다. 저는 기존 방식대로의 처리 절차만을 고수할 경우, 고객들이 경제적, 시간적으로 심각한 피해가 발생할 것이라 생각하였고, 이를 해결하기 위해 책임감을 갖고 새로운 방안을 고민하고 관련 자료를 찾아보았습니다. 관련 자료를 검색하고, 유관기관에 유선상 문의도 한 결과, 일부 민간에서 운영하는 주택의 경우, 대출 은행의 확인서 등을 통해 대출실행 여부를 확인하면 잔금 미납 전에도 입주를 가능하게 해준다는 것을 알 수 있었습니다. 이를 근거로 하여 팀장님께 보고하여 내부 검토를 통해 입주 업무 절차를 변경할 수 있었고, 그 결과 입주민들에게 종종 발생했던 이사 문제를 해결할 수 있었습니다.

사례 4 2015 기업은행 서류합격 - 국민은행 최종합격

본인이 추구하는 인생의 궁극적인 목표가 무엇인지 기술하고, 목표를 달성하기 위해 어떤 노력을 했는지, 자신의 경험을 바탕으로 설명해 주십시오. 2,200 bytes, 1,000자 이내

일본 소설 <대망>에서 나오는 유명 일화를 본인의 경험과 결부시킴
해외대학 지원자

지(智), 용(勇), 그리고 덕장(德將)으로 성장하자!

'울지 않는 새'를 보며 각각 다르게 말했다는 도요토미 히데요시, 오다 노부나가, 도쿠가와 이에야쓰, 어린 시절부터 아버지께서 귀에 못이 박히도록 들려주시던 이 일화를 통해, 지장과 용장을 거쳐 덕장으로 성장하고 싶은 제 삶의 목표를 소개하겠습니다.

智將 - 성실한 배움

'새가 울지 않으면, 울게 만들겠다'던 지장(智將) 도요토미 히데요시처럼, 저는 유학시절 학생본분에 '책임을 다하는 자세'를 가졌습니다. 편입 전, 유일하게 B를 맞은 '수학'은 제겐 참 어려운 과목이었습니다. 극복하기 위해, 저는 교수님의 방을 교수님보다도 자주가 찾아가는 '끈기'로, 그날의 궁금증은 반드시 그날 해결했습니다. 그 결과, '편입성공'과 'Cum Laude(총학부성적우수생)'으로 성실함을 인정받았습니다. '성실한 배움의 자세'로 행원일을 배워 신속히 적응하고, 또 인정을 받아 팀장이 되었을 때, 신입들에게 노하우를 '살뜰히 가르치는 보람'을 누리고 싶습니다.

勇將 - 천 달러짜리 커피

'새가 울지 않으면, 새를 죽여 버리겠다'한 용장(勇將) 오다 노부나가처럼, 상황을 '결단'해 기회를 열어 결실을 맺어내는 중견행원이 되고 싶습니다. 졸업식 날, 제 다리였던 차를 1만 달러에 팔고 귀국했습니다.

중고차 시세가 9천 달러였던 걸 생각하면, 매우 잘한 거래였습니다. 저는 거래상에게 건낸 따뜻한 커피 한 잔이, 1천 달러의 차익을 실현했다고 생각합니다. 왜냐하면, 손이 따뜻할 때, 상대방에게 우호적인 감정을 더 나타낸다는 심리학을 실제 적용했기 때문입니다. 이렇게, 좋은 거래를 이끌어 내겠다는 저의 '창조적 열정'은, 알고 있는 지식을 조합하여, 새로운 거래접근법을 창조해주었습니다. 저는 앞으로 IBK의 이윤을 위한 열정을 가지고, '가치창조하는 행원'이 되겠습니다.

德將 - 사람이 제일(一) 가치다.

'새가 울지 않으면, 새가 울 때까지 기다리겠다'는 덕장(德將) 도쿠가와 이에야쓰는, 제가 되고 싶은 IBK 행장의 모습입니다. 저는 분대원 9명 중 4명이 'A급 관심병사'였던, 무전분대장이었습니다. 정신적, 신체적 불만이 많던, 그 후임들에게 당장 업무를 기대할 수 없었지만, 저는 '지속적 관심'을 두고, 기다렸습니다.

예를 들어, 아픈데 눈치 보는 후임을 위해 먼저 외진 신청을 해주고, 밤이 되면 탈영한 날이 생각난다던 후임을 위해 근무스케줄을 조정해주면서, '후임에게 필요한 행복을 만드는 노력'을 했습니다. 마침내, 달라진 후임들 덕에, 저는 '1년 동안 무사고 분대'를 이끌 수 있었습니다.

저는 '행원이 행복한 은행'을 만들고 싶습니다. '행복한 행원만이 고객의 행복을 실현한다'고 믿기 때문입니다. **그래서 평생을 배우고(智), 때론 결단하며(勇), 인재제일(德)을 실천한 IBK은행장으로 성장하여, 사회로부터 복장(福將)으로 칭송받고 싶은 생의 목표를 가지고 있습니다.**

• 복장(福將)이 되겠다라는 참신한 결론을 끌어냄
서울소재 중위권 대학 지원자

사례 5 2015 하반기 KB국민은행 최종합격

본인을 나타내는 인문학 도서속의 인물을 소개하고, 그 이유를 보여주는 경험을 약술하시오. 200자 이내

사막의 여우로 불린, 독일의 명장군 에르빈 롬멜의 명언을 인용. "나는 탁상 위의 전략 따위는 믿지 않는다. 모든 전략은 첫 번째 실행단계에서 어긋나기 때문이다."

경험(經驗)주의자

'탁상 위의 전략을 믿지 않는다'의 롬멜은 어떤 전략도 실행단계에서는 어긋남을 알기에 경험의 중요성을 강조했습니다. 저는 경험주의자입니다. 쉬워만 보이던 부모님 일을 도운 첫날 실수로 가격 천 원을 작게 말했다 번복해 단골의 신뢰를 잃었습니다. 실전에서 다시는 실수하지 않기 위해 장사, 안내와 같은 여러 대면 아르바이트로 경험을 쌓았습니다.

사례 6 2018 금융감독원 최종합격

활동 중 발생한 난관이 있었다면 이를 해결하기 위해 어떤 노력을 했습니까?

유명한 복서였던 슈거레이 로빈슨의 말을 인용함

역대 최고의 복서 중 한 명인 슈거 레이 로빈슨은 '아무도 당신을 믿지 않을 때도 자기 자신을 믿는 것, 그것이 챔피언이 되는 길이다.'라는 말을 남겼습니다. 최근 1년간 금융감독원 입사를 위한 공부를 하면서 스스로에 대한 믿음이 흔들릴 때가 가장 힘이 든 기억 같습니다. 제 가능성에 대한 불신이 생기면 어김없이 슬럼프가 찾아왔으며, 무기력한 하루가 지속되었습니다. 믿음을 되찾고 슬럼프를 극복하기 위해 다음과 같은 3가지 활동을 했습니다.

첫째, 저에게 여유를 주는 시간을 가지기로 하였습니다. 지나친 긴장의 연속과 압박감은 오히려 저에 대한 믿음을 잃게 만드는 요인이라 생각했습니다. 이에 주말 오후만큼은 삶의 여유를 즐기기로 하였습니다. 자전거를 빌려 상쾌한 한강을 달렸고, 늦은 밤 영화관에서 영화를 보며 주말 오후를 즐겼습니다.

둘째, 멘토가 되어줄 수 있는 지인들에게 연락하였습니다. 공인회계사나 행정고시에 합격한 친구와 선배들에게 연락하여 수험기간에 심신을 유지하는 방법에 대한 조언을 구하였습니다.

셋째, 도움이 될 수 있는 긍정적인 구절들을 찾아보는 시간을 가졌습니다. **특히 중용 제24장의 '至誠之道 可以前知 [지성지도 가이전지] : 지극히 정성스러운 도는 앞일을 알 수 있다. 지극한 정성은 신처럼 신통하다.'라는 구절은 스스로에 대한 믿음을 회복하는 데 큰 도움이 되었습니다.**

• 중용의 문구 중 인용함

사례 7 2017 한국자산관리공사 최종합격

개인의 이익 또는 편리함보다 자신이 속했던 단체, 모임 등의 이익을 우선시 함으로써 과제의 성공, 효과적인 협업, 또는 문제해결에 기여하였던 사례가 있다면 기술해 주십시오. 800자

딜메이커의 3 Stage

국제 기숙사 시절 룸메이트였던 인도학생은 주 3회씩이나 오후 3시면 종교의식을 행했지만, 옆방의 중국학생은 향냄새와 소음을 질색했습니다. 두 학생의 갈등으로 층 전체 분위기가 악화됐지만, 갈등에 엮이고 싶지 않아 아무도 중재하려 하지 않았습니다. **층 모두의 화합을 위해, 두 사람과 친분이 있었던 저는 바쁜 시험 기간임에도 불구하고 중재를 시도했습니다.**

협상의 기술 이론을 경험으로 접목시킴
- RV : Reservation Value
- ZOPA : Zone Of Possible Agreement

서울소재 상위권 대학, 경제
• 직렬 지원자

Stage 1. 비용을 인식시켜라.

방을 옮기게 되면 $300만큼 추가 비용이 소요됐습니다. 비용부터 인식시키며 중재를 시작하자 두 학생은 협조적으로 변했습니다.

Stage 2. RV를 토대로 ZOPA를 찾다.

협상이론은 당사자들의 유보가치(RV)를 파악해 합의가능구간(ZOPA)을 찾아내는 것을 강조합니다. 두 학생의 시간표를 받아 겹치지 않는 시간을 파악했고, 선호하는 시간대나 생활패턴을 조사해서 ZOPA를 찾았습니다. 의식을 오후 3시에 하는 대신, 중국인 학생이 연구실에 가는 월요일과 수요일에만 하도록 횟수를 두 번으로 줄이는 안으로 합의를 이끌어냈습니다.

Stage 3. 우발 약정-중재의 효력을 지속시켜라.

1개월간 인도학생이 합의내용을 잘 지킨다면 횟수를 세 번으로 늘리는 우발약정을 추가했습니다. 덕분에 두 학생 모두 약속을 지켰고 관계를 회복해 다음 학기에도 좋은 이웃으로 지낼 수 있었습니다.

항상 win-lose의 관계로 보였던 갈등상황도, 갈등해결을 통해 얻을 수 있는 공통의 목표를 우선 찾고, 상대방의 이해관계를 파악해 합의가능구간을 좁혀 나가면 win-win 상황으로 만들 수 있다는 자신감을 얻은 경험이었습니다.

사례 8 2015 예탁결제원 서류합격 - 한국금융연수원 최종합격

함께 일하고 싶지 않은 유형에 대해 사례를 들어 설명하고, 부득이하게 같이 일해야 할 경우 어떻게 할 것인지에 대해 기술해 주십시오. 1,300 bytes 이내

독일의 장군인 폰 젝트는 "똑똑하고 게으른 자는 사령관감이고, 똑똑하고 부지런한 자는 참모감이며, 둔하고 게으른 자는 졸병감이지만 둔하고 부지런한 자는 총살감"이라고 하였습니다. 둔하고 부지런한 자는 조직 내에 부지런히 해가 되는 행동들을 하기 때문입니다.

하지만 저는 함께 일하고 싶지 않은 유형이 '둔하고 게으른 유형'입니다. 둔하고 게으른 유형은 교육을 통한 발전가능성이 적지만, 총살감인 둔하고 부지런한 유형은 부지런히 교육을 받는다면 성장가능성이 열려있기 때문입니다.

학교 발표수업 중에 팀원 모두가 발표해야 하는 수업이 있었습니다. 각자 맡은 부분을 연습해오기로 하였는데, 둔하고 게으른 유형의 학생이 연습을 거의 해오지 않았습니다. 만약 실력은 없더라도 부지런하기만 하였다면 대본 정도는 외워올 수 있는 상황이었지만 그렇지 않았습니다. 도움을 주려고도 했지만 의지가 없었고 결국 발표 때 앞을 보지 않고 대본을 손에 들고 읽었고 저희 팀은 발표부분에서 낮은 점수를 받게 되었습니다.

만약 이러한 유형과 함께 일을 해야 할 경우 그 사람과 붙어 다니면서 게으른 본성을 바꾸도록 노력할 것입니다. 본성은 쉽게 바뀌지 않습니다. 하지만 저는 몇 차례의 과외 경험을 통해 반에서 꼴지를 하던 학생의 성적을 올린 적이 있습니다.

그 사람에게 할 수 있다는 믿음을 주고 올바른 방향을 제시한다면, 게으른 본성을 바꾸고 노력의 의지를 일깨울 수 있습니다. 비록 시간은 오래 걸릴지라도 발전 가능성을 열어주어 함께 할 것입니다.

• 인트로 효과로 명언을 인용한 사례. 한스 폰 젝트 장군은 2차 세계대전 전에 독일의 육군참총장을 지낸 장군, 군축협약의 상태였음에도 부사관 위주의 운용으로 독일 육군의 재건을 이룬 장본인
서울소재 상위권 대학, 경영직렬 지원자

사례 9 2022 산업은행 합격자 - 2022 산업은행 자소서

지금까지 살면서 가장 큰 난관으로 기억되는 경험과 그 상황을 어떻게 극복했는지 서술하시오.

100 - 1 = ?

'디테일의 힘'의 저자 왕중추는 '비즈니스에선 100-1=0, 즉 디테일이 전체다'라고 하였습니다.

현 직장에서 고객사에 지급하는 환급금을 잘못 계산하여 위기에 처한 적이 있습니다. 원인은 저의 방심이었습니다. 평소 거의 고려되지 않는 'LPG' 변수를 고려해야 했음에도, '이번 달도 필요없겠지'란 안일함에 실수를 하였습니다.

저는 먼저 문제상황을 확인했습니다. 13개 고객사 대상 백만원 가량의 금액이 잘못된 것을 확인했고, 부서에 보고했습니다. 다음으로, 고객사 담당자에게 유선으로 상황설명 및 협조요청을 하였습니다. 일부 회사는 잘못된 금액으로 전표처리까지 한 상황이어서 회계부서에도 역분개 요청을 하였습니다.

2일 간 수십 통의 전화를 통해 문제를 해결하였지만, 2분 더 확인하지 않은 결과는 2일의 시간낭비로 돌아왔습니다. 이를 통해 100-1=0이란 말을 체감하였고, 작은 부분도 반드시 눈으로 확인하고 넘어가는 업무 태도를 갖게 되었습니다.

사례 10 2016 기술보증기금 서류합격

우리 기금에 입사하여 일을 하던 중 동료직원이 편법으로 업무처리하는 것을 보았습니다. 본인은 어떻게 행동할지 경험 등을 예로 들어 구체적으로 기술해 주시기 바랍니다. 1,200자

호미로 막을 것을 가래로 막는다? 가래로도 못 막는다!

'호미로 막을 것을 가래로 막는다'는 속담이 있습니다. 커지기 전에 처리하였으면 쉽게 해결되었을 일을 방치했다가, 나중에 큰 힘을 들이게 된 경우를 나타내는 말입니다. 저는 이 말을 '호미로 막을 것은 가래로도 못 막는다'로 변형하고자 합니다. '깨진 유리창 이론'은 이를 뒷받침합니다.

깨진 유리창 이론(Broken Window Theory)은 미국의 범죄학자 James Q. Wilson과 George L. Kelling이 1982년에 발표한 내용으로, 지하철의 깨진 유리창을 방치한 결과 범죄가 증가했다는 실험에서 착안한 것입니다. 이는 기업의 준법경영과도 연결될 수 있습니다. 깨진 유리를 방치한다면 더 큰 범죄로 이어질 수 있듯이, 기업의 준법경영이 지켜지지 않는다면 돌이킬 수 없는 손실을 초래할 수 있습니다.

• 행위에 대한 타당성을 이론으로 입증한 사례

수수방관(袖手傍觀)

이처럼 잘못된 것을 본다면 방치해선 안 되지만, 그러지 못했던 부끄러운 경험이 있습니다. 2012년 9월, 전남 고흥에서 군 생활을 할 때의 일입니다. 저는 인사과 소속으로서 소록도병원 봉사를 갈 병사들 명단을 눈감아 주었습니다. 하지만 인원은 쉽게 모이지 않았고, 결국 각 부서에서 한 명씩 차출하고는 했습니다.

그런데, 골고루 참가하는 다른 부서와는 달리 음식조리(취사) 부서만큼은 항상 막내 이등병만 봉사에 참가했습니다. 선임 병사들의

부당한 강요 때문이 아닐까 의심도 들었지만, 괜한 분란만 만들 것 같아서 별도 조치를 취하지 않았습니다. 그로부터 석 달 뒤인 2012년 12월, 상급부서의 집중감찰에서 막내 이등병에 대한 취사부 병사들의 부당한 행위들이 적발됐습니다. 취사병 네 명 중에서 세 명이 영창 15일 처분을 받고서야 사태는 진정됐습니다.

보고 또 보고

언어유희적 소제목

소록도병원 봉사 명단을 수집하는 과정에서 바로 조치를 취했다면, 초기에 사태를 해결할 수 있었습니다. **하지만 저는 깨진 유리창(Broken Window)을 방치하는 실수를 범했고, 결국 큰 사건으로 번지게 되었습니다.**

Kibo에 입사한다면 준법경영에 반(反)하는 불법, 편법행위와 관련해서는 어떠한 타협도 하지 않겠습니다. 부정한 일이 보이는 즉시 상부에 보고하겠습니다. 2014년 신설된 윤리준법부서와 상의하겠습니다. '보고 또 보고'의 정신으로 '호미로 막을 일 가래로도 못 막는 사태'를 방지하는 데 앞장서겠습니다.

✓ **예상하지 못한 상황이 발생하여, 상황을 해결하기 위해 다양한 대안을 모색하고, 그 중 한 가지를 선택하여 문제를 해결했던 경험에 대해 기술해 주시기 바랍니다.**
- 발생한 상황에 대해 기술 200자

왕따

2013년 8월, 삼성 드림클래스 활동을 할 때 일입니다. 제가 맡은 임무는 4주간 중학생 10명과 합숙하면서 학습지도를 하는 일이었습니다. 각기 다른 중학교에서 모인 터라 처음에는 학생들 간 관계가 어색했습니다. 하지만 시간이 지날수록 친해지는 게 보여서 안심하고 있던 찰나, 문제가 발생했습니다. 그들 간에 집단 따돌림이 생기고 있었습니다.

- 상황 해결을 위해 모색해 본 다양한 대안에 대해 기술 400자

희생양(Scapegoat)

"집단은 희생양을 필요로 한다"

프랑스의 철학자 르네 지라르(Rene Girard)의 말입니다. 그에 따르면, 조직은 필연적으로 희생양을 필요로 합니다. 조직을 결집시킬 수 있는 최적의 수단이기 때문입니다. 이는 따돌림 문제에도 그대로 적용됩니다. 가해자 혹은 피해자의 개인적 결함이 아닌, 집단에 내재한 불안정성이 따돌림 문제의 근본원인입니다. 왕따의 피해자가 될 수 있다는 두려움이 그들을 왕따의 가해자로 만드는 역설적 상황이 빚어지는 것입니다.

따라서 가해자를 마냥 혼낸다든지, 피해자에게 문제가 있다며 질책하는 것은 대안에서 제외시켰습니다. 학생들의 불안감을 완화시켜주는 일이 급선무라고 판단했고, 그 해법으로 대화와 게임을 선택했습니다.

• 왕따 문제의 해결을 위해 철학자의 명언을 활용한 사례

- 선택한 대안으로 상황을 해결하는 과정에 대해 기술 400자

대화는 진지하게, 게임은 땀나게

첫째, 학생 10명을 모두 모아놓고 진지하게 대화했습니다. 4주간의 짧은 합숙이지만 어찌됐든 지금 우리는 한 팀임을 강조했습니다. 따라서 학생들 간에 부당한 서열 관계가 생겨나는 것을 용납하지 않을 것이므로 누구도 왕따의 피해자가 되지 않을 것이라고 선언했습니다.

둘째, 땀나도록 게임했습니다. 술래가 '좀비 같은 동작'으로 다른 사람들을 찾아내는 일명 '좀비게임', 베개로 서로를 공격하는 '베개싸움' 등 학생들이 좋아하면서도 땀을 흘릴 수 있는 놀이들을 매일 저녁, 숙소에서 함께했습니다.

희생양을 만들려는 욕구를 원천 차단하려는 노력은 성과로 이어졌습니다. 이탈자가 속출했던 다른 조들과 달리, 저희 학생들은 전원 정상수료를 할 수 있었습니다.

사례 11 2021 수출입은행 자소서 - 2021 수출입은행 합격자

타인과 협업하거나 소통할 때, 본인이 세우는 두 가지 원칙에 대해 설명하고, 해당 원칙을 지키기 어려웠던 갈등 사례에 대해 서술하시오.

We Import Co-growth

타인과 소통할 때 제 원칙은 첫째는 공정한가, 둘째는 발전할 수 있는가 입니다. 왜냐하면 타인과 소통하면서 이전보다 나은 상황이 되는 것을 바라기 때문입니다.

Bies & Moag가 1986년 발표한 내용에 따르면 상호작용적 공정성이란 의사결정이 이루어질 때 얼마나 존중을 받는지와 관련된 개념으로서, 논의를 하는 등 소통의 과정에서 상대방에게 취하는 다양한 태도 및 정서에 의해 영향을 받습니다. 의사소통의 과정에서 본인이 존중받지 못한다고 느낀다면 불공정하다고 느끼며, 이를 방치한다면 돌이킬 수 없는 상황이 될 수도 있습니다.

이처럼, 협업하면서 상대방의 입장을 배려하고 존중해야 하지만 그러지 못했던 부끄러운 경험이 있습니다. 2018년, 대학교에서 조정대표 선수로 바다 조정대회에 참가할 때의 일입니다. 저는 당시 4명이 노를 젓는 너클포어 팀의 팀장으로 선수들을 이끌고 훈련스케쥴을 맞춰야 했습니다. 조정은 팀의 능력이 중요한 운동입니다. 모두가 같은 동작으로 움직여야 배가 앞으로 나갈 수 있고, 훈련이 부족하면 최악의 상황에는 다 함께 물에 빠지는 일이 발생하기 때문입니다. 따라서 팀 훈련이 많았지만, 기말고사를 앞둔 시기였기 때문에 각자의 일정을 고려해 훈련 일정을 맞추기가 어려웠고 결국 다수의 의견을 우선해 훈련 스케쥴을 만든 뒤 공지했습니다.

그 과정에서 일방적으로 계속 개인의 일정을 포기해야 하는 팀원이 생겼고 이를 미처 발견하지 못한 저로 인해 갈등이 생겼습니다. 훈련 스케쥴을 만들 때 각자의 중요한 일정을 미리 수집하고 상호작용적 공정성을 생각하고 모두와 대화를 통해 만들었다면 각자를 배려하며 만족스러운 스케쥴을 짤 수 있었을 것입니다. 그리고 피치 못한 경우에는 상대방의 의견을 존중하고 대화를 통해 풀어나가야 했습니다. 하지만 저는 세심하게 살피지 못하고 일방적인 소통을 하는 실수를 범했고, 결국 갈등이 터진 것입니다. 희생을 감수하고 훈련에 참여한 팀원에게 세심하게 마음을 못 썼던 것에 반성했고, 깊은 대화를 통해 미안한 마음을 전했습니다. 또한 공동의 목표를 달성하기 위해 발전적인 상황을 함께 그려갔고, 그 결과 빠듯한 일정 속에서도 단합하며 메달을 획득하고 대회를 마무리할 수 있었습니다.

사례 12 2013 KEB하나은행 최종합격

지원동기 및 입사 후 포부 600자 이내

아리스토텔레스는 말했다! Phronesis로 사회를 재창조하라.

본인의 봉사활동과 아리스토텔레스의 명언을 결부시킴 서울소재 중위권 대학 지원자

'Phronesis'란 단어는 실천적 지혜를 뜻하며, 이론적 지식에서 벗어나 사회변화를 위해 어떻게 지식을 활용할지 고민하는 뜻입니다. 내가 배운 지식과 힘이 누군가를 변화시키고 더 나은 환경을 만들어 준다는 사실은, 지난 3년간 학습여건이 어려운 학생들의 멘토링과 장애우 봉사를 실천하며 얻은 깨달음입니다. 1971년 한국투자금융으로 시작한 이래, 산업시설에 필요한 자금을 원활히 조달하여 경제발전을 선도하고, '손님의 기쁨 그 하나를 위해'라는 슬로건으로 고객중심 경영으로 사회발전에 힘쓰는 하나은행의 행보는 'Phronesis(실천적 지혜)'의 가치와 부합한다고 생각합니다. 이처럼 도와줄 때의 기쁜 마음으로 사회변화를 선도하는 은행이기에 동행하고 싶습니다.

이에 터득한 재무지식과 냉철한 분석력으로 가치 있는 기업을 분석하고 적재적소에 도움을 줄 수 있는 시너지를 내겠습니다. 또한, 남을 배려하는 미소로 거래처분들과 소통하고 이해하는 생생한 에너지가 될 것입니다. 이를 통해 은행과 기업이 동반으로 성장하여 사회를 더 나은 방향으로 선도하는 하나은행의 단단한 반석이 되겠습니다.

사례 13 2015 한국증권금융 서류합격 - 한국금융연수원 최종합격

한국증권금융의 인재상열정적인 학습인, 창조적인 혁신가, 신뢰받는 봉사인에 부합하는 본인의 경험을 기술하시오. 600자

슘페터는 '창조적 파괴'를 통해 현대사회에서 새로운 것을 창조하는 기업만이 이윤창출하고 발전한다고 주장합니다. 저는 이와 같은 창조력을 갖춘 혁신가입니다.

경제학자 슘페터의 말을 인용함으로, 인트로 효과를 노림과 동시에 본인이 창조적인 혁신가임을 더욱 더 돋보이게 함
서울소재 상위권 대학 경영직렬 지원자

상상을 현실로

2012년도에 편입생위원회에서 부회장 임무를 수행했습니다. 신입생들과 달리 매년 100~200명씩 증가하는 편입생의 정착을 돕는 체계적 프로그램은 없었습니다. 그러다 보니 편입생들은 학교 문화를 익히고 학과 활동에 녹아드는 데 어려움이 있었습니다. 이를 계기로 친구와 편입생들을 모아서 단체를 만들었습니다. 초반에는 개강총회와 MT 등으로 친구들을 사귀어서 학교적응력을 높이는 데 주력했습니다. 현재 이 단체는 약 400명으로 구성된 학교 공식 단체로 인준을 받아서 활발하게 활동 중입니다. 이러한 단체가 없었다는 점에 대해서 아쉬움을 느끼며 지금부터라도 후배들이 학교에 적응하는 데 도움을 받으면 좋겠다고 생각했기에 발 벗고 나설 수 있었습니다.

누구나 불편함을 느끼지만 아무도 시도하지 않았던 문제들을 인식하고 이를 해결하기 위해 노력했었고, 현재 많은 후배가 혜택을 받는 것을 보니 매우 뿌듯합니다. 이러한 창조적인 문제해결능력으로 향후 한국증권금융이 발전하는데 기여하고 싶습니다.

만약 본인과 정반대의 의견을 가지고 있는 상대를 설득해야 한다면 어떻게 설득할 것이며, 이를 향후 조직생활에 어떻게 적용시켜 나갈 것인지 기술하시오. 600자

자동차 판매왕 지라드는 그의 성공 비결이 고객의 호감을 사는데 있다고 말합니다. 그는 매월 고객들에게 'I love you'라는 내용의 편지를 보냈고 이는 칭찬에 굶주려 하는 인간의 본성을 잘 활용한 사례입니다. 이처럼 저는 정반대의 의견을 가진 상대를 설득 시, 우선 칭찬을 통해 호감을 사도록 노력할 것입니다. 칭찬은 진실의 여부를 떠나서 호감을 사며, 호감은 설득 시 효과적인 도구가 될 수 있기 때문입니다. 동시에 책임감을 느끼게 한다면 설득의 성공률은 배가 될 수 있습니다. 이는 제가 학생들을 과외할 때 많이 사용했던 방법입니다.

이를 조직생활에서 다음과 같이 활용하겠습니다.

1. 우선 상황에 대해 냉철하게 분석을 할 것입니다. 조직에서의 사소한 설득도 결국 최종 의사결정으로 연결될 수 있을 만큼 중요하기 때문입니다.
2. 팀원들을 설득해야 하는 상황이라면 그들에게 항상 칭찬과 동시에 책임감을 불어넣어 줄 것입니다. 책임감은 조직목표와 개인의 목표를 일치시켜주고, 업무처리의 효율성을 증대시키기 때문입니다. 한편 팀의 분위기가 좋지 않을 때도 미리 칭찬 등으로 호감을 생기게 한다면 설득을 포함한 의사소통이 더 원활히 될 것이고 성과도 개선될 것입니다.

사례 14 / 2015 한국산업은행 최종합격

지원동기 1000자 이내

머머리즘(Mummerism) : 아무도 가지 않은 루트를 개척하다.

법학을 전공으로, 사법시험 준비에 매진하며 제 가치를 증명하기 위해 노력해왔습니다. 그러나 문제발생 후에야 제정되는 법의 수동적인 성격에 만족할 수 없었고, 실물 경제를 견인하는 심장인 '금융'에 관심을 갖고 금융 공부에 매진하여 시중은행에 입행하였습니다. 근무하는 2년 동안 고객들이 쌓아 올린 소중한 가치들을 보관함과 동시에, 유의미한 증식을 통해 사람들의 미래를 보증하고자 노력해왔습니다.

저는 기업금융 업무를 담당하여 자금융통과 협력체 물색에 어려움을 겪는 기업들을 직접 목도하면서, 자연스럽게 기업의 경제활동 활성화를 통한 국민경제의 발전을 고민하게 되었습니다, 산업은행은 글로벌 금융위기 발발 및 내수경기침체에 따른 국내 산업의 채산성 악화로 기업들이 일시적인 자금난을 호소할 때 금융 지원에 대한 요건을 까다롭게 하여 신용경색을 방치하는 시중은행과는 달랐습니다. 기업을 국가 경제를 견인하는 '동반자'로 여기고, 선제적으로 리스크를 완충함과 동시에 적극적으로 금융지원의 폭을 강화함으로써 기업의 경영 정상화를 도모하는 정책금융기관의 공공적인 역할에 매료되었습니다. 저는 또한 선배님들과의 교류를 통해, 막강한 경쟁력을 바탕으로 세계 유수의 금융사들과 경쟁하는 '산업은행'에 대한 선배님들의 애사심과 자부심을 보았습니다. 저 역시 국가금융의 중추적인 역할을 하는 산업은행에서 무한한 자긍심을 느끼며 성장하고 싶었기에 입행을 간절히 꿈꾸며 준비하게 되었습니다.

'머머리즘'은 아무도 가지 않은 루트를 개척하는 정신을 의미합니다. 산업은행은 이를 실현하듯 'Market Leader'로서 PF, 기술, 선박 등 다방면에서 우위를 지키며, 'Risk Taker'로서 철저한 사전 준비로 위험을 최소화하여 신규 금융시장을 개척하며 타 금융회사에게 해외 진출의 이정표를 제시해왔습니다. 현재 금융 산업이 재편되는 변동성 있는 상황에서도 새로운 돌파구의 열쇠를 쥐고 차별화된 명성을 유지할 KDB산업은행과 함께 꿈을 향해 나아가겠습니다.

• 산업은행의 모습을 '머머리즘'이라는 용어를 활용함으로 더욱 구체화시킴
서울소재 상위권 대학, 법학 직렬 지원자

사례 15 2015 금융결제원 최종합격

본인의 장단점과 성격, 직업관에 대해서 기술하시오. 400자 이내

저는 논리적 사고에 강한 편입니다. 학창시절부터 수학을 잘했고, 대학에서도 알고리즘 수업 등에서 항상 좋은 성적을 받았습니다. 또, 일을 하기 전에 철저한 계획을 세우고 단계적으로 실천하면서 효율적으로 움직이는 편입니다. 반면 리더십이 부족한 것이 저의 단점입니다. 남들을 이끌기보다는 리더를 도와주는 것에 더 익숙합니다. 이를 보완하기 위해 의식적으로 적극적으로 행동하고 수업조교를 맡아 사람들 앞에 나서는 연습을 해왔습니다. **심리학의 거장 아들러는 행복의 조건 중 하나로 '타자공헌'을 이야기합니다. 이처럼 저는 직업이 단순히 돈을 벌기 위한 수단이 아니라 자신의 능력을 타인에게 기여함으로써 자아를 실현하고 행복해지기 위한 하나의 길이라고 생각합니다.** 이러한 여정을 금융결제원에서 시작할 수 있으면 좋겠습니다.

• 자칫 뻔한 이야기로 빠질 수 있는 타인에 대한 공헌 스토리를 심리학자 아들러의 말을 인용해 옴으로써 근거와 진지함을 부여
서울소재 중위권 대학, IT직렬 지원자

Chapter 07

경험작성법

최근 자기소개서 질문에서 보이는 두드러지는 현상은 "경험"을 많이 물어보고 있다는 점이다. 심한 경우, 모든 항목이 경험을 묻는 공기업도 있다.

경험 항목이 증가하는 이유는, 그만큼 회사는 지원자의 이야기를 더 알고 싶어 한다는 방증이다. 자기소개서에서 회사 이야기는 그만하고, 지원자 본인에 대해서 이야기를 하라는 의미이기도 하다.

역설적逆說的이지만, 경험은 지원자 입장에서 가장 쓰기 쉬운 항목이다. 본인에 대한 스토리니만큼, 특별하게 많은 시간을 투자해서 데이터를 모으지 않아도 된다는 장점이 있다. 하지만, 아이러니하게도 수많은 지원자의 경험을 읽다 보면, 오히려 여타 자기소개서 항목보다 더 못 쓰는 경우가 허다하다.

너무 쉽게 접근해서 쉽게 작성하는 것인지 모르겠지만, 고민의 흔적이나 진정성이 보이지 않는다. 기술적으로도 너무나 미흡하다. 이에 필자의 수많은 자기소개서 첨삭 경험을 바탕으로 자소서 "경험" 항목을 기술적으로 잘 쓸 수 있는 방법을, STAR 기법을 활용하여 2가지를 제시한다.

해결책 1 핵심은 상황설명(Situation)

경험 항목 작성을 위한 기법은 STAR 기법, IPARC 기법 등 다양하다. 그 중에서 대표적인 기법이 STAR 기법이다. STAR 기법은 "SSituation, 상황설명 → TTask, 역할 → AAct, 행동 → RResult, 결과"의 순서로 스토리를 전개해 나가는 것이다. 물론 마지막에 느낀 점, 또는 배운 점까지 추가하면 좋다.

분명 좋은 순서이다. 하지만 문제는 지금부터다. STAR의 4가지 아이템 중에서 어떤 아이템이 가장 강조되어야 하는 핵심일까? 많은 학생은 Act행동나 Task역할를 이야기하지만 이는 오답이다. 가장 중요한 것은 Situation상황설명이다.

Situation의 구체적 설명이 무엇보다 중요하다는 의미이다. 상황설명이 처음에 제대로 되지 않으면, 읽는 사람은 스토리에 빠져들기가 쉽지 않다. 지원자는 본인의 경험이니 만큼, 상황이 잘 저장되어 있다. 하지만 자기소개서 심사자의 입장에서 생각해 보라. 검토해야 할 자기소개서는 쏟아지는데, 지금 검토하고 있는 상황설명이 디테일하지 않게 되면 스토리에 몰입이 잘 될 수가 없다. 그 후에 나오는 역할이나 행동 스토리를 보며, 왜 그렇게 하는지 이해하기도 쉽지 않다. 몰입되지 않으면 결국 짜증이 나게 되는 것이며, 자연스럽게 가독성은 떨어지며, 못 쓴 자기소개서로 단정 지을 가능성이 높아지는 것이다.

따라서 이런 경우, 오히려 인트로 효과를 극대화시키는 상황설명에 집중하는 편이 훨씬 좋다.

많은 지원자는 Act행동가 중요하다고 생각한다. 하지만, 오산이다. 왜냐하면 지원자가 주로 행하는 행동은 대부분 비슷하고 뻔하기 때문이다. 모범적이고 정발상正發想적인 해결방안이 절대 다수이다. 즉, 행동에서의 차별성은 제약되어 있기 때문에, 행동으로 자기소개서의 차별성을 이끄는 것은 쉽지 않다물론 행동이 역발상(逆發想)적일 때에는 다르다. 역발상의 행동에 의한 스토리는 참신하기 때문에 높은 평가를 받을 가능성이 높다. 즉, 행동에 의한 차별성은 거의 없다고 보면 된다. 따라서 그런 경우 오히려 상황설명에 집중해서 당시의 상황을 읽는 사람 머릿속에 제대로 그려 주는 것이 중요하다.

다음의 합격사례를 자세히 보면 경험 항목에서 인트로, 즉 상황설명의 비중이 상당히 높다는 점을 알게 될 것이다.

사례 1 2014 금융감독원 최종합격

대항목 한 개에 소항목 세 개의 질문이 있는 구성
이 사례를 읽어보면, 상황 설명이 전체 1,500바이트 중 750바이트에 육박함

학교생활 또는 교내외 사회활동, 봉사활동 경험 중에서 본인에게 닥친 어려움이나 난관을 극복하기 위해 노력했던 경험을 기술하십시오.

- 본인에게 닥친 임무난관는 무엇이며 어떤 내용인지 구체적인 장소, 인물, 시간 등을 기록하십시오. 500 bytes

2011년 여름학기, 경영전략을 수강하며 1개월에 걸쳐 기업전략 제시를 위한 팀 프로젝트를 진행하였습니다.

외국자료와 재무분석을 전담했던 조장과 그 친구, 직접 기업과 매장을 방문하며 직접분석을 전담했던 고학번 2명, 그리고 이중전공생 1명으로 구성된 팀에서 1주차에 문제가 터졌습니다. 각자의 리서치 자료를 주고받는 과정에서 조장 파와 고학번파 간에 서로 기한을 조금씩 어기다 감정이 틀어지며 문제가 심각해졌고, 막내이자 유일한 여학우였던 저는 냉랭해진 팀원 관계를 조율해야 하는 상황에 놓이게 되었습니다.

전체 경험스토리 중 상황설명이 절반을 차지

- 원인을 파악하고 난관을 해결하기 위하여 본인이 취했던 행동은 무엇입니까? 500 bytes

임의로 짜진 조원들 사이가 시작부터 불안했던 것은 취업이 확정된 조장파와 그렇지 않은 고학번파 사이의 입장 차 때문이었습니다. 일방의 진행을 위해선 다른 쪽이 이에 맞춰 자료를 보내줘야 하는데 서로의 진행속도가 다른 것이 직접적 원인이었습니다. **이에 저는 정보의 허브를 자청했습니다. 팀원 간 자료를 직접 교환할 것이 아니라 우선 모든 정보를 저에게 모아주면 각자 필요한 정보를 요구할 때 찾아 보내주는 역할로, 또한 시간의 효율성을 위해 최종보고서 작성을 조장이 아닌 모든 정보를 가진 제가 함께 맡게 되었습니다.**

역할과 행동은 단 두 문장으로 되어있고, 행동의 주 내용은 희생으로, 뻔하고 모범적인 행동을 함

- 그 노력의 결과로 문제는 해결되었습니까? 결과성공, 실패의 이유와 개인적으로 습득한 교훈 등에 대하여 기술해 보십시오.

500 bytes

정보 순환 문제가 해결되자 프로젝트는 급속도로 진행되었습니다. 3주 뒤 최종발표 후, 총 11개의 조 중 최다득점을 얻었고 담당교수와 자리에 참석했던 기업관계자들로부터도 좋은 피드백을 받았습니다.

공동 과제를 해결해야 하는 조직구성원이 첨예하게 대립하고 있을 때, 저의 양보는 손해가 아니라 목표 달성을 위한 열쇠가 됨을 보았습니다. 밤낮으로 모든 팀원들과 연락을 주고받아야 하는 정보의 허브 역할과 20장의 보고서 작성에 자진한 결과, 작은 것을 포기하고 큰 것을 얻는 법을 배울 수 있었습니다.

- 행동의 결과 단 두 문장
- 나머지는 그 상황에서 배운 점으로 구성함. 즉, 상황설명이 무엇보다 중요함을 보여줌

사례 2 2015 KB국민은행 최종합격

기억에 남는 경험사례와 그 이유를 서술하십시오.

90명의 소방관을 집합시킨 자

2014년 1월 미국유학시절, 한약을 데우기 위해 올려둔 냄비불을 끄지 않은 채, 등교했던 적이 있습니다. 3시간 뒤 집에 돌아왔을 땐, 불길은 없었지만, 검은 연기가 방안을 가득 채우고 있었습니다. 이내, 화재경보음이 울렸고, 출동한 90여명의 소방관들이 보였습니다. 저는 짧은 5분의 시간동안, 혼란스러웠고, 갈등에 빠졌습니다. 첫째, 증거를 없애고, 평소 좋지 않던 아파트시설 탓으로 돌려 상황을 모면하려 할 것인가? 둘째, 수만 달러의 출동비 부담을 져서라도, 소방관을 이끌고 들어와 사태를 수습할 것인가?

- 의도적으로 숫자를 표현해서 진짜 일어났던 사건이었음을 증명
- 상황설명에 절반 정도의 양을 할애함

행동은 단 한 문장, 그리고 이 행동 또한 모범적이고 뻔한 솔직함을 이야기함

결과 또한 단 한 문장

느낀 점으로 마무리 해외대학 지원자

이 사건으로 미국재판정에 설 수 있다는 두려움이 컸지만, 저는 후자인 '진실'을 택했고, 적극적으로 협조하였습니다.

다행히, 제 적극적 해결자세에 신빙성을 얻은 소방관은 재판도, 출동비도 요구되지 않는 단순신고로 이 사건을 마무리 지었습니다.

이렇게, 유학중단 사태까지 번질 수도 있었던 위기의 순간에서 선택한 '솔직함'은, 저를 살렸고, 앞으로의 위기를 대처하는 제 삶의 원칙이 됐습니다. 그리고 아찔했던 그날의 기억은, '엄중한 경고장'으로 남아, '매사를 꼼꼼히' 한 번 더 확인하고 진행하는 일처리 방식을 갖게 된 계기가 되었습니다.

사례 3 2016 금융감독원 최종합격

성장과정 중 본인에게 닥친 어려움이나 난관을 극복하기 위해 노력했던 경험을 기술하십시오.

- 본인에게 닥친 어려움난관은 무엇이며, 어떤 내용인지 구체적인 장소, 인물, 시간 등을 기술하십시오. 400byte 이내

내용의 절반 이상을 상황설명에 할애

재작년, 학교에서 집으로 돌아오던 중 거리에서 나눠주는 전단지 모서리에 눈을 찔렸습니다. 처음에는 대수롭지 않게 생각했지만, 이내 통증이 심해져 눈을 제대로 뜰 수 없는 상황이 되었습니다. 응급실에 가서 긴급 처방을 받고 수차례 병원에 재방문해 치료를 받아 완치되었다는 말을 들었습니다. 하지만 그 뒤로도 1년이 넘는 기간 동안 갑자기 찌르는듯한 통증으로 눈을 뜰 수조차 없게 되는 경우가 종종 생겼습니다.

- 원인을 파악하고 난관을 해결하기 위하여 취했던 행동은 무엇입니까? 400 byte 이내

완치가 되었다고 생각하고 신경을 쓰지 않고 있던 눈에서 계속 문제가 생겨서, 정밀진단을 받기로 했습니다. 진단 결과, 각막의 내부 층까지 손상이 되었던 것을 발견했습니다. 각막 가장 바깥 부분은 원상복구 되었으나, 내부의 손상이 계속 남아있어서 6개월간 빠짐없이 잠들기 전 약을 넣고 관리해야 호전이 될 것이라는 경고를 들었습니다.

보호 렌즈를 착용하고, 항상 안압이 높아지지 않도록 주의하며 6개월을 보냈습니다.

- 단 한 문장의 행동 내용, 지시를 잘 따랐다는 모범적이고 뻔한 행동

- 그 노력의 결과로 문제는 해결되었습니까? 결과성공, 실패의 이유와 개인적으로 습득한 교훈 등에 대하여 기술해 보십시오. 400 byte 이내

피곤한 날 깜박 잠들었다가도 새벽에 놀라며 깨서 안약을 넣는 등 6개월간 지속적으로 관리를 한 끝에 눈은 완치되었습니다.

이 경험을 통해, 사소한 문제라도 처음에 발생했을 때 그 원인을 제대로 파악하고 해결하는 것이 중요하다는 '깨진 유리창 이론'의 의미를 실감했습니다. 또한, 표면적으로는 잘 작동하는 시스템이라도 그 내부사정을 정확히 판단해, 추후의 중대한 사고를 방지할 필요성을 깨달았습니다.

- 결과 또한 한 문장
- 깨달음으로 마무리

사례 4 2017 서민금융진흥원 최종합격

공동 또는 타인의 이익을 위하여 본인에게 예상되는 손해피해를 감수하고 일을 수행한 경험이 있다면 구체적으로 그 과정과 결과에 대해 서술해 주시기 바랍니다. 500자

가치 있는 선택

2014년, 판자촌 주민의 경제적 자립을 돕기 위해 협동조합 사업을 구축하던 저는, 사업 자금을 확보하기 위해 '사회적 경제 사업 공모전'에 참가했습니다. 사전 컨설팅에서 심사위원으로부터 '사업계획이 현실성이 부족하고 진정성이 의심된다'는 평가를 받았고, 본선 참가를 위해서는 14일 이내에 지적 사항을 보완해야 했습니다. 당시, 저는 계절학기 시험을 앞두고 있었지만, 판자촌에 하루빨리 수익기반을 마련해야 한다는 생각에 계절학기 과정을 취소하고 공모전에 집중했습니다. 그리고 다음과 같이 사업을 보완했습니다.

상황 설명에 절반 이상을 할애

- '현실성'을 높이기 위해 저비용사업을 기획했습니다. 버려진 연탄재를 재활용하여 제품을 개발하고 관련 사업을 구상했습니다.
- '진정성'을 보이기 위해 열정을 나타냈습니다. 매일 심사위원을 찾아가 진척 상황을 보고하고 조언을 구하며 신뢰를 쌓았습니다.

행동을 2줄로 요약

그 결과, 본선에서 7:1의 경쟁률을 뚫고 사업이 당선되어 총 200만원을 획득할 수 있었습니다.

1줄로 결과를 요약

서울소재 중위권 대학 지원자

해결책 2 역발상(逆發想)

행동을 차별화시키고 싶다면, 역발상하여 행동의 참신성을 추구하라. 어떠한 극적 구성이나 역발상을 통해 흥미를 극대화시켜라.

실제 금융권 준비하는 지원자의 자기소개서를 보면 정말 간절하고 전략적으로 준비하는 학생을 많이 보게 된다. 간절함에 전략이 더해지면 결국 자기소개서에서도 고민과 철학 소신, 아이디어, 역발상이 잘 반영되는 글이 만들어지게 된다. 지원자의 경험스토리 대부분은 평면적 스토리이다. 즉, 어떠한 포인트나 역발상, 반전의 이야기가 아닌 교과서적인 느낌이 강하게 든다. 마치 모범생의 범생이 스토리, 교훈적인 스토리로 보인다.

신입에게 원하는 바는, "준비된 인재"보다는 "지금은 다소 부족하지만 발전가능성이 높은 인재"라는 것을 기억하라.

금융기관이나 공기업의 선호인재에 대한 이중성에 대해서 곱씹어 보길 바란다. 기업은 일을 잘 수행하고 조직 순응적인 모범생을 극히 선호하는 반면에, 부족하지만 발전을 지향하는 인재, 반전이 있는 지원자, 창의적이며 톡톡 튀는 아이디어와 역발상을 잘 하는 지원자를 선호하기도 한다. 좋고 모범적인 이야기는 누구나 할 수 있다.

나만의 차별성은 반전反轉, 창의創意, 역발상逆發想으로 풀어내야 한다.

사례 1 2015 KB국민은행 최종합격

귀하가 '현장중심'적인 생각을 통하여 성취했던 경험 혹은 실패했던 경험을 기술하십시오. 600자 이내

발상의 전환 - 고객이 하도록 유도하라.

부모님 소유 건물 아래에서 오랫동안 장사하신 친한 상인이 품목을 바꾸어 꼬치를 팔기 시작했습니다. 그 후 가게와 가게 주변에 고객들이 바닥에 꼬챙이를 버리고, 양념을 지저분하게 떨어뜨리는 바람에 주변 가게까지 더러워져 마찰이 생겼습니다. 부모님 역시 주변 상인들의 성화에 힘들었고 꼬치 가게는 장사가 잘되어도 여러 가지 신경을 쓰느라 스트레스가 이만저만이 아니었습니다.

주인의 노력에도 상황은 나아지지 않았고 옆에서 지켜보던 저는 **고객을 바꿔야만 상황해결이 가능하다고 판단했습니다.** 숙고 끝에 6개의 통을 사서 매대에 2개씩 배치하고, 전지 2장을 사와 "다 드신 후 매운맛이 맛있으면 왼쪽, 순한맛은 오른쪽"이라는 문구를 써넣었습니다. 그리고 "지켜주세요!!"라는 문구를 쓴 노란 테이프로 바닥 라인을 만들어 고객의 자리를 고정했습니다. 안전선을 연상케 하는 노란 선으로 고객들의 위치를 고정하고, 맛을 평가하는 권리도 드려 스스로 쓰레기를 정리하게 하였습니다.

타인의 행동에 관심이 많고 얻은 지식을 다양하게 적용하는 발상으로 아이디어를 내, 고객과의 접점이 줄어드는 은행에 고객이 자발적으로 찾아올 방안을 마련하겠습니다.

주인이 아닌, 고객을 바꿔야 한다는 역발상으로 해결방안을 제시
서울소재 중위권 대학 지원자

사례 2 / 2015 KB국민은행 최종합격

KB국민은행의 핵심가치고객지향, 전문성, 혁신성, 신속성, 성과지향 중 본인을 나타내는 가치와 그 이유를 보여주는 경험을 서술하십시오. 제한없음

고객을 존중하는 것 그 자체가 성과지향이다

체리피커로 불리는 고객을 체리딜리버로 만든 경험이 있습니다. 중간 유통업을 하시는 어머니를 도와 장사할 때 가격을 본인이 정하는 고객이 있었습니다. 그 고객은 소매를 구매해도 도매가격으로, 오전에 구매해도 마감 가격을 지불하기를 원했고, 다른 상인들은 참다못해 그런 가격으론 안 된다고 하면 돈을 지불하지 않은 채 물건만 미리 구매한다고 점찍은 뒤 마감 시간에 찾아와 마감 가격으로 지불하고 가는 만만치 않은 고객이었습니다.

• 인트로부터 강한 반전(反轉)

그럼에도 어머니는 다른 상인들과 달리 "저런 생활력이 대단하고 부럽지 않느냐"라고 하시며 고객이 올 때마다 따뜻한 미소로 고객이 예전에 사 가신 제품에 대한 담소를 나누셨고 여름에는 식혜라도 한 잔 드리곤 했습니다. 저 역시 어머니에게 배운 자세로 그 고객의 편의를 위해 무거운 물건을 맡아주거나 고객이 바쁠 때 일찍 닫는 가게의 물건을 대신 구매해 저녁에 전달해드리기도 했습니다. 그러자 점차 그 고객은 가게에 방문할 때 다른 고객에게 상품 광고도 적극적으로 하고, 가게가 바쁠 때는 손님에게 가격까지 대신 알려주곤 했습니다. 그뿐만 아니라 나중에는 회사 동료, 지인들을 종종 데려와 제품을 함께 구매해 주는 가게의 체리딜리버가 되었습니다.

고객에 따라 다른 잣대로 대하거나 거짓으로 하는 친절은 고객도 기분 좋지 않고 무엇보다 일하는 사람 스스로 힘들다고 생각합니다. 어머니에게서 고객의 단점이 아니라 장점을 찾아 바라보는 시선을 배웠고, 고객을 존중하며 고객에게 필요한 편의를 제공했던 경험은 다양한 고객을 일선에서 만나게 될 KB 영업점에서 다양한 고객들을 제 편으로 만드는 저만의 무기입니다.

사례3 2017 SC제일은행 최종합격

SC제일은행은 'Human Bank'를 지향하고 있습니다. 귀하가 생각하는 'Human Bank'는 어떤 의미이며 입행 후 그것을 달성하기 위해 어떤 활동을 수행할 것인지 기술하여 주시기 바랍니다. 700자

은행에 퍼지는 사람의 향기

저에게 Human Bank란 '사람만이 할 수 있는 금융'을 뜻합니다. 최근 비대면 거래가 증가하며 고객 혼란이 가중되고 있다는 사실은 은행원의 역할을 분명히 해주고 있습니다. '디지털이 진화해도 중요한 역할은 사람'이라는 박종복 은행장님 말씀처럼, 제일은행을 찾는 고객들이 또 올 수 있는 유인을 제공하는 것이 SC제일 은행원으로서 제 역할이라고 생각합니다.

복권명함 : 긁을 수밖에 없을 걸?

대학 시절 우동 가게에서 일하며 저만의 마케팅으로 고객유치에 성공한 적이 있습니다. 당시 주변 식당들의 경쟁이 치열해 고객 유치를 위한 방안을 고민했습니다. **저는 고객들이 직원들을 편하게 대할 수 있도록 '복권 마케팅'을 제안했습니다. 직원마다 독특한 이름으로 명함을 만들고, 뒷면을 복권으로 만들어 재밌게 홍보한 것입니다. 제 복권을 긁으면 '불꽃남자를 찾으면 10% 할인!'이라는 문구가 나왔습니다.**

참신함이 돋보이는 행동
서울소재 중위권 대학 지원자

다음날부터, 저는 거리에서 복권을 나눠주며 "불꽃남자를 찾아주세요!"라는 유쾌한 인사를 건넸습니다. 이후로 저희 가게는 불꽃남자를 외치는 고객들로 붐볐습니다. 특히 편해진 분위기에 고객들이 먼저 농담을 건네거나 가게에 바라는 점을 말해주기도 했습니다. 또 오고 싶은 은행은 '고객과 행원이 가까운' 은행이라고 생각합니다. 제일은행에서도 고객들이 편하게 속 얘기를 털어놓을 수 있도록 저만의 고객유치 방법을 고민하겠습니다.

사례4 2022 산업은행 합격자 - 2022 산업은행 자소서

기존의 프레임 일하는 방식 및 주어진 여건 등을 탈피하여 새로운 변화를 시도했던 경험을 구체적으로 서술하시오.

36장의 엑셀시트를 한 번에 분리하려면?

과학자 아인슈타인은 '상상력이 지식보다 중요하다'라고 하였습니다. 저 역시 지식의 파편을 보유하려 하기보다는, 업무에 응용하여 업무효율을 높였습니다.

현 직장에서 매월 36장의 엑셀시트를 마우스로 하나씩 분리하는 업무를 수행했습니다. 반복적인 단순업무가 비효율적이라 생각했고, 컴퓨터활용능력 1급 자격증 취득 시 공부했던 Visual Basic을 이용하여 자동화하는 것을 목표로 삼았습니다. 우선 원하는 결과물을 시트 선택-분리-저장의 세 단계로 나누고 select, saveas 등 실행에 필요한 함수를 조사하였습니다. 코딩 후 단계별로 test를 진행하였는데, 시트 분리까지는 문제가 없었으나 저장단계에서 지속해서 오류가 발생하였습니다. 코드에는 문제가 없었기에 저장위치가 문제라 판단했고, 저장위치를 10번 이상 수정한 끝에 자동화에 성공했습니다

이를 통해 기존에 소요되던 216번의 클릭을 한 번으로 줄일 수 있었습니다.

사례5 2016 KB국민은행 최종합격

참신한 질문이었지만, 많은 지원자가 이 항목에 부모님과의 시간, 봉사시간, 예전 은사를 찾는 시간 등을 기술하며 교과서적으로 접근함

귀하에게 '하루(1일)'의 자유시간과 금전적 여유가 있다면 무엇을 하고 싶으며 그 이유를 약술하십시오. 200자 이내

참신함이 돋보이는 행동
지방소재 중위권 대학 지원자

3가지를 얻기 위해 워런버핏과의 점심을 낙찰 받아 식사하겠습니다.

첫째, 은행이 독자적인 가치를 가진 기업으로 성장할 수 있는 방법

둘째, 어떻게 투자자들과 장기적으로 좋은 관계를 유지하는지에 대한 인간관계에 대한 노하우

특히, 리스크 관리를 할 때 가장 중요한 소양과 역량을 어떻게 기를 수 있는지에 대한 답변을 얻고 싶습니다.

사례6 2017 기술보증기금 합격자

지식을 융합인문 + 과학 등하거나, 빅데이터를 활용하여 문제를 해결한 경험 또는 더 나은 결과를 이끌어낸 경험이 있다면 기술해 주시기 바랍니다.

2016년 1학기, 병렬프로그래밍 실습 때 배웠던 딥 러닝은 충격이었습니다. 학습이란 인간만의 고유 영역으로 알고 있었는데, 딥 러닝으로 훈련된 시스템의 이미지 인식 능력은 이미 인간을 앞섰기 때문입니다.

저는 CNN이라는 딥 러닝 Frame Work를 이용한 병해충 자가진단 프로그램을 졸업 프로젝트로 선정했습니다. 기존의 병해충 진단은 첫째, 농부들이 '자의적인' 진단에 의존한다는 점, 둘째, '많은 시간'이 소요되는 웹 서비스를 이용한다는 점에서 불편함이 있었습니다. 하지만 생활원예 교양과목에서 배운 방제 지식과 딥 러닝을 접목시켰을 때, 위의 불편함을 해결할 수 있었습니다.

"Trust-over"

생활원예 수업에서 과육 부분의 병해충은 다른 과육의 2차 피해를 유발시킨다는 것을 배웠습니다. 때문에 과육 부분의 신속한 방제가 가장 중요하다는 점을 알았습니다. 이에 농촌 진흥청의 오픈API를 활용했고 충북대학교 특용식물학 교수님께 자문을 받아, 유행하는 병해충의 방제 방법을 MySQL을 이용하여 데이터베이스로 구축하였습니다.

하지만 가장 중요한 부분은 딥 러닝의 '신뢰도'였습니다. 농부들의 경험을 통한 진단의 신뢰도를 넘지 못한다면, 딥 러닝을 활용할 이유가 없기 때문이었습니다. 따라서 신뢰도 향상을 위해 학습될 병해충 이미지에서 잎과 줄기 등 불필요한 부분을 제거하며, 과육 부분을 중점적으로 학습시켰습니다. 그 결과 모바일로 전송된 병해충 이미지를 시스템에 적용시켜보니, 97%의 신뢰도로 병해충을 판단할 수 있었습니다. 또한 판단된 병해충을 키워드로 데이터베이스에 구축된 방제 방법까지 사용자에게 신속하게 전달할 수 있었습니다.

"Cross-over"

미래학자인 '레이먼드 커즈와일'은 컴퓨터가 개발된 이후 '2의 32승' 이상으로 IT 기술이 향상됐다고 강조합니다. 융복합 기술이 대세가 될 미래에 첨단 IT기술은 이제 필요충분조건 입니다. 한 분야에 국한되지 않고 경계를 뛰어넘어, 상호간에 증폭적인 에너지를 창출할 수 있는 문제해결력을 갖추겠습니다.

2015 KB국민은행 최종합격

타인에게 감동을 주었던 경험을 소개하고, 귀하가 생각하는 '고객감동'의 의미를 기술하십시오. 600자 이내

고객감동이란 '안부 전화'와 같은 것이라고 생각합니다. 왜냐하면, 안부 전화처럼 거창하지 않더라도 상대방에 대한 진심 어린 관심을 표현하는 것만으로도 고객감동을 실현할 수 있다고 생각하기 때문입니다. 저는 한 할머니께 '특별한' 문자 사용법을 알려드려, 할머니께 감동을 드린 경험이 있습니다. 제가 휴대전화 판매 아르바이트를 했을 때의 일입니다. 한 할머니께서 매일 매장에 오셔서 문자를 대신 보내달라고 부탁하셨습니다. 매번 정성껏 알려드렸지만, 할머니께서는 곧잘 잊으시곤 하셨습니다. 문자 한 통을 보내기 위해 영업점까지 오시는 할머니의 수고를 덜어드리고 싶었습니다.

그래서 저는 **할머니께서 자주 보내시는 단어들을 5개 정도 추려서 숫자로 변환하여 알려드렸습니다. 예를 들어, 9215882312612023은 '전화다오'인 식이었습니다. 그 결과 할머니께서는 간단한 단어를 직접 보내실 수 있으셨습니다.** 할머니께서는 매우 고맙다고 하시면서 영업점에 떡을 5팩이나 사다 주셨습니다. 이 경험을 바탕으로 작지만 따뜻한 배려가 누군가에게는 큰 감동이 될 수 있음을 느꼈습니다. 이러한 경험을 바탕으로 입사 후에도 고객을 제일 먼저 생각하는 고객지향적인 행원이 되겠습니다.

아이디어의 창의성이 돋보이는 행동
서울소재 중위권 대학 지원자

Chapter 08

숫자와 영어, 그리고 여백도 활용하라

한글로만 빽빽하게 작성되어진 자기소개서는 읽는 입장에서는 부담스러운 면이 있다. 한글의 기호체계는 숫자와 영어에 비하면 구조적으로 복잡하기 때문이다. 또한, 빽빽하게 작성된 자기소개서는 공간의 여유가 느껴지지 않아 눈에 잘 들어오지 않게 된다. 이러한 불편함을 없애주는 방법은 영어와 숫자를 사용하는 것이며, 더 나아가 여백도 적절히 주면서 작성해 나가는 것이다.

영어와 숫자

영어와 숫자는 행태적으로 기호가 간단하다. 한글과 적절하게 섞여 있으면 읽는 사람 입장에서는 부담감이 다소 줄어든다. **특히 숫자는 내 경험이나 스토리의 Evidence 역할을 하게 된다. 즉, 스토리의 진정성을 담보하는 효과가 생기게 된다.**

예를 들면, 다음과 같은 Evidence 효과가 있다.

저는 **다양한** 서비스 아르바이트를 했습니다.	저는 **5번의** 서비스 아르바이트를 했습니다.
오랜 기간의 수험기간 동안	**280일간의** 수험기간 동안
제 스트레스 해소법은 러닝머신에서 뛰는 것입니다.	제 스트레스 해소법은 러닝머신에서 **시속 12km로 놓고 30분간** 전력 질주하는 것입니다.
저는 각각 친구들의 이야기들을 경청합니다.	저는 각각 친구들의 이야기들을 **5분씩은** 경청합니다.

사례 1 2013 농협은행 최종합격

지금까지 이룬 가장 큰 성취 3가지 100byte

대학교 시절 2회의 장학금 수여, 11개국 27개 도시를 다녀온 해외 경험, 12kg을 감량할 수 있었던 운동 습관

모든 행동에 숫자를 활용하여 Evidence를 극대화함. 진짜 그렇게 여행을 다녔다는 느낌이 강하게 드는 내용

사례 2 2013 KEB하나은행 최종합격

학교생활/사회봉사활동/연수여행경험 600자 이내

3 Step으로 4배의 고객 확보

국민은행 4개월 인턴의 주 업무는 '락스타 체크카드' 및 '스마트 폰 적금' 홍보였습니다. 저는 동료들이 꺼리는 섭외를 자진하여 담당했습니다. 초창기 영화권, 핸드크림 등의 사은품 제공 전략은 한계가 있었습니다. 그래서 3가지 전략을 세웠습니다.

Step 1. 친절함으로 관심 유도
Step 2. 타 은행과 비교되는 장점 어필
Step 3. 가입 시 미래에 대한 확신 심어주기

'3 Step' 전략으로 하루 최대 80명의 고객을 확보했고, 20명 내외로 그쳤던 첫 홍보 때보다 4배 더 많은 고객을 확보할 수 있었습니다. 그 결과 2012년 하반기 영업실적 부문에서 41개 락스타 Zone 중 저희 안서동 지점이 전국 2위를 차지하는 쾌거를 이루었습니다. 특히 팀원들 간의 화합과 배려, 신속한 피드백으로 얻어낸 달콤한 결과였습니다.

느낀 바가 큽니다. 첫째는 디테일에 강한 전략의 중요성이며, 둘째는 '진실성, 전문성, 팀워크'의 중요함입니다. 입행 후 차별화된 섬세함으로 고객님의 만족도를 높이고, 선배님들과의 협업을 통해 성과를 창출하는 직원이 되겠습니다.

- 3가지 전략을 Step이라는 영어로 표현하여 가독성을 높임

지방소재 중위권 대학 지원자

사례 3 / 2016 KB국민은행 최종합격

귀하가 살아오면서 '목표를 정하고 노력한 경험실패 또는 성공'이 있다면 무엇인지 기술하시오. 600자 이내

월드컵은 경험하는 자리가 아닌 증명하는 자리

학창시절, 왜소한 체격과 낮은 체력에 대한 콤플렉스가 있었습니다. 콤플렉스를 극복하기 위해 21살부터 헬스트레이닝과 런닝을 해왔습니다. 꾸준히 운동한 결과, 2013년 나이키 WE RUN SEOUL 10km 런닝대회에서 48분의 기록까지 얻을 수 있었습니다. 런닝에 대한 자신감과 성취감에 2014년 새롭게 시작하는 나이키 WE RUN SEOUL 하프 마라톤에 도전했습니다. 꾸준한 준비와 상쾌한 날씨 탓에 좋은 기록을 기대할 수 있었습니다. 하지만 실제 대회는 연습과는 달랐습니다. 밤에만 연습하던 저에게 한낮의 뜨거운 태양은 호흡에 큰 무리를 주었고 만 명의 참가자의 다양한 그룹 속에서 제 페이스를 유지할 수 없었습니다. **1시간 55분의 기록을 목표로 했지만 16km지점에서 오른쪽 다리에 경련이 일어나 걸어서 완주할 수밖에 없었습니다. 월드컵은 경험하는 자리가 아닌 증명하는 자리라고 말한 이영표 축구 해설위원의 말처럼 실전에서 100%의 기량을 발휘하기 위해서는 150%의 준비과정이 필요하다는 것을 배웠습니다.** 자신과 자만을 혼돈하지 않고 노력하는 자세, 마라톤으로 배운 삶의 원동력입니다.

정확한 숫자로 표시하여 진정성을 향상시킴
지방소재 중위권 대학 지원자

사례4 2015 KEB하나은행 최종합격

귀하가 지금까지 행한 가장 혁신적인 일은 무엇이었으며, 이를 통해 자신이 속한 조직이나 본인 스스로에게 어떤 변화가 있었는지 기술해 주십시오.

한 번 보고, 두 번 보고, 자꾸만 보고 싶은 CS 캠페인

• 영어를 잘 활용해도 글을 읽기가 수월해짐
서울소재 상위권 대학 지원자

대한주택보증에서 인턴생활을 하며 이전과는 다른 방식의 '1분 CS 캠페인' 기획으로 큰 호응을 얻은 경험이 있습니다.

상황

제가 속했던 자산관리본부는 매주 월요일 오전, 이메일을 통해 간단히 숙지할 수 있는 1분 분량의 CS교육을 실시해오고 있었습니다. 기존의 CS 캠페인은 비전 및 전략, 고객응대 요령 등을 한글 파일에 정리하여 메일로 발송하는 형식이었습니다. 하지만, 바쁜 업무 중에 교육안을 확인해야 함에도 불구하고, 내용이 글로만 구성되어 있어서 가시성도 떨어지고 보는 이에게 효과적으로 전달되지 않는다고 생각했습니다.

행동

저는 담당 주임님께 'EBS 지식채널e' 동영상을 편집하여 메일로 발송할 것을 제안했습니다. 대학시절, 긴 시간의 발표 사이에 'EBS 지식채널e' 동영상을 이용해 학생들을 주목시켰던 경험이 생각났던 것입니다. CS 캠페인의 형식이 문서형식으로 정해진 것이 아니라면 사진과 음악이 있는 동영상이 직원들에게 훨씬 더 효과적으로 전달될 것이라 판단되었기 때문입니다.

결과

결과는 성공적이었습니다. '인간관계'나 '감정'에 관한 **4분 분량의 동영상**은 업무 중 머리를 식혀주기도 했고, 눈과 귀를 사로잡아 상대방의 마음을 움직이는데 효과적이었습니다. 캠페인을 담당하고 계셨던 주임님은 작은 변화로 큰 호응을 얻게 되어 기뻐하셨고, 이후 동영상 선별을 제게 맡기셨습니다. 이 경험은 제게 당연시 여겨졌던 방식들을 다시 한 번 되돌아보는 습관을 만들어주었습니다.

숫자는 경험의 진정성을 담보함

사례 5 2015 하반기 KB국민은행 최종합격

귀하가 견지하는 삶의 태도 또는 원칙을 소개하고, 입행 후 이루고 싶은 목표에 대해 약술하시오. 200자 이내

30분 미리 행동하자는 제 삶의 지혜입니다. 교수님과 졸업논문 관련하여 6번의 면담을 할 때 매번 30분 일찍 도착해 추가자료, 질문거리를 분석 요약하며 면담을 준비하는 성실함을 보였고 그 결과 한 번에 논문을 통과했습니다. 시간 약속뿐만 아니라 어떤 일이든 먼저 준비하고 계획하는 꼼꼼함으로 한번 배운 일은 잊지 않아 경력직 같은 신입이 되겠습니다.

숫자 효과를 노림

사례 6 2016 하반기 NH농협은행 최종합격

자신이 소중하게 생각하는 3가지 200bytes

1) 우리의 시각을 2차원 평면에 기록해주는 카메라 Sony Alpha A550
2) 2008년부터 8년간 작성 중인 일상의 기록을 위한 일기장
3) 성공적인 투자성과의 결과물 502동 102호

• 숫자를 강조해서 스토리의 진정성을 확보

지금까지 이룬 가장 큰 성취 3가지 200bytes

1) 1년 동안 자격증 10개 합격
2) 은행 견학 온 First Guest라며 환영 받았던, 호주 Commonwealth Bank에서의 인터뷰
3) 2007년부터 9년간 지속된 아름다운 재단 교육펀드 기부활동

• 숫자뿐만 아니라 영어도 적절하게 활용

사례 7 2014 금융감독원 최종합격

학업, 교내외 활동 및 기타경력

2년간의 CPA 공부를 접기로 결정한 것을 돌이켜보면, 이는 저의 가치관과 사고에 있어 커다란 전환점이었습니다. 불합격이라는 명백한 결과에 대해 결과를 수용하고, 미래 계획을 다시 설정해야 했습니다.

2년, 730일이라는 숫자를 활용함으로 스토리의 진정성을 확보

수험기간 730일을 되돌아보며 원하지 않은 결과를 만든 제 잘못된 방법과 태도, 앞으로 살아나가면서 절대로 번복하지 말아야 할 것들에 대해 정리할 수 있었습니다. 목적에 적합한 방법의 탐구와 행동, 사회와의 지속적 접촉 그리고 체력관리의 중요성은 해당 경험을 통해 갖춘 저의 새로운 '기본요소'입니다.

자신의 인생관은 무엇입니까? 간략하게 설명하십시오.

'자존심 있는 사람이 되어라'는 아버지의 말씀이 저의 줄기라면, '매일 아침은 꼭 먹어라'던 외증조할머니의 말씀은 제 뿌리입니다. 이 9개의 글자는

첫째, 하루를 시작하는 기본인 아침식사를 챙기듯, 모든 일에 앞서 기본을 갖춘 사람이 되어라.

둘째, 식사를 거르지 않기 위한 매일 아침의 성실함은 기본이다.

셋째, 꾸준히 식사를 챙기듯 행동이란 꾸준해야 한다는 제 생활과 인생의 기본지침입니다.

이 사례에서의 핵심은 두 가지임.
첫째는 의도적으로 숫자를 많이 활용하여 스토리의 진정성을 강조함
둘째는 일상에서의 경험을 경쟁력 있는 자기소개로 탈바꿈함
많은 지원자들이 <특별한> 경험이 없음을 하소연하지만 이는 사실이 아니다. 누구나 특별한 경험이 있다. 다만, 특별한 경험을 기억할 시간이 없을 뿐임. 미리 준비하지 않은 자들의 변명. 백 번 양보해서 특별한 경험이 없다고 해도, 고민만 한다면, 이 사례처럼 일상에서의 경험도 충분히 경쟁력 있는 자기소개서가 나올 수 있음

자신의 인생관에 영향을 미친 주요인물, 사건 등에는 어떤 것이 있습니까? 본인이 경험한 과정을 가능한 구체적으로 기술하세요.

외증조할머니, 외조부모, 소위 '어른을 모시는' 대가족에서 자랐습니다. 제 나이 17살 외증조할머니가 돌아가시기까지, 7명의 가족구성원 간 암묵적 철칙은 외증조할머니의 '7시 아침식사 준수'였습니다. 간단한 이 약속은 매일 아침 기상시간을 지키게 만들었고, 이로써 하루 생활이 흐트러지지 않도록 하는 시작점이었으며, 가족 간 다투더라도 얼굴을 보고 풀어지게 하는 조율의 자리가 되었습니다. 꾸준히 지킬 수 있는 규칙이 반듯한 일상을 만들고, 결국 이는 제 생각과 태도를 이루는 근간이 됨을 배울 수 있었습니다.

본인의 가치관을 현재 생활에 어떻게 적용하고 있는지 구체적인 예를 들어 설명하여 주십시오.

내가 갖추어야 할 '기본'이 무엇인가에 대한 고민은 이십대 전반의 화두였습니다. 하겠다고 한번 마음먹은 이상 끝까지 하겠다는 '근성'은 그 과정에서 찾아낸 가치 중 하나입니다. 2011년으로 넘어가던 겨울, 앞으로 절대 체력관리를 소홀히 하지 않겠다고 다짐했습니다. 그 이후로 4년, 이제는 1시간의 근력 운동과 4km의 조깅, 또는 20km의 사이클을 가뿐히 소화해내는 건강과 양 손바닥의 굳은살이란 훈장을 얻었습니다. 더디더라도 조금씩 나아지고, 꾸준히 성장하고 있다는 자기 성취감은 근성이 가져다 준 성과였습니다.

사례 8 2017 금융결제원 서류합격 - 주택금융공사 최종합격

조직예 : 학교, 동아리, 가족 등의 구성원으로서 갈등이 있었던 상황에서 이를 잘 대처해낸 사례를 기술하시오.

귀를 기울여 봐.

2015년 겨울학기, '문명과 자연환경'을 수강하며, 환경 관련 팀 프로젝트를 수행했습니다. 저와 중국인 유학생, 기계과 학우 총 3명으로 구성된 팀에서 첫 모임부터 문제가 생겼습니다. 말도 잘 안통하고 무관심한 유학생 때문이었습니다.

이에 첫째, 유학생의 관심사부터 들었고, 이를 발표에 반영하며 참여를 유도했습니다. 수업 후 함께 카페에 가자고 제안해 편안한 분위기를 이끌었습니다. 이때 유학생이 건강과 환경을 위해 채식한다는 것을 알게 되어, 이를 주제로 정했습니다.

둘째, 발표에서도 유학생이 가장 잘할 수 있는 채식 경험 파트를 분배했습니다. 그 이후 유학생은 팀 프로젝트 적극적으로 임하게 되었습니다. 셋째, 언어 장벽 해소를 위해 매번 직접 만났습니다. 덕분에, 사소한 뉘앙스도 쉽게 파악 가능했고, 피드백도 즉각 이루어져 효율적으로 발표 준비를 할 수 있었습니다.

발표 날, 3명 모두 발표에 참여했고, 특히 유학생은 자신의 채식 경험을 발표했습니다. 수강생의 1/7이 중국인 유학생이었지만, 28개의 팀 중 유학생이 직접 발표한 조는 저희 조가 유일해 큰 관심을 받았고, 교수님으로부터 팀워크가 돋보였다는 칭찬도 들을 수 있었습니다.

성과의 진정성을 표현하기 위해 최대한 숫자를 많이 활용함

사례 9 2014 금융감독원 서류합격 - 한국증권금융 최종합격

학업 교내외 활동 및 기타 경력

대학교 재학 중 성적 우수 장학금 2회 수령 및 7학기 조기졸업을 하였습니다. 2010년부터 1년 6개월간 교내 경영학회 활동을 하였으며, 2011년에는 학회장으로서 학회를 이끌었습니다. 2012년 6월 CFA level.1, 11월 FRM part.1, 2013년 6월 CFA level.2에 합격하였습니다. 2013년 2월에는 대학원에 입학하여 금융이론을 익혔으며, KSIF(학생투자펀드)에서 1년간 투자전략팀원으로 활동하였습니다. 그 외 학부시절 교내에서 실시한 키움증권 주식 투자대회에서 4등, 삼성전자 센스 마케팅 전략 수립대회에서 준우승을 하였습니다.

숫자, 영어를 사용하여 효과를 극대화

2 여백

여백을 주면 글자수나 bytes가 대폭 늘어나지 않고 아주 조금 늘어난다.

따라서 여백을 적극적으로 활용하면 가독성을 높일 수 있게 된다. 읽기가 훨씬 수월해진다. 다음의 사례를 비교해 보자.

사례 1 2014 KB은행 서류합격 - NH농협은행 최종합격

KB에서 하고 싶은 분야의 일과, 그것을 위해 준비한 학교생활 이외의 경험 및 노력은 무엇인지 기술하십시오. 600자 이내

[여백 활용 前, 총 990bytes]

개인과 기업을 아우르는 외환주치의

저는 KB의 외환주치의가 되겠습니다. 첫 번째 개인고객을 위해서는 매입, 매도환율, 복잡한 파생상품 등에 대해서 꼼꼼히 설명하여 의구심이 가는 부분이 없으시도록, 두 번째 기업고객에게는 환해지나 까다로운 신용장관리에 어려움을 겪지 않으시도록, 세 번째 우리 KB를 위해서는 수수료체계 정비를 통해 TERM CHARGE 등을 합리적으로 징수할 수 있도록, 그리고 마지막으로 CITI은행의 정○○ 부장이나, 박○○, 홍○○ 교수와 같이 인정받는 외환, 무역 전문가가 되겠습니다.

경력직 같은 신입행원

외환전문역 1,2종과 CDCS를 보유하고 있지만 실무의 중요성을 알기 때문에 실무경험을 위해 노력했습니다. 첫 번째 HSBC 수출입부에서 신용장통지와 선적서류 접수 업무를 통해 무역업무의 흐름을 경험할 수 있었습니다. 또한 성실한 근무를 인정받아 수석부행장의 추천장도 받을 수 있었습니다. 두 번째 하나은행 외환업무부에서는 수입신용장개설, 수출신용장 매입심사, FDI 데스크 등 다양한 실제 업무를 직접 경험해 볼 수 있었습니다. 두 번의 경험을 통해 외환업무가 정말 재미있고, 평생 하고 싶다는 생각이 들었습니다.

[여백 활용 後, 총 997bytes]

개인과 기업을 아우르는 외환주치의

저는 KB의 외환주치의가 되겠습니다.

첫 번째 개인고객을 위해서는 매입, 매도환율, 복잡한 파생상품 등에 대해서 꼼꼼히 설명하여 의구심이 가는 부분이 없으시도록,

두 번째 기업고객에게는 환해지나 까다로운 신용장관리에 어려움을 겪지 않으시도록,

세 번째 우리 KB를 위해서는 수수료체계 정비를 통해 TERM CHARGE 등을 합리적으로 징수할 수 있도록,

그리고 마지막으로 CITI 은행의 정00 부장이나, 박○○, 홍○○ 교수와 같이 인정받는 외환, 무역 전문가가 되겠습니다.

경력직 같은 신입행원

외환전문역 1,2종과 CDCS를 보유하고 있지만 실무의 중요성을 알기 때문에 실무경험을 위해 노력했습니다.

첫 번째 HSBC 수출입부에서 신용장통지와 선적서류 접수 업무를 통해 무역업무의 흐름을 경험할 수 있었습니다. 또한 성실한 근무를 인정받아 수석부행장의 추천장도 받을 수 있었습니다.

두 번째 하나은행 외환업무부에서는 수입신용장개설, 수출신용장매입심사, FDI 데스크 등 다양한 실제 업무를 직접 경험해 볼 수 있었습니다. 두 번의 경험을 통해 외환업무가 정말 재미있고, 평생 하고 싶다는 생각이 들었습니다.

Chapter 09

세밀하게 작성하라

디테일에 악마가 있다. 자기소개서에 특히 필요한 말이다. 세밀하게 작성해야, 의미전달도 쉬울 뿐만 아니라, 진실이라는 느낌을 주기 때문이다. 많은 지원자의 자기소개서는 디테일하지 못하다. 포괄적으로 글을 쓴다. 스토리 라인이 꼼꼼하지 못하다. 물론 지원자는 글자수에 한계가 있기 때문이라고 한다. 그러면 같은 글자수임에도 불구하고 세밀하게 쓰는 지원자들은 어떻게 작성한 것인가?

필자가 권하는 방식은 우선 주어진 글자수의 130~150%의 분량으로 먼저 작성하는 것이다. 즉, 초고는 글자수 압박을 받지 말고, 글자수를 초과해서 작성함으로써, 스토리에 세밀함을 더해 줄 수 있게 된다. 그 이후에 글자수를 줄여나가는 것이다.

글자수를 줄이는 방법은 다음과 같다.

첫째, 추상적이고 관념적인 단어나 문장부터 걷어낸다.

둘째, 단어도 짧은 어휘로 변경한다.

셋째, '되겠다' 식의 마무리는 과감히 삭제한다질문에서 이를 특정해서 묻지 않는 경우, 굳이 답할 필요도 없다.

이러한 방법을 활용해 줄여나간다면, 글자수 내로 조정이 가능해진다. 특히, 첫 문장인트로부터 세밀함을 더할수록 초두효과도 극대화시킬 수 있다.

사례 1 2015 우리은행 최종합격

제시어를 자유롭게 활용하시어 본인의 가치관과 삶의 경험을 담은 에세이를 작성하여 주십시오. 도전, 성공, 실패, 지혜, 배려, 행복

우리은행 수영코치 000입니다.

바닷가에서 친구들 사이의 제 별명은 '맥주병'이었습니다. 그 이유는 두 가지입니다. 첫째, 기본적으로 수영은 고사하고 물에 대한 공포를 가지고 있었습니다. 둘째, 마라톤을 하다 얻게 된 허리디스크로 운동에 대한 거부감이 있었습니다. 어릴 적부터 수상안전요원 출신인 아버지께서 수영은 인생에 필요한 운동임을 여러 번 강조하셨지만 수영은 저에게 쉽게 도전하기 어려운 운동이었습니다.

하지만 위 두 가지를 극복하기 위해서 용기를 냈습니다. **2012년 여름, 집 주변의 스포츠센터 '물개 반'을 등록했습니다. '상어 반', '돌고래 반'과 달리 '물개 반'은 물의 깊이가 무릎 높이밖에 안 되는 초급반이었습니다. 당시, 물개 반에서는 호흡법과 물에 뜨는 법을 먼저 배웠고 집에 와서는 유튜브 영상을 보면서 복습하며 자세를 교정했습니다.** 친구들은 '맥주병'이 배워봤자 초등학생 수준이라고 놀렸지만 저는 노력은 배신하지 않는다고 굳게 믿고 있었습니다.

물개반, 돌고래반, 상어반이 있는지는 모르지만, 정밀하게 작성했기 때문에, 실제 스포츠센터를 수강했다고 느껴짐
서울소재 상위권 대학 지원자

이러한 깨달음은 성공을 향한 발판이 되어 점차 현실로 바뀌어가고 있었습니다. 수영장과 집을 오가는 버스 안에서도 핸드폰으로 수영 동영상을 보며 복습한 결과, 수영장 내에서 '에이스'라고 불리는 제 자신을 발견할 수 있었습니다. 초급반에서 연수 반까지 승급하기 위해서는 통상 2년이 소요되지만 저는 불과 6개월 만에 성과를 낼 수 있었습니다. 나아가서는 철인3종 경기에 참가하여 2km의 바다수영을 해내었고, 친구들에게 저는 이제 '맥주병'이 아닌 '수영전문가'였습니다. 어떤 일이라도 자신이 도전하는 분야에서는 성공과 실패 여부를 떠나 과정에 충실해야 한다고 생각합니다. 특히, 금융인의 경우 가시적인 성과 때문에 돈에 대해서 냉철한 시각을 견지하지 못한 채 과정에 소홀해진다면 금융사고로 이어질 가능성이 높다고 생각합니다.

제가 수영전문가가 되기 위해 '현재'에 충실했던 것처럼, 은행원이 되어서도 퇴근길 지하철에서 다변화되는 금융상품에 대해 항상 연구해나가도록 노력하겠습니다.

사례 2 2015 하반기 KB국민은행 최종합격

✓ KB가 귀하를 선택해야 하는 이유와 KB인이 되기 위하여 준비한 본인만의 경험 및 노력을 기술하십시오. 600자 이내

관심 + 발품 = 현장형 행원

정보를 현장에서 수집하는 역량을 만들었습니다. **현장에 답이 있다고 생각했기 때문에 서울 북쪽 수유부터 남쪽 수서까지 걸었습니다. 상권, 부동산 가격을 유심히 관찰했고 지역민들과의 대화로 유재석과 같은 유명인의 저택 위치부터 강남역 1인 소유 건물기업의 탄생 스토리까지 흥미로운 이야기를 듣고 메모했습니다.지역을 정확히 아는 것으로 상대방과의 공통 관심사를 만들어 상대방과의 거리를 줄이고 유용한 정보도 제공할 수 있었습니다. 중앙대 캠퍼스 내 통합정보, 삼성 탈레스 한화 인수, 용산 대림, 성원 아파트 개발 제외 정보를 주변 지인이 관련 지역 부동산을 구매할 때 조언을 드렸고 특히 안성캠퍼스 근처 원룸 건물을 구매하려던 지인은 통합정보를 듣고 구매를 재고하였습니다.**

국민 자산의 대부분이 부동산이고 곧 있을 베이비붐 세대의 은퇴, 에코 세대의 주택 구매 등 대규모 부동산 거래에 대처할 역량 있는 행원이 필요합니다. 현장에서 답을 찾는 역량으로 어느 지점에 발령받아도 토박이만큼 익혀 건실한 가계 대출을 하겠습니다. 박카스를 들고 지역 부동산 중개소를 방문해 친분을 쌓아 제집 드나들듯이 드나들며 연계 영업을 하는 행원이 되겠습니다.

• 수유부터 수서까지, 삼성탈레스 한화인수, 용산 대림, 성원아파트 개발 등 최대한 정교하게 작성했기 때문에 본인의 행동이 진실에서 기반하고 있음이 강조됨
서울소재 중위권 대학 지원자

사례 3 2015 하반기 KB국민은행 최종합격

KB국민은행의 핵심가치고객지향, 전문성, 혁신성, 신속성, 성과지향 중 본인을 나타내는 가치와 그 이유를 보여주는 경험을 서술하십시오.

제한없음

혁신으로 변화에 대응하는 신속함

보고 들은 것을 응용하는 혁신으로 고객 불만을 해결하고 수익을 증가시켰습니다. 이모가 운영하는 레스토랑이 본업인 식사류 이외에 커피 판매를 개시하자 운동 후 커피 구매 고객의 유입량이 몰렸습니다. 그 결과 특정 저녁 시간대에 손님이 몰려 테이블이 부족하고 혼잡해져서 오히려 판매의 효율성이 떨어졌습니다. 본래 손님이 많은 레스토랑이기에 커피 판매를 시작한 후 예전보다 음식이 늦게 나와 고객이 화를 내거나 가게 혼잡으로 발걸음을 돌리시는 고객이 늘어 해결책이 꼭 필요했습니다.

문제 해결을 위해서 저는 붐비는 유명 맛집이나 혼잡한 지역의 상권을 돌아다니며 해결책을 모색했고 그것을 토대로 해결 방안을 마련했습니다.

상황설명부터 성과까지 상당히 정교하게 작성
서울소재 중위권 대학 지원자

첫 번째, 체감 시간을 짧게 느끼도록 하는 것입니다. 외부에 TV 설치와 번호표를 귀여운 액세서리로 대체해 이야깃거리와 볼거리를 제공했습니다. 자리에 착석하는 순간부터 고객의 기다림은 더 길어지기 때문에 테이블 정리한 후에 고객을 착석하도록 했습니다. 또 음료만 구입하는 고객은 미리 분류해서 주문을 받았습니다. 두 번째, 고객 이용 시간대를 분산시키는 방법입니다. 가게 앞 현수막에 Early Bird는 Size Up이라는 문구를 크게 쓰고 비교적 한산한 시간대인 4~6시 사이에 방문하면 음료 Size Up을 무료로 진행했습니다. 세 번째, 시간에 따라 판매 품목에 변화를 주는 것입니다. 가장 붐비는 7~9시 사이에는 이득이 적고 테이블 순환이 빠르지 않은 빙수는 판매하지 않도록 했습니다.

고객의 반발도 예상되기에 빙수 재료가 소진되어 판매를 마친다는 멘트를 입구에 크게 써 붙임으로써 고객 반발감을 최대한 줄였습니다. 변화를 준 후 고객의 불만은 줄고 테이블 순환은 늘려 평균 일 매출 15~20만 원을 신장하였습니다.

계좌 이동제, 개인종합자산관리계좌(ISA), 금융상품자문업(IFA) 같이 금융 시장에 대변혁이 시작됐습니다. 15년 7월 1일 페이인포 자동이체 해지 신청에서 국민은행은 3,920건으로 6개 시중은행 평균 2,300건 대비 압도적으로 많은 수의 자동이체 계좌가 해지가 이루어져 출발이 좋지 못했습니다. 따라서 고객의 충성도를 높일 방안이 시급한 상황입니다. 좋은 것을 찾아 응용했던 역량으로 문제는 해결하고 편의는 증가시켜 다가올 금융 전쟁에서 떠난 고객까지 돌아오게 만들겠습니다.

반성과 쇄신의 전문가

진정한 프로가 되기 위해서는 매일 반성하고 쇄신해야 합니다. 15년 8월 커리어 그랜드 슬램을 달성한 박인비 프로골퍼는 골프에서는 라이벌이 없을 정도로 독보적입니다. 그녀는 성공 비결로 10분을 연습하면 30분을 자기 분석을 하며 반성과 쇄신을 매일 이어나간 점을 꼽았습니다. 저 역시 인성과 실력이라는 기본을 갖춘 행원이 되겠다는 목표에 따라 두 가지를 매일 지속해서 해오고 있습니다.

첫째, 잠들기 전 30분은 반성하고 계획을 세우고 있습니다. 매일 잠들기 전 30분씩 오늘 내뱉은 말 중 잘못한 말은 없는지 누구에게 실례되는 행동은 없었는지 돌아보고 혹 있다면 메모하고 반성하여 고치도록 했습니다. 사소한 잘못이라도 인정하고 늦더라도 꼭 사과하는 모습에 친구들과도 죽마고우가 될 수 있었습니다. 또 행동하기 전에 계획하고 실행 후 피드백을 통하여 저의 방향성에 대해 고민하고 필요한 것을 추가하거나 더 좋은 방법을 찾으려 했습니다.

• 두 가지 목표의 달성에 대해 세밀하게 기술

둘째, 쇄신하는 자세입니다. 부족했던 경제를 제대로 알기 위해 12년도부터 경제학 복수전공을 하여 현재 48학점을 이수하였고 특히 재무 경제학, 파생 금융상품론, 국제금융론과 같이 실질적으로 금융에 관련된 수업들은 A 학점 이상 받았습니다.

또 경제학 소모임을 구성하여 15년도부터 2주에 한 번 2시간씩 경제 이슈에 관련된 발제와 토론을 하며 실물 경제의 역학관계나 볼커룰, 바젤3의 영향과 대응과 같이 은행 관련된 세부 이슈까지 고민해왔습니다. 공부한 경제적 지식을 토대로 CFP도 취득하였습니다.

복합점포 허용, 인터넷 은행의 등장에 따른 중 금리 시장 경쟁자 등장, 예금 금리하락에 따른 순이자마진(NIM) 감소, 웨어러블 뱅킹 플랫폼 선점 전쟁, 각종 금융규제 개혁과 같은 사안들이 연이어 등장하며 금융업 전반에 위험과 기회를 가져오고 있습니다. 진짜 위기는 "위기가 왔을 때 위기인지 모르는 것"이라는 말이 있습니다. 급변하는 시장에 반성으로 위기를 인지해 위기를 막고 쇄신이라는 동력을 더해 KB에 전화위복(轉禍爲福)을 가져오겠습니다.

사례 4 2016 하반기 NH농협은행 최종합격

취미 · 특기 200bytes

취미

1) 부모님 자가용 깔끔하게 **내 · 외부** 세차하기

2) 주말에 수성야구단(고등학교 동문 야구단)에서 야구하기

특기

Sony Vegas를 활용하여 가족과 지인들 프로포즈/결혼식 사진촬영과 영상 제작하기

실제 세차를 해 본 사람만이 사용할 수 있는 단어

구체적인 기종까지 언급

사례 5 / 2016 하반기 수출입은행 최종합격

지원자가 인생에서 이루고 싶은 목표 3가지를 우선순위 순으로 기재하고, 그 선정 이유과 해당 목표들을 이루기 위하여 현재 노력하고 있는 사항을 기술하십시오. 900자

첫 번째 목표는 영어전문가가 되는 것입니다. 영어는 글로벌시대를 살아가는 세대로서 지녀야할 기본 소양입니다.

어학연수와 교환학생 경험을 통해 영어의 친교적, 사고적 힘을 깨달았고, 약 2년 전부터 능수능란한 영어실력을 위해 노력하고 있습니다. **구체적 단기목표로는 자막 없이 영화 90%이상 이해하기, 2017년 겨울까지 해리포터 전 시리즈 읽기, 앞으로 3년간 외국인친구 10명 사귀기 등이 있습니다.** 이를 위해 유튜브, 넷플릭스의 영어컨텐츠를 한글자막 없이 시청하며 듣기연습을 하고 있고, 추후 영어스터디에 가입하여 수준급의 말하기 실력을 위해 노력할 계획입니다.

두 번째 목표는 건강한 삶을 위한 체력증진입니다. 기대수명 100세와 평균 퇴직 55세의 고령화 시대가 오면서 그 어느 때보다도 건강이 중요한 키워드로 떠오르고 있습니다. 노년기의 건강한 삶을 위해서, 그리고 직장생활과 개인생활의 행복을 위해서라도 체력과 건강한 습관은 필수입니다. **단기적으로는 근육량 +3kg과 몸무게 50kg의 저지방 근육형을 목표로 하며, 매일 스쿼트 3세트, 물 2L마시기, 탄산음료와 휘핑크림 금지 등의 노력을 하고 있습니다.** 또한 이번학기 수영과 태권도 수업을 통해 기초체력을 길러 약 1년 후 암벽등반과 필라테스를 취미로 하고자 합니다.

마지막 목표는 일을 통한 존경과 자아실현 욕구 충족입니다. 과거 노동으로 여겨졌던 '일'은 시대변화에 따라 성장, 성취감으로 그 의미가 확대되었습니다. 작은 경제변화가 사회 전 계층에게 파급되는 것을 지켜보며, 경제성장을 이끄는데 기여하고 싶다 판단하였습니다.

- 단기목표도 최대한 디테일하게 설정했음을 어필
- 디테일한 단기목표를 강조함으로써, 진짜 이러한 목표를 실행하고 있음을 증명

서울소재 상위권 대학, 경제 직렬 지원자

이를 위해 전공과목을 열심히 공부하고 경제, 사회현상에 끊임없이 관심을 가지며 세상을 바라보는 올바른 시각을 지니고자 노력하고 있습니다. 한국수출입은행의 행원으로서 일한다면 목표달성에 더욱 다가갈 수 있을 것입니다.

사례 6 2015 우리은행 최종합격

제시어를 자유롭게 활용하시어 본인의 가치관과 삶의 경험을 담은 에세이를 작성하여 주십시오. 제시어 : 도전, 성공, 실패, 지혜, 배려, 행복 2,000자

1. 일천일(1,000日)동안의 신림동 고시촌 생활 - 도전과 실패

저는 2007년 가을부터 신림동 고시촌에 방을 얻어 행정고시 공부를 시작하였습니다. 공무원이셨던 아버지의 권유와 전공을 살려 청운의 꿈을 가지고 고시생이 되었습니다.

2008년도에 처음으로 응시한 1차 시험에서 2문제 차이로 탈락하였고 2009년도 두 번째 응시에서도 2문제 차이로 탈락하였습니다. 시험을 포기하고 복학을 할까 고민도 하였지만 한 번 더 도전하지 않으면 후회가 남을 것 같았습니다. 후회를 하더라도 도전하고 후회하자는 생각에 2010년도 시험에도 다시 도전하였지만 결국 2문제 차이로 시험을 통과하지 못하였습니다. 그렇게 1,000일에 가까운 시간을 신림동 고시촌에서 보냈습니다.

실패의 과정을 세밀하게 표현
서울소재 상위권 대학 지원자

시험을 통과하기 위한 저의 도전은 실패로 귀결되었습니다. 하지만 그 과정에서 책에서만 배웠던 기회비용을 몸으로 직접 느낄 수 있었던 좋은 경험이었습니다.

2. 이십 킬로그램(20kg) 체중 감량 - 성공

2010년도 행정고시 1차 시험에서 탈락을 하고 스스로에 대한 실망감이 컸습니다. 아무것도 이루지 않고 학교로 돌아가기에는 패배감이 너무 클 것 같아서 스스로를 이겨보고자 다이어트를 2010년 3월부터 시작하였습니다.

어려서부터 비만이었던 저는 성인이 되어서도 비만이었고 고시공부를 하는 동안 체중은 더 증가해서 정상체중보다 25kg을 초과하였습니다.

식단을 하루 1,000kcal로 제한하였고 아침 공복에 매일 관악산 등산을 하였습니다. 체중감량 정체기가 왔을 때도 정해진 식단과 일정을 끝까지 지켰고 그 결과 8개월 만에 20kg 감량에 성공하였습니다.

• 다이어트의 과정을 세밀하게 표현

비록 2012년 이후 사회생활을 하면서 회식자리를 끝까지 지키는 의리로 인해 체중이 10kg 증가하였지만 스스로를 극복할 수 있었던 뜻깊은 경험이었습니다.

3. 삶에서 소중한 것부터 지혜

2012년 상반기에 롯데그룹 공채에 합격하여 그해 여름부터 사회생활을 앞두고 있었습니다. 하지만 2012년 7월 22일 새벽에 아버지로부터 어머니께서 뇌출혈로 쓰러지셨다는 전화를 받았습니다. 23일 첫 출근을 앞두고 있던 저는 어머니께서 수술을 받고 계시는 대구 파티마 병원으로 내려 갈 수밖에 없었고 첫 출근도 할 수가 없었습니다. 서울로 다시 와서 출근을 하였지만 회사의 일이 손에 잡히질 않았습니다. 첫 회사를 그만 둔다는 것이 쉽지는 않았지만 삶에 있어서 소중한 것부터 우선순위를 둬야 된다는 생각이 들었습니다. 그 해 8월 31일을 마지막으로 롯데마트를 퇴사하고 고향인 경북 안동으로 내려가서 어머니를 간호하고 보살폈습니다. 다행히 어머니께서는 큰 고비들을 잘 넘기시고 후유증 없이 회복을 하셨습니다. 저는 재취업을 위해 다시 준비해고 도전해야 했지만 후회는 없었습니다.

무엇을 먼저 추구할 것인가라는 질문에 대한 답을 찾을 수 있었던 경험이었습니다.

4. 사람을 향한 쌀 배달 - 배려

2013년 가을에 지역농협 공채에 합격하여 12월 1일부터 남안동농협에서 계장보로 근무하게 되었습니다. 근무지가 면단위의 작은 농협이다 보니 고객님들은 연세가 많은 어르신들이 대부분이셨고 타지에서 온 사람에 대한 경계심도 있었습니다. 그래서 처음에는 고객님들께서 저에 대한 거리감이 있는 듯 했습니다.

3개월 정도가 지났을 무렵 출납 마감시간 근처에 할머니 고객님이 오셔서 공과금 업무를 보시고 마트에서 쌀을 구매하셨습니다. 저는 할머니께 곧 퇴근하니 기다리시면댁까지 제 차로 태워드리겠다고 먼저 말씀드렸고 그 날 할머니를 댁까지 모셔다 드리고 귀가했습니다.

그 후 전무님께서 어떻게 아셨는지 저를 불러서 칭찬해 주셨고 고객님들과 거리감도 줄어들었습니다. 보험권유도 성공할 수 있었고 영업점에 방문하시면 저만 찾으시는 고객님들도 증가했습니다.

제가 타인보다 앞서 움직이고 타인 입장에서 한 번 더 생각하면 된다는 간단하지만 하기 어려운 교훈을 얻을 수 있었던 경험이었습니다.

Chapter 10

단어를 선별하라 (형상화, 차별화)

잘 작성된 자기소개서의 공통점은 단어 선택도 신중하다는 점이다. 대부분 지원자의 자기소개서 단어를 보면 두 가지 문제점이 보인다.

첫째, 단어가 관념적이다. 소통, 성실, 열정, 도전 등과 같은 추상적인 단어 일색이다.

둘째, 어휘력이 풍부하지 않다. 따라서 비슷하고 고만고만한 자기소개서가 많아진다.

반면, 잘 작성된 자기소개서의 어휘는 크게 2가지 특징이 있다.

첫째, 추상적이고 관념적인 단어를 지양하고, 적절하게 은유와 비유법을 활용한다. 은유와 비유법은 설득할 때, 상당히 효과적인 표현법이다. 전 세계 베스트셀러인 성경의 많은 문구는 은유와 비유로 가득 차 있다는 점을 상기해보자.

둘째, 어휘에 차별화를 둔다, 잘 쓰지 않는 어휘를 자유자재로 구사한다. 어휘를 차별화시키기 위해 가장 좋은 방법은 독서에 있다. 많은 책을 읽을수록 어휘도 늘어날 수밖에 없기 때문이다.

사례 1 2015 우리은행 최종합격

제시어를 자유롭게 활용하시어 본인의 가치관과 삶의 경험을 담은 에세이를 작성하여 주십시오. 도전, 성공, 실패, 지혜, 배려, 행복

고객에 대한 배려를 자일리톨 2알로 상징의 기법을 활용

자일리톨 2알의 가르침

3개월간 새벽시간에 대리운전을 하면서 400여명의 고객을 응대했던 경험이 있습니다. 학비에 보탬이 되고자 시작한 일이었기 때문에 일 자체에 대한 애착은 별로 없었습니다. 그래서 **고객께서 약주를 드시고 어린 저에게 하시는 말씀들은 단순한 잔소리로 여겼고 초반에는 스트레스도 받았습니다.**

진정성이 느껴지는 문장 서울소재 상위권 대학 지원자

하지만 일이 숙달된 후부터 고객의 입장을 이해할 수 있는 여유가 생겼습니다. 그래서 저는 "편안하게 모시겠습니다"라는 인사와 함께 자일리톨 2알을 건넸습니다. **사소한 껌이었지만 초면에 어색했던 저와 고객 사이의 벽을 허무는 명약이 되었습니다. 한결 편해진 분위기 속에서 고객들은 각각의 어려움을 저에게 털어놓았고 저는 그 고민을 진심으로 공감하기 위해 경청했습니다.** 목적지에 도착할 때면 고객께서는 마음이 한결 후련해졌다며 오히려 저를 응원해주셨습니다.

'배려'는 자일리톨 2알 같은 작은 것에서부터 출발해야 한다는 것을 깨달았습니다. 이러한 작은 배려의 힘은 제가 처음 뵙는 분들과 어려움 없이 가까워질 수 있는 큰 원동력으로 작용했습니다. 은행에 오시는 고객분들 또한 각자의 고민을 안고 계실 것입니다. 제가 먼저 건네는 작은 배려로 고객의 고민을 해결해 드릴 수 있는 '자일리톨 금융'을 실현하겠습니다.

사례 2 2016 우리은행 최종합격

관련 역량을 갖추기 위해 구체적으로 어떠한 노력을 하였는지 말씀해 주세요. 학업과정, 경험, 자격증 취득 등

영업 = 고구마 뿌리

PB에게 가장 중요한 역량은 첫 번째, 영업력이ㅋ라고 생각합니다. 이미 포화상태인 금융시장에서 상품경쟁력은 점차 힘을 잃어가고 있습니다. 이러한 힘의 빈자리를 메울 수 있는 것이 바로 영업력이라고 생각합니다. 대학 시절, 카페, 레스토랑, 백화점 판매직 등 다양한 대면 아르바이트를 수행하면서 **'영업은 고구마 뿌리와 같다.'는 것을 깨달았습니다. 큰 고구마를 캐면 작은 덩어리가 딸려 나오듯 고객 한 분 한 분에게 최선을 다하면 그들이 저의 KEY MAN이 된다는 것을 배웠습니다.**

브레이크가 잘 정비된 스포츠카

세 번째 역량은 윤리의식이라고 생각합니다. 은행PB는 고객의 니즈에 필요한 공급자를 연결하는 중개역할을 수행합니다. 그렇기 때문에 단 한 번의 신뢰의 결여도 치유할 수 없는 상처로 돌아올 수 있습니다. 2015년 여름방학, LIG투자증권 컴플라이언스팀에서 인턴쉽을 수행했습니다. **모두가 엔진에 열광할 때 묵묵히 브레이크를 개발하는 사람이 있다는 팀장님의 말씀을 들은 후, 철저한 윤리의식과 준법정신을 각인할 수 있었습니다.**

- 대부분 영업이 무엇인가를 물으면, '고객을 설득해서 물건을 판매함'이라는 사전적인 의미나 '고객의 마음을 사는 것'이라는 추상적인 답변들을 많이 함. 하지만 이 사례에서는 고구마 뿌리를 캐는 것으로 표현함으로써 은유의 기법을 활용
- 영업을 고구마 뿌리라고 비유한 이유를 기술
- 영업을 하더라도 준법정신, 윤리경영에 의해서 할 것이라는 내용을 브레이크라는 은유의 기법을 활용해서 표현

지방소재 중위권 대학 지원자

사례 3 2018 기업은행 최종합격

✅ 본인을 잘 표현할 수 있는 가장 적합한 수식어 또는 단어는 무엇인가요?

고무! 저를 잘 표현한 단어입니다. 첫째, 유쾌한 에너지로 먼저 다가가고 '고무'처럼 유연하게 상대방의 의도에 잘 호응해주기 때문입니다. 둘째, 일할 때는 한껏 '고무'되는 사람입니다. 목표를 향해 최고의 집중력을 발휘하고, 동료들도 고무시키는 에너지가 넘칩니다.

명사 '고무'와 동사 '고무하다'를 활용해 중의적으로 표현함

2015 하반기 KB국민은행 최종합격

✅ KB가 귀하를 선택해야 하는 당신만의 차별화된 Story를 기술하십시오.

복근과 여드름

'복근'과 '여드름'은 저의 대표적인 신체 특징입니다. 여기에는 새로운 발전을 위한 저의 열정이 담겨있습니다.

첫째로 복근은 '잘하는 것을 더 잘하기 위한 노력'을 나타냅니다. 2010년에 수행한 첫 번째 인턴십을 통해 궂은일을 도맡아야 하는 신입사원은 강한 체력이 필요함을 깨달았습니다. 그래서 어려서부터 자신 있었던 체력을 더욱더 강화하기 위해 그 후로 지금까지 꾸준히 근력 운동을 해왔습니다. 그 덕분에 선명하고 뚜렷한 복근을 갖게 되었습니다.

본인의 노력과 성실함을 복근으로 은유적으로 표현
서울소재 중위권 대학 지원자

둘째로 여드름은 '못하는 것을 잘 하기 위한 노력'을 상징합니다. 저는 어려서부터 부족했던 수리적 감각을 극복하기 위해 회계사 시험을 준비했습니다. 약한 수리력 때문에 스트레스를 많이 받았고 수면시간이 부족해서 얼굴이 여드름투성이가 되었습니다. 하지만 스스로 부끄럽지 않을 만큼 최선을 다했습니다. 그래서 비록 합격하지 못했지만 이제는 수치 데이터와 그래프 분석을 즐길 수 있는 장점을 가지게 되었습니다. 또한 은행 업무의 기본인 회계, 재무 관리, 경제학 지식을 깊고 폭넓게 쌓을 수 있었습니다. 입행 후에도 이처럼 끊임없이 발전을 추구하는 열정을 발휘하여 KB국민은행의 성장에 기여하겠습니다.

사례 5 2014 KB국민은행 최종합격

타인이 말하는 귀하의 별명과 본인이 생각하는 귀하의 매력은 무엇입니까? 300자 이내

뜨거운 감자

뜨겁게 익은 감자만큼 배고픔을 달래주는 음식은 없습니다. 감자는 제 외모를 뜻하는 것이 아니라 감자 같은 적응력과 필요할 때 있어주는 존재라는 의미로 친구들이 대학동기들이 캠핑 때 만들어준 별명입니다. 구황작물은 흉년이나 장마에도 영향을 받지 않고 자라며, 밥 대신 주식으로도 먹을 수 있고, 다양한 음식으로도 활용해서 먹을 수 있습니다.

어떤 상황에서도 힘들어하지 않고 즐기는 적응력과 쉽게 접근할 수 있다는 감자, 특히 가장 맛이 좋은 뜨겁게 익힌 감자처럼 저는 KB에서 가장 필요한 사람이 되도록 노력하겠습니다.

• 감자라는 비유를 통해 외모뿐만 아니라 본인의 내적 특성까지 표현

사례 6 2014 KB국민은행 서류합격 - 농협은행 최종합격

타인이 말하는 귀하의 별명과 본인이 생각하는 귀하의 매력은 무엇입니까? 300자 이내

타인이 보는 나 - 씨름선수

제 별명은 씨름선수입니다. 그 이유는 남다른 허벅지 때문입니다. 남자는 허벅지가 두꺼우면 잔병치레를 하지 않고 오래 산다고 합니다.

저의 이 허벅지는 건강뿐만이 아니라 어떠한 격무에도 지치지 않을 힘의 원천입니다.

건강함을 강조하기 위해 본인을 씨름선수로 비유하고, 더 나아가 지속 가능한 업무력의 원천임도 강조
서울소재 중위권 대학 지원자

내가 보는 나 - 독한 사람

고도비만인 135kg에서 3달 만에 85kg으로, 이전 학교에서도 최선을 다하면서도 휴학하지 않고 6개월 만에 지금의 학부로 편입을, 그리고 3달 만에 CDCS를 취득했던 경험으로 볼 때, 언제나 부족한 것을 채우기 위해서 독하게 노력하는 것이 저의 매력인 것 같습니다.

부정적으로 쓰일 수 있는 독하다는 표현을 씀. 어휘는 자유분방하게 활용할 것을 권함

사례 7 2014 금융감독원 서류합격

기타 자신만의 특별한 세계관이 있다면 기술하여 주십시오.

어른들 말씀 중에 "기운이 옮는다"라는 말이 있습니다. 저는 개개인의 사이뿐 아니라, 사회와 국가, 세계에도 이 말이 적용될 수 있다고 생각합니다. 그렇기에 개인의 실천이 결국 그 사회의 정신을 이루는 핵심이 된다는 것이 저의 세계관이며, 따라서 준법, 질서, 양심, 윤리 등 다른 사람들에게서 바라는 모습을 내가 먼저 실천하여 그 생각과 행동을 옮기는 '숙주'가 되겠다는 것이 사회구성원으로서의 제 자세입니다.

숙주라는 표현 또한 부정적인 단어이지만, 여기에서는 긍정의 단어로 활용. 부정적 단어가 부정적으로만 쓰이지는 않음

사례 8 2016 농협은행 최종합격

'책임'이라는 단어의 의미를 정의해 보고, 책임과 관련된 경험에 대해 기술하시오.

대체불가능

자신의 자리를 대체불가능한 자리로 여기는 것. 제가 생각하는 책임입니다. 누군가가 제 역할을 대신할 수 있다는 안일한 생각이 책임감 없는 행동으로 이어집니다. 자신이 맡은 자리를 쉽게 포기하지 않고 끝까지 책임지는 근성이 조직에는 꼭 필요합니다.

끝까지 노를 잡은 이유

조정 대회에서 책임을 완수했던 경험이 있습니다. 조정은 팀워크가 중요한 운동이기에 페이스와 속도를 맞추기 위해 고강도의 훈련을 했습니다. 10시간이 넘는 수상훈련으로 인해 더 이상 훈련을 지속할 수 없는 상황이 되었습니다. 손과 발이 물집으로 뒤덮이고 인대가 늘어난 제게, 팀원들은 예비 선수와 교체 후 쉬는 것을 권유했습니다.

제 자리를 다른 누군가가 대신한다면 배의 페이스와 속도를 다시 맞추기 위해 팀원들이 더 많은 훈련을 해야 할 것을 알고 있었습니다. 편히 쉬고 싶은 마음도 들었지만, 고생할 팀원들을 생각하니 자리에 대한 책임감이 들었습니다. 이미 시작한 이상, 자리를 지켜야 팀에 좋은 결과를 가져올 수 있다고 생각했습니다. **따라서 '대신할 누군가는 없다'는 생각으로 끝까지 자리를 지켰습니다. 이를 악물고 연습하자 손의 물집은 굳은살이 되어 노를 더 꽉 잡게 해주었고, 근육 또한 붙어 훈련을 수월히 진행했습니다.** 자리를 남에게 맡기지 않고 책임을 다한 결과, 팀원 변경 없이 좋은 팀워크를 유지했고 우승을 차지할 수 있었습니다.

- 책임의 대한 본인만의 정의가 깔끔하고 조정선수로서의 경험도 백분 활용함
- 도치법을 활용해서 문장의 변화, 인트로 효과, 강조효과 등을 노림
  지방소재 중위권 대학 지원자
- 노력과 책임감을 굳은살로 은유적으로 표현

사례 9 2016 KB국민은행 최종합격

귀하를 소개하여 주십시오.

데시벨 90에서 30까지

다양한 아르바이트 경험을 강조하기 위해 '소음'이라는 상징을 통해 표현함. 조용한 데시벨 30의 독서실부터 시끄러운 데시벨 90의 사출공장까지 경험했음을 강조
해외대학 지원자

고함으로 대화해야만 하는 플라스틱 사출공장부터, 레스토랑, 기업 홍보부스, 컨퍼런스 통역, 이제는 숨소리가 들리는 독서실 총무까지 다양한 환경의 아르바이트를 경험했습니다. 그리고 일 할 때마다 항상 30분 일찍 출근하며 밥값 하는 사람이 되려고 노력했습니다. 카멜레온의 '적응력', 거북이의 '성실함'을 가진 사람 ○○○입니다.

사례 10 2015 우리은행 최종합격

지원자가 생각하는 '금융업'에 대하여 정의하고, 우리은행 지원동기와 입행을 위해 어떠한 노력을 해왔는지 구체적인 사례를 바탕으로 말씀하여 주십시오. 1,500자

희망을 비추는 손전등

다소 뻔한 비유이긴 하지만, 은유를 활용해서 본인의 경험에 대한 흥미를 유발함

저는 금융업을 저의 경험에 근거하여 희망을 비추는 손전등으로 정의합니다. 지역농협에서 1년 6개월 동안 근무하며 제가 수행한 업무는 출납과 수신업무에 불과했지만 그 때 제가 느낀 금융업은 사람들에게 미래의 희망을 전해주는 일이었습니다.

만기에 정기예금을 찾으시는 고객님의 얼굴에서 과거에 꿈꿨던 오늘의 희망을 볼 수 있었고 정기적금을 신설하는 고객님에게선 고객님이 그리는 미래의 희망을 볼 수 있었습니다.

그리고 여신창구에서 전세대출금을 대출받는 신혼부부에게선 새로운 집과 새로운 생활에 대한 희망을 볼 수 있었습니다.

저에게 있어 금융업은 사람들에게 희망을 비춰주는 손전등 같았고 저의 업무가 타인의 희망과 연결되어 있다 생각하였기에 항상 조심스러웠고 더욱 신중할 수밖에 없었으며 보람될 수 있었습니다.

• 초두효과와 말미효과를 노림과 동시에, 일관성도 느끼게 함

사례 11 2014 한국신용정보 최종합격

지원동기 및 입사 후 포부 100자 이상 600자 이내

재무제표 너머의 세상으로

회계사로서 3년간 '공정'을 추구하며 "공정한 사회"를 위해 기여하고 싶다는 생각을 하였고, 신용평가기관의 공정한 역할에 관심을 갖게 되었습니다. 특히 한국신용평가의 업무는 저를 전문성과 사회책무성을 겸비한 전문가로서 사회에 기여하게 해줄 것이라 확신하게 되었습니다. 이전에는 외부감사인으로서 '적정재무제표' 산출에 열정을 쏟았다면, 이제는 재무제표라는 창을 통해 시장에 신뢰를 부여하는 공정한 전문가로 헌신하고자 진심을 담아 출사표를 제출합니다.

자본주의의 나팔수

현재 신용평가제도는 혁신을 요구받고 있으며 신용평가기관은 책임론에 직면하고 있습니다. **신용평가기관은 기업의 신용도를 시장에 알리는 자본주의의 나팔수입니다. 나팔수는 위기상황을 정확히 인지하고 세상에 알려야 합니다. 저는 회계법인에서 일하면서 나팔수로서 갖춰야 할 자세가 무엇인지 늘 고민했습니다. 그것은 바로 "불편함"이었습니다. 공정한 업무 수행은 우리를 때때로 불편하게 만들지만, 사명을 위해 감수해야 할 일입니다. 제가 입사한다면, 불편함을 기꺼이 감당하며 한국신용평가가 신용평가시장의 개척자로서 전문성과 공정성을 겸비한 선도자로 앞서갈 수 있도록 기여하고 싶습니다.**

• 불편함이라는 단어는 추상적이지만, 반어적인 효과가 두드러졌기 때문에 사명감이 더욱 강조됨
서울소재 상위권 대학 지원자

Chapter 11

두괄식으로 표현하라

두괄식 표현의 목적은 초두효과이다. 초두효과란, 먼저 제시된 정보가 추후 알게 된 정보보다 더 강력한 영향을 미치는 현상이다. 인상형성에 첫인상이 중요하다는 것으로 '첫인상 효과'라고도 한다. 자기소개서뿐만 아니라, 면접이나 논술에서도 잘만 활용한다면, 상당히 긍정적인 효과를 발휘할 수 있게 된다.

두괄식은 크게 2가지 방법으로 활용할 수 있다.

도치법

문장이나 문단을 작성할 때, 가장 핵심적인 단어나 문단을 문장의 제일 앞에 배치하는 방식이다. 이럴 경우, 자연스럽게 문장은 도치가 된다.

도치법은 장점은

첫째, 초두효과로써, 자기소개서 심사자 입장에서는 문장 내 핵심단어나 문장부터 각인시키는 효과가 생긴다.

둘째, 문장에 변화를 주면서 지루함을 벗어날 수 있다.

셋째, 스토리의 처음이나 마지막에 배치를 하면 효과가 더 커진다.

넷째, 약술형 항목에서 활용하면 유용하다.

사례 1 2014 금융감독원 최종합격

성장과정 및 인생관

30년간 공공기관에서 수백억 단위의 예산 집행을 담당하시면서, 당신이 다루는 돈을 '돈'으로 보지 않는 아버지를 보며 자랐습니다. 남의 눈이 보이는 곳과 보이지 않는 곳 그 어느 곳에서나 한결 같은 모습을 통해 당신 인생으로써 정직함을 가르쳐주신 아버지는 "자존심이란 타인 앞에서 콧대 세우며 까탈스럽게 구는 그런 것이 아니라, 하루하루 자기 스스로에게 부끄럽지 않을 수 있는 것이다."라며, 제게 "그 자존심을 절대로 잃지 말라"고 강조하셨습니다. **자존심 있는 삶, 매 순간 살아나가겠다 다짐하는 제 인생관입니다.**

• 마지막 문장을 도치시킴. 문장 내 핵심어인 '자존심 있는 삶'을 먼저 배치시킴으로 마지막까지 읽은 사람의 입장에서 지루함을 덜게 하고, 강조를 극대화함

사례 2 2016 농협은행 최종합격

본인이 소중하게 생각하는 3가지

초심, 일이나 대인관계에서 끝까지 지키려 노력하는 것입니다.
일기장, 배움과 생각을 정리한 저만의 자서전입니다.
나눔, 자신만의 넉넉함을 넘어 모두를 풍요롭게 하는 비법입니다.

• 핵심단어를 전면에 배치함으로, 읽는 사람을 배려함

사례3 2013 농협은행 최종합격

자신이 소중하게 생각하는 3가지 최소 30byte 이상 200byte 이내

1. 나 자신, 목표의식과 열정이 있어 미래를 설계할 수 있습니다.
2. 인연, 사람과의 만남은 나를 변화시키고 도움을 주고받을 수도 있습니다.
3. 여행, 다양한 배경의 사람들과 만남으로 생각의 폭을 넓혀줍니다.

사례4 2015 농협은행 최종합격

자신이 소중하게 생각하는 3가지

1. 인물 : 학창 시절, 교환학생 시절, 다양한 대내외 활동을 통해 얻은 다양한 '인맥'
2. 무형 : 기본적인 예의범절과 건강한 정신
3. 유형 : 기록하는 것을 좋아해 직접 제작한 사진, 영상 등의 '기록물'

2 두괄식 구성

이 방식은 이미 많이 알려진 방식이다. 항목당 최대 글자수가 1,000자 내외의 자기소개서에서 빛을 발할 수 있는 방식이다. 글의 구성을 설정할 때, 100~150자 정도는 인트로에 전체 요약을 기술한다. 그리고 그 이후에 구체적인 경험이나 상황을 기술하는 방식이다.

긴 글을 읽는 사람의 입장에서는 글 읽기가 여간 피곤한 것이 아니다. 하지만, 구성 자체를 두괄식으로 표현하며, 읽는 사람의 수고를 덜어준다. 그뿐만 아니라 전체 요약을 본 후, 스토리를 읽기 때문에 본문에 대한 가독성을 높일 수도 있는 방법이기도 하다.

사례 1 2014 우리은행 서류합격 - 농협은행 최종합격

아래 제시어를 자유롭게 활용하시어, 본인의 가치관과 삶의 경험을 담은 에세이를 작성해주십시오. 제시어 : 도전, 성공, 실패, 지혜, 배려, 행복 6,000 bytes

조직을 위한 희생과 창의성이 중요하다는 삶의 지혜

하나은행 외환업무부에서 2013년 7월부터 2개월간 하계인턴으로 근무하였습니다. 이 경험을 통해 조직을 위한 희생의 중요성과 문제해결에 있어서의 창의성이 중요하다는 것을 배웠습니다.

첫째, 한여름 날씨에도 불구하고, 저는 자진하여 인형탈을 썼습니다. 인턴기간 중에 진행된 금융상품공모전에서 저희조가 발표한 주제는 애완견등록증을 활용한 체크카드였습니다. 상품에 대한 흥미와, 수요예측을 위해서 진행된 설문조사에서 응답률이 중요하다고 생각했습니다. 그래서 응답률을 높이기 위한 방법이 필요했습니다. 인형탈이라는 아이디어가 제시되었지만, 활동기록으로 발표되는 동영상에 얼굴이 나오지 않고 더운 날씨 때문에 아무도 쓰려하지 않았습니다. 그래서 제가 인형탈을 쓰겠다고 자원했습니다. 온몸에 땀띠가 났지만 자원한 일이기 때문에 끝까지 책임져야 한다는 책임감, 그리고 우리 팀 과제수행에 도움이 될 것이라는 확신에 여섯 시간동안 강아지 탈을 썼습니다. 모두가 덥지 않냐고 물을 때 저는 팀을 위한 희생의 가치를 생각했습니다.

- 소제목과 초반 내용에 2가지의 본문 스토리를 미리 요약해서 제시함. 구성의 두괄식을 활용
서울소재 중위권 대학 지원자
- 글을 잘 쓰는 사람들은 단어를 나열할 때, '우선, 또한, 또한' 으로 나열하지 않고 항상 '첫째, 둘째, 셋째'를 활용함

둘째, 체크카드에 반려견등록증을 입히다.

이미 반려견 관련 금융상품이 있었지만, 상품들의 성과가 좋지 않았기 때문에 우리 상품이 기존 상품들과 차별화 되지 않는다면 좋은 평가를 받을 수 없다고 생각했습니다. 그래서 저는 반려견등록증과 체크카드를 일체화하여 카드의 활용성을 높이자고 주장했습니다.

또한, 카드에 반려견의 이름과 사진까지 넣어 카드를 단순히 결제의 수단으로만 사용하는 것이 아니라, 강아지를 위한 카드이기 때문에 강아지를 나타내 줄 수 있는 사진이나 이름을 새겨준다면, 타인에게 강아지, 곧 체크카드를 자랑하면서 자연스럽게 은행의 홍보 효과까지 얻을 수 있을 것이라고 생각했습니다. 결국 반려견등록증과 체크카드를 일체화시킨 것에 좋은 평가를 받았고 금융상품공모전에서 1등을 하였습니다. 아무도 생각하지 못했던 창의성으로 이뤄낸 성과였습니다.

Chapter 12

간결체를 활용하라

문장력이 좋은 사람과 문장력이 나쁜 사람의 큰 차이 중에 하나는 문장의 길이이다. 즉, 문장이 좋은 사람은 간결한 표현이 많은 반면, 문장이 좋지 않은 사람의 글은 만연체 일색이다.

문장의 길이는 통찰력과도 관련이 있다. 확신이 있고, 자신이 있는 사람의 글은 당당한 간결체가 많은 반면, 자신이 없고, 불완전하다는 인식이 있으면 중언부언식의 만연체로 흘러가게 되는 것이다.

이는 자기소개서에서도 그대로 적용된다. 문장력이 좋은 사람의 글은 결국 간결체의 비중이 높다. 읽기에 짜증나는 문장의 대부분은 만연체이다. 하나의 문장이 3~4개 줄을 넘어가기도 한다.

만연체는

첫째, 문법이 깨질 가능성이 높아진다. 주어와 서술어가 멀어지면서 생기는 현상이다. 글을 길게 쓰다 보니 결국은 주어에 맞지 않는 전혀 엉뚱한 서술어가 나온다. 문법적 오류가 생긴다. 이는 자기소개서 탈락의 이유가 될 수도 있음을 명심해야 한다.

둘째, 쓰는 지원자도 무슨 말인지 모르는 경우가 허다할 정도로, 읽는 사람의 가독성을 해친다. 필자도 많은 자기소개서를 검토하다 보면, 도대체 무슨 말인지, 무엇을 이야기하려 하는지 모르는 문장이 많다. 그리고 그러한 말도 안 되는 문장의 대부분은 만연체이다.

셋째, 백화점 나열식이 대부분이다. 이것도 했고, 저것도 했고 방식으로 다 쏟아 붓는다. 백화점 나열식 문장은 정성이 없어 보일 뿐만 아니라, 제대로 연결되지 않는다.

따라서 긴 문장을 간결체로 끊어보라. 훨씬 읽기 수월해짐을 느낄 것이다.

다만, 간결체와 만연체는 적절히 배분되는 것이 좋다. 무조건, 간결체로만 구성하는 것도 좋지는 않다. 만연체를 써야 하는 경우, 만연체의 문제점을 헷지Hedge하는 좋은 방법은 바로 쉼표콤마이다. 만연체에 제대로 쉼표만 찍어줘도, 가독성이 훨씬 개선된다. 긴 글을 헷지해 나가는 또 다른 수단은 쉼표임을 명심하라

사례 1 2014 금융감독원 최종합격

성장과정 및 인생관

30년간 공공기관에서 수백억 단위의 예산 집행을 담당하시면서, 당신이 다루는 돈을 '돈'으로 보지 않는 아버지를 보며 자랐습니다.

남의 눈이 보이는 곳과 보이지 않는 곳, 그 어느 곳에서나 한결 같은 모습을 통해 당신 인생으로써 정직함을 가르쳐주신 아버지는, "자존심이란 타인 앞에서 콧대세우며 까탈스럽게 구는 그런 것이 아니라, 하루하루 자기 스스로에게 부끄럽지 않을 수 있는 것이다"라며, 제게 "그 자존심을 절대로 잃지 말아라"라고 강조하셨습니다. 자존심 있는 삶, 매 순간 살아나가겠다 다짐하는 제 인생관입니다.

• 이 문장이 4줄이나 되는 상당한 만연체임에도 의미전달이 잘 되는 이유는 쉼표를 적절하게 활용했기 때문

사례 2 논술 사례

구조조정의 방향과 산업은행의 역할에 대해 논하라.

이익의 사유화, 손실의 사회화는 없었다. 이번 한진해운 법정관리의 한줄평이다. 채권단을 만족시킬 자구안이 마련되지 않았기 때문에, 수천억 원이 넘는 국민 혈세를 투입하지 않기로 결정됐다. 재량대로 한진해운 손을 들어줄 수도 있었지만 정부와 산업은행은 원칙과 준칙에 충실했다. 결국 국내 1위의 해운사는 법정관리 수순을 밟게 된 것이다. 그에 따라 40년 넘게 쌓아온 해운사 전통도 역사의 뒤안길로 사라졌다. 구조조정 원칙에 따라 대마불사도 통하지 않게 된 것이다. 물론 아쉬움도 있었지만 정부와 산업은행은 형평성에 따라 국민 혈세를 낭비하지 않겠다는 의지를 끝까지 관철시켰다. 이번 선례는 기업인들의 역선택과 도덕적 해이에 따끔한 회초리가 될 것으로 보인다. 이에 본고는 앞으로의 문단을 통해 구조조정 원칙의 중요성과 00은행의 역할론을 논의해 보고자 한다.

• 이 사례는 논술에서 '서론'의 일부. 이 문장을 살펴보면, 적절하게 간결체와 만연체가 혼용되어 사용되고 있고, 간결체가 섞여 문장에 힘이 느껴짐

Chapter 13

명심해야 할 것들

지금까지 자기소개서 작성을 위한 각종 방법을 알아보았다. 지금까지의 내용만 숙지하고 활용해도 합격의 확률이 높아질 것이다. 하지만, 자기소개서를 작성함에 있어 그 외에 잊지 말아야 할 사항도 있으니 다음의 것을 꼭 명심하도록 하자.

퇴고하라

지금까지 수많은 지원자의 면접 컨설팅을 진행하면 많이 물어보는 질문이다. '자기소개서에 오타가 있는 데, 면접 때 물으면 어떻게 답을 해야 하나요?', '자기소개서의 지원동기를 옮겨 붙이다 보니, 다른 회사 이름이 그대로 나왔는데, 어떻게 해야 하나요?'

결론부터 이야기하면, 이러한 면접 질문에 대한 답은 없다.

이러한 상황을 안 만드는 것이 최선의 방법이다. 따라서 자기소개서를 제출하기 전에, 꼭 수차례의 퇴고를 해야 한다. 명 문장가인 헤밍웨이조차도 초고는 쓰레기라고 했다. 제출하기를 누르고 싶은 욕망을 제어하고, 다시 한 번 더 검토해 보고 퇴고해 보라.

퇴고를 할 때에는

첫째, 문법적 오류가 있는지 살펴라.

둘째, 오탈자 여부를 꼭 확인하라.

셋째, 더 좋은 어휘를 고민해 보라.

넷째, 소제목을 다시 생각해 보라.

다섯째, 만연체인 경우, 쉼표가 제대로 있는지 확인해 보라.

2 문장의 연결성을 고민해 보라

가독성이 떨어지는 자기소개서의 가장 큰 이유 중에 한 가지는, 문장이 따로 놀고 있다는 점이다. 마치 작가 이상의 시를 읽듯, 의식의 흐름을 종잡을 수 없다. 문장이 따로 놀고 있는 이유는 문장의 연결성과 인과관계를 고민해 보지 않았기 때문이다.

문장의 연결성을 개선시키는 좋은 방법은 접속어의 활용에 있다. 많은 지원자는 접속어 사용에 상당히 인색하다. 하지만 접속어는 문장의 연결성을 좋게 만드는 핵심이다. '따라서, 반면에, 즉, 이른바, 요컨대' 등 많은 종류의 접속어를 잘 활용하면 자기소개서가 상당히 부드러워질 것이다.

3 간절히 작성하라

취업준비생의 마음은 모두 다 간절할 것이다. 하지만 말로만 간절한 자기소개서가 많다. 간절함이 삭감된다. 고민이 전혀 안 보이고, 행동도 안 보이고, 방향성도 없다. 단지, 간절한 마음만 있을 뿐이다. 성공하는 사람은 간절함에 더해, 실행력이 있다는 점을 명심하라.

효율이 아닌 효과를 추구하라. 금융기관도 자주 다니고, 서점도 자주 기웃거리고, 활동도 많이 한 사람일수록 자기소개서에서 간절함이 잘 드러난다는 사실을 꼭 명심하자.

MEMO

MEMO

합격 사례 250선

이것이 금융자소서 이다 3.0

합격 사례 250선

이것이 금융자소서이다 3.0